程德林　王垚　著

欧洲战争三百年

Three hundred years of

European War

中国地图出版社

·北京·

图书在版编目（CIP）数据

欧洲战争三百年 / 程德林，王垚著. -- 北京 : 中国地图出版社，2023.1
ISBN 978-7-5204-3431-7

Ⅰ. ①欧… Ⅱ. ①程… ②王… Ⅲ. ①战争史－欧洲 Ⅳ. ① E509

中国国家版本馆 CIP 数据核字 (2023) 第 011163 号

策　　划　卜庆华　王　毅
责任编辑　王　毅
复　　审　余易举
出版审订　卜庆华

欧洲战争三百年
OUZHOU ZHANZHENG SANBAINIAN

出版发行	中国地图出版社		
社　　址	北京市西城区白纸坊西街3号	经　　销	新华书店
邮政编码	100054	印　　张	19
电　　话	010-83543929	字　　数	300千字
网　　址	www.sinomaps.com	版　　次	2023年1月第1版
印刷装订	河北环京美印刷有限公司	印　　次	2024年6月第2次印刷
成品规格	185mm×260mm	定　　价	128.00元

书　　号　ISBN 978-7-5204-3431-7
审 图 号　GS（2022）5605号

序　言

战争与和平是人类社会的两大主题，两者相互依存，构成一对矛盾统一体。消除战争，缔造和平，一直是全世界所有国家及其人民的共同心愿，从古至今，概无例外。

众所周知，欧洲是西方文明的源起之地，在不同发展阶段汇聚了一系列文明成果，例如古希腊的哲学、历史、文学、伦理、神话以及自然科学等，古罗马的法律、文学、历史、建筑等，中世纪欧洲的基督教文化，近代早期科学、民主、自由、平等、人权等理念，近代中后期的宪政制度、工业革命、民族主义、社会革命、市场经济等。不可否认，这些文明成果对于丰富和发展人类文明均发挥了重要作用。尤其是近代欧洲文明成果，更是对世界文明的发展进程产生了巨大影响。

然而，欧洲文明的进步与发展并非都是田园牧歌式的，并非都充满了诗情画意，每一次文明的进步与交流实际上都充满了艰辛与坎坷，甚至充满了矛盾与冲突。事实上，在欧洲政治、经济、社会、文化等形态的发展与变化中，战争一直相伴左右：从欧洲中世纪时期教俗权力斗争，到近代早期民族国家形成；从欧洲基督教法统确立，到欧洲范围内新旧教纷争与冲突；从欧洲国家等级君主制到专制君主制嬗变，再到近代宪政制度与民主共和制度确立；从新航路开辟与殖民战争，到近代欧洲列强为争夺势力范围而展开的帝国主义战争，等等。

正是在战争的陪伴下，欧洲各个国家、民族以及地区经过长达几个世纪的融合、碰撞、冲突、妥协以及合作，许多文化、制度、法律、观念、体系等或者被淘汰，或者得到进化。欧洲范围内的近代民族认同、国家认同、政治认同、观念认同等不断汇聚，欧洲国家亦得以在精神、制度以及物质等层面不断取得进步。这些近代文明成果包括欧洲民族文化、近代国家观念、基督教文化体系、新教伦理与道德理念、近代人权观念、自由与民主精神、自由市场理念、国家三权分立原则、近代科学革命思想、近代法律精神与秩序、资本主义垄断经济制度、帝国主义思想理论、世界殖民体系，国际交往规则与秩序鼎立等。由此可见，近代欧洲文明持续发展与进步，离不开血与火的战争洗礼与淬炼。

自近代以来，欧洲文明进入一个关键的转换期。一方面，欧洲取得了一系列文明成果，但在另一方面，欧洲在国家、社会、政府、民族、文化等层面也遇到空前复杂的矛盾，这些矛盾在国家与民族层面大多以战争方式作为破解之道，例如宗教战争、民族战争、殖民战争、争霸战争、权力战争等。鉴于近代欧洲历史发展极为复杂，其战争模式亦在很大程度上得以不断重塑，包括战争的起源、目标、手段、性质以及结果等。因此，相较世界其他地区，近代欧洲战争既复杂又多样。

近代欧洲虽然战争频仍，战争模式特殊，国内外学术界对这一专题的涉猎却很少。除屈指可数的几部专著外，大多数学者均将欧洲战争置于欧洲史或者国别史的研究框架下，将战争史研究附着于政治史、经济史以及社会史、民族史的历史叙事模式，这势必导致学术界对近代欧洲战争的独特性与复杂性了解有限，尤其对近代欧洲战争规律揭示不足，因为毕竟战争是一种特殊的政治，而且在近代欧洲文明进程中居于特殊地位。

德林君和王垚君的新作《欧洲战争三百年》正是为弥补这一学术空白而做出的一次重要尝试。本书以 17 世纪初三十年战争为起点，以 20 世纪早期第一次世界大战为终点，就欧洲 300 年来历次重大战争展开系统而且完整的论述。全书气势恢宏，立意深远，充分显示了作者对近代欧洲战争史驾轻就熟的研究功力，以及娴熟高超的叙事技巧。

在本书中，作者独具匠心，以时间为轴，以空间为线，分别就欧洲近代争霸战争、领土扩张战争、疆域纷争战争、王位继承战争、民族独立战争、殖民地争夺战争等的历史叙述分为多条线索展开，多而不繁，杂而不乱，条分缕析，抽丝剥茧，对欧洲纷繁复杂、互有重叠的各种战争徐徐道来，为读者清晰地勾勒出了近代欧洲 300 年来战争的全貌，充分展示出作者对近代欧洲战争的独到观点和学术见解。

德林君和王垚君多年来从事历史研究与教学，不仅具有深厚的史学功底，还拥有过硬的文字表达能力。整部作品文字流畅，行文通俗易懂，读来朗朗上口，令人爱不释手。和许多传统的历史著述不同，整部作品为了更生动地展示战争主题，还配置了大量精美图片，这为全书的叙事提供了重要的辅助史料支撑。这种尝试使整部作品别具一格，既能让读者从晓畅的行文表述中领略近代欧洲战争的风貌，还能从大量图片中近距离感受近代欧洲战争中的人物心态、历史场景以及社会形态变化。读者不仅可以尽享读书的精神愉悦，还可在学术上大有收获。

蒙德林君所托，我为本书作序。我认为好的历史著作既是学者展示其学术思想的平台，也是社会大众接近并认识历史的公器，德林君和王垚君的《欧洲战争三百年》实际上满足了历史佳作的上述两种职能。我相信会有更多读者从中享受到阅读历史佳作的乐趣，也会有更多的学者关注战争主题，深入挖掘深藏于战争背后的历史规律。是为序。

许海云

2022 年 11 月 28 日于北京博雅西园

目 录

三十年战争

（1618—1648）

1618—1648

波希米亚是一个奇特的地方，它位于今捷克境内，是引爆了两场深刻影响欧洲历史进程战争的地方。其中，波希米亚引爆的第二场战争一打就是三十年，东欧与西欧、南欧与北欧都有国家参战，不仅是第一次全欧大战，也在世界史上留下了多个第一。

“把他们扔到窗外去！”

那是在 1618 年。

作为奥地利哈布斯堡王朝领地的波希米亚，处于哈布斯堡家族成员斐迪南大公的统治之下。斐迪南大公是受德意志皇帝之封成为捷克国王斐迪南二世的。本来，波希米亚在被纳入哈布斯堡家族领地之时，奥地利皇帝曾有过一个承诺是：不论哈布斯堡家族哪个成员做捷克的国王，都必须承认并遵守捷克王国的法律，保留原有的议会、宗教及政治上的自主权，等等。可是，斐迪南一上台，就把捷克当作奥地利的附庸国，取消了捷克的议会、法律与自主权。

更令波希米亚新教徒愤怒的是，斐迪南二世坚决反对新教。

斐迪南出生于一个极为虔诚的天主教贵族家庭，他的父亲是哈布斯堡家族的斯提里亚大公查理二世，母亲玛丽亚是巴伐利亚人，这桩婚事是德意志两个最显赫天主教家族的联姻。父母为了让斐迪南远离所谓的“路德瘟疫”，把他送到德意志的天主教的心脏—巴伐利亚学习成长，母亲则亲自督导他的日常学习和礼拜。父母还对他的仆人们定期进行严格审查和筛选，确保仆人们也是虔诚的天主教徒，就连巴伐利亚大公马克西米利安三世也成为他成长的监护人。从小在这样的环境中耳濡目染的斐迪南，成长为一名十分虔诚的天主教贵族。他在阅读了圣保罗的殉教事迹后备受感动，选择了圣保罗的名言“护我教者必得王冠”作为座右铭。

作为十分虔诚的天主教徒的斐迪南二世，自然与新教格格不入。他一当上捷克国王就开始打压新教徒，对新教徒进行大规模的迫害，禁止新教徒的宗教活动，还拆毁他们的教堂。这对于心怀怨愤已久的波希米亚新教徒来说实在不能容忍。1618 年 5 月 23 日，波希米亚首都布拉格的新教徒发动起义。他们手拿铁棒和长矛攻入布拉格

神圣罗马帝国皇帝斐迪南二世的加冕典礼在教堂举行。斐迪南二世（1578 年 7 月 9 日—1637 年 2 月 15 日），哈布斯堡王朝代表人物，曾任斯提里亚大公（1590—1637 年在位）和神圣罗马帝国皇帝（1619—1637 年在位），同时也是匈牙利国王（1618—1625 年在位，1620 年中断）和波希米亚国王（1617—1619 年和 1620—1637 年在位）

城堡冲进王宫，吓得斐迪南二世赶紧逃跑。起义者快速搜寻，在市政厅逮住了对国王最忠实的两位大臣：威廉·格拉夫·斯拉法塔和亚罗斯拉夫·波西塔·冯·马丁内斯，书记官菲利普·法布雷加斯也一并被抓。

突然，不知是谁喊了一声："把他们扔到窗外去！"立马就有人呼应："对，他们犯了侵害宗教自由罪，扔出去摔死他们！"于是，愤怒的起义者七手八脚地将三人高高抬起，从 20 多米高的三楼窗台狠狠地扔了出去。还好，三人侥幸坠落在王宫外壕沟的干粪堆上。他们虽然大难不死，但是被连吓带摔当场昏厥。他们醒来之后，带着一身臭气仓皇逃至斐迪南国王处报告情况。

这就是世界历史上非常著名的"掷出窗外事件"。

波希米亚新教徒的起义令欧洲国家的统治者大为震惊。斐迪南二世决定说服哈布斯堡家族发动一场战争，镇压波希米亚新教徒的起义。由此，对欧洲产生了深远影响的三十年战争拉开了序幕。

从局部战争到全欧混战

普鲁士军事理论家和军事历史学家冯·克劳塞维茨研究了 1566 至 1815 年发生的 130 多次战争，其中就有三十年战争。他在名著《战争论》里说："战争是政治的工具，战争必不可避免地具有政治的特性。"的确，三十年战争是以新教徒和天主教徒之间的宗教战争开始的，后来则失去了宗教性质。就是刚开始的宗教战争也带有政治色彩。当时，哈布斯堡王朝统治下的德意志皇权日益衰微，各邦诸侯割据称雄。那些信奉新教（路德宗、加尔文宗）的诸侯和信奉旧教（天主教）的诸侯，都在宗教纠纷掩饰下争夺地盘和反对皇帝专权，并分别组成"新教联盟"（成立于 1608 年）和"天主教联盟"（成立于 1609 年）。哈布斯堡王朝之所以极力限制新教活动，也是为了争取旧教诸侯，重振帝国皇权。

综合考查三十年战争发现，这场战争有一个从局部战争到全欧混战的过程，也就是当时瑞典国王古斯塔夫二世在给他的首相的信中所写的那样："各个小型的战争，在这里都汇集成了全面的欧洲战争。"事实证明，三十年战争是欧洲几百年来国际政治各种矛盾的总爆发，具有鲜明的政治特性。三十年战争从局部战争发展到全欧混战的过程，正是欧洲列强利用战争这一手段达到争夺霸权之政治目的的过程。

这场战争虽然打了 30 年，时间长，参战的国家多，关系复杂，但其阶段性还是非常明显的：1618—1624 年为波希米亚阶段，1625—1629 年为丹麦阶段，1630—1635 年为瑞典阶段，1636—1648 年为全欧混战阶段。

波希米亚阶段

“掷出窗外事件”之后，神圣罗马帝国发动了对波希米亚王国的战争。

1619 年，波希米亚新教徒成立了由 30 位成员组成的临时政府。临时政府宣布废黜国王斐迪南，推举普法尔茨选帝侯腓特烈五世为国王，波希米亚由此独立。临时政府废除了以前的法规，取消一切赋税。

当时已是神圣罗马帝国皇帝与匈牙利国王的斐迪南二世，当然不能容忍波希米亚人自行选出国王，他要夺回在波希米亚的王位。斐迪南二世以平息新教徒起义为由向天主教同盟求助，天主教同盟不仅派遣了 25000 名士兵出战，还赞助了大量金钱。

1620 年 11 月 8 日，波希米亚阶段的决战在布拉格附近的白山与夏尔河之间的平原上展开。天主教军队由蒂利伯爵指挥的天主教诸侯联军与布奎伯爵统领的帝国军组成，新教军队由索恩伯爵率领的波希米亚军与安哈尔特公爵率领

三十年战争中白山战役时双方部队的作战方阵。白山战役于 1620 年 11 月 8 日发生在布拉格郊区，是三十年战争早期的一场战役，这场战役结束了三十年战争的波希米亚阶段

的军队组成。新教联军虽然占有地利，但因装备落后，最终被天主教同盟军打败，腓特烈五世被迫逃亡荷兰。

1621—1623 年，蒂利伯爵率军再度击败普法尔茨新教诸侯军。

此后，波希米亚被重新纳入神圣罗马帝国的版图，大部分地主的土地落入帝国贵族之手，神圣罗马帝国皇帝更是强迫波希米亚新教徒改信天主教。波希米亚语的书籍遭到焚毁，官方语言改为德语。17 世纪与 18 世纪，就如捷克著名作家阿洛伊斯·伊拉塞克所言，捷克民族进入了历史上最黑暗的时代。

丹麦阶段

波希米亚战事结束后，欧洲一些国家的国王坐不住了。法国国王看到了神圣罗马帝国强劲的扩张势头，如果不加以遏制，查理五世时期的哈布斯堡帝国就会复活，这是法国不能容忍的；普法尔茨选帝侯腓特烈五世是英王詹姆斯一世的女婿，女婿的命运令詹姆斯一世担心不已；丹麦与瑞典两国的国王则是极不情愿看到帝国皇帝再度在自己的国家实施有效的统治。

就在 1625 年，法国首相黎塞留便提议：英国、法国、荷兰与丹麦结成反哈布斯堡王朝的联盟，法国资助丹麦出兵，英国与荷兰则在幕后支持。由此，三十年战争进入丹麦阶段。本来只是波希米亚人反对神圣罗马帝国的战争，很快就演变成广泛的国际战争了。

1625 年，信奉新教的丹麦国王克里斯蒂安四世在法、英、荷三国的支持下，与新教联盟共同向神圣罗马帝国发动进攻，很快就占领了德意志的西北部。与此同时，英国雇用的曼斯菲尔德伯爵率领的军队占领了波希米亚的西部。

但是第二年战况大变。得到帝国皇帝重用的华伦斯坦将军，在易北河畔的德绍桥击溃了曼斯菲尔德伯爵的军队，丹麦军的士气受挫。在蒂利伯爵的支援下，华伦斯坦把丹麦军队逐出了神圣罗马帝国，并乘胜追击进入日德兰半岛，将帝国势力延伸到波罗的海。

1629 年 5 月，丹麦国王被迫与神圣罗马帝国皇帝签订《吕贝克和约》，并做出保证，以后不再插手德意志事务。

瑞典阶段

当神圣罗马帝国打败丹麦、华伦斯坦计划在波罗的海建立一支强大的舰队时，瑞典国王害怕了。他担心此后帝国会超越瑞典，取得在波罗的海的优势地位。因此，瑞典在得到法国的资金援助之后，于 1630 年 7 月对神圣罗马帝国宣战，三十年战争进入瑞典阶段。

1631 年 9 月 17 日，瑞典国王古斯塔夫二世率领军队，与勃兰登堡和萨克森选帝侯联合，在勃莱腾菲尔德会战中打败了神圣罗马帝国的军队，占领了波美拉尼亚。

接下来的 1632 年，对于神圣罗马帝国与瑞典王国来说都是一个糟糕的年份。

这年 4 月，列克河一战，帝国军统帅蒂利伯爵败在了瑞典国王的手下。72 岁的蒂利元帅身负重伤，犹如被瑞典的“北方雄狮”狠狠地咬了一口，去了天国。

这年 11 月，瑞典国王再次御驾亲征，与帝国军在莱比锡西边的吕岑进行会战。虽然瑞典再度获胜，但不幸的是，古斯塔夫二世被枪弹击中，一代战神 38 岁就战死疆场。

神圣罗马帝国皇帝借瑞典军失去统帅之机联合西班牙盟军，在 1634 年 9 月的内尔特林根会战中打败瑞典军，迫使瑞典军不得不撤回到波罗的海沿岸。

1635 年 5 月，曾与瑞典国王结盟的勃兰登堡和萨克森选帝侯，回过头来又与神圣罗马帝国皇帝签订《布拉格和约》。至此，神圣罗马帝国完胜瑞典。

全欧混战阶段

有一个国家对神圣罗马帝国连连获胜既大为震惊又十分不安，这个国家就是法国。本来，法国是天主教国家，面对“天主教同盟”与“新教同盟”之间的战争，法国理应支持“天主教同盟”。可是，法国为了称霸欧洲，使神圣罗马帝国继续保持分裂状态，便极力支持德意志新教诸侯反抗皇权。这就是政治。当丹麦、瑞典与德意志的新教诸侯在战场上连连失败之后，法国开始与瑞典联合，共同对哈布斯堡王朝开战。三十年战争进入全欧混战阶段。

1636—1637 年，西班牙出兵法国，两个天主教国家开战。西班牙王国与神圣罗马帝国联合起来，一个由南向北，一个由北向南，两路夹击法国，一度进逼巴黎。法军挫败了两国的夹攻，但在进军西班牙时，西班牙取得了翁达里比亚保卫战的胜利。

当时西班牙的海军举世闻名，可是在 1638 年 8 月的海战中，法国海军打败了西班牙海军。在唐斯海战中，西班牙海军的主力更是被原来籍籍无名的荷兰海军歼灭了，荷兰取代西班牙成为海上霸主。而在 1643 年 5 月的罗克鲁瓦战役中，法军击溃了西班牙陆军主力，法国陆军取代西班牙陆军拥有了“欧洲第一陆军”的称号。

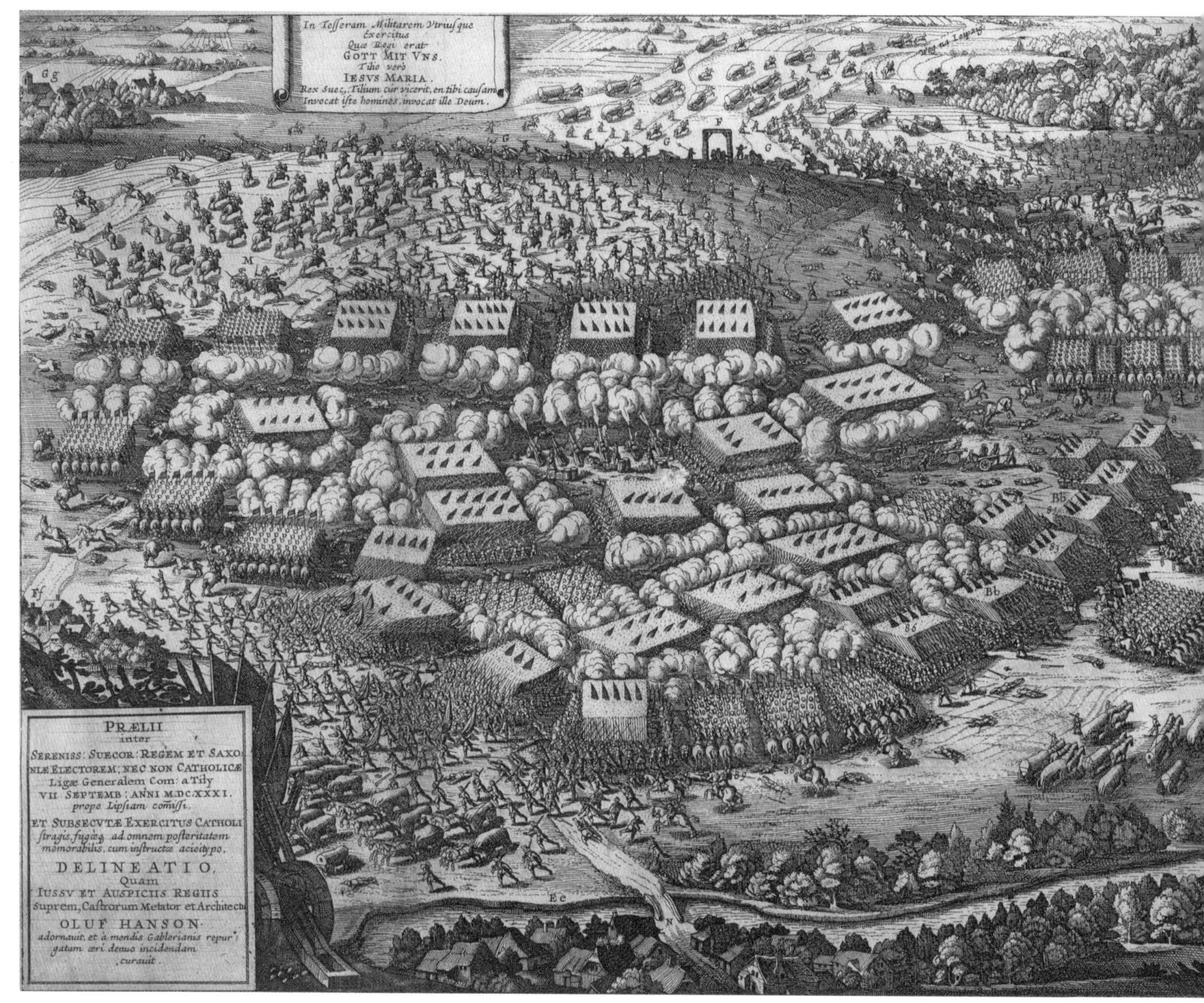

发生于1631年9月17日的勃莱腾菲尔德会战。这场战役是三十年战争中瑞典阶段的决定性战役，是新教联盟取得的第一次重大胜利，改变了世界历史的进程

就在南欧鏖战犹酣时，北欧也是战火纷飞。1642年11月，瑞典军于勃莱腾菲尔德再度击败帝国军。当瑞典军攻进南德意志之际，宿敌丹麦向瑞典宣战。瑞典军从水陆两路进攻丹麦，丹麦被迫停战求和。

1645年8月，法军在第二次内尔特林根会战中击溃帝国军，占领了德意志大部分领土。1648年，法瑞联军共同迎战帝国军，取得了楚斯马斯豪森会战的胜利。

战争进行到1648年，交战双方都已元气大伤。神圣罗马帝国皇帝斐迪南三世见大势已去，被迫求和，从而结束了三十年战争。

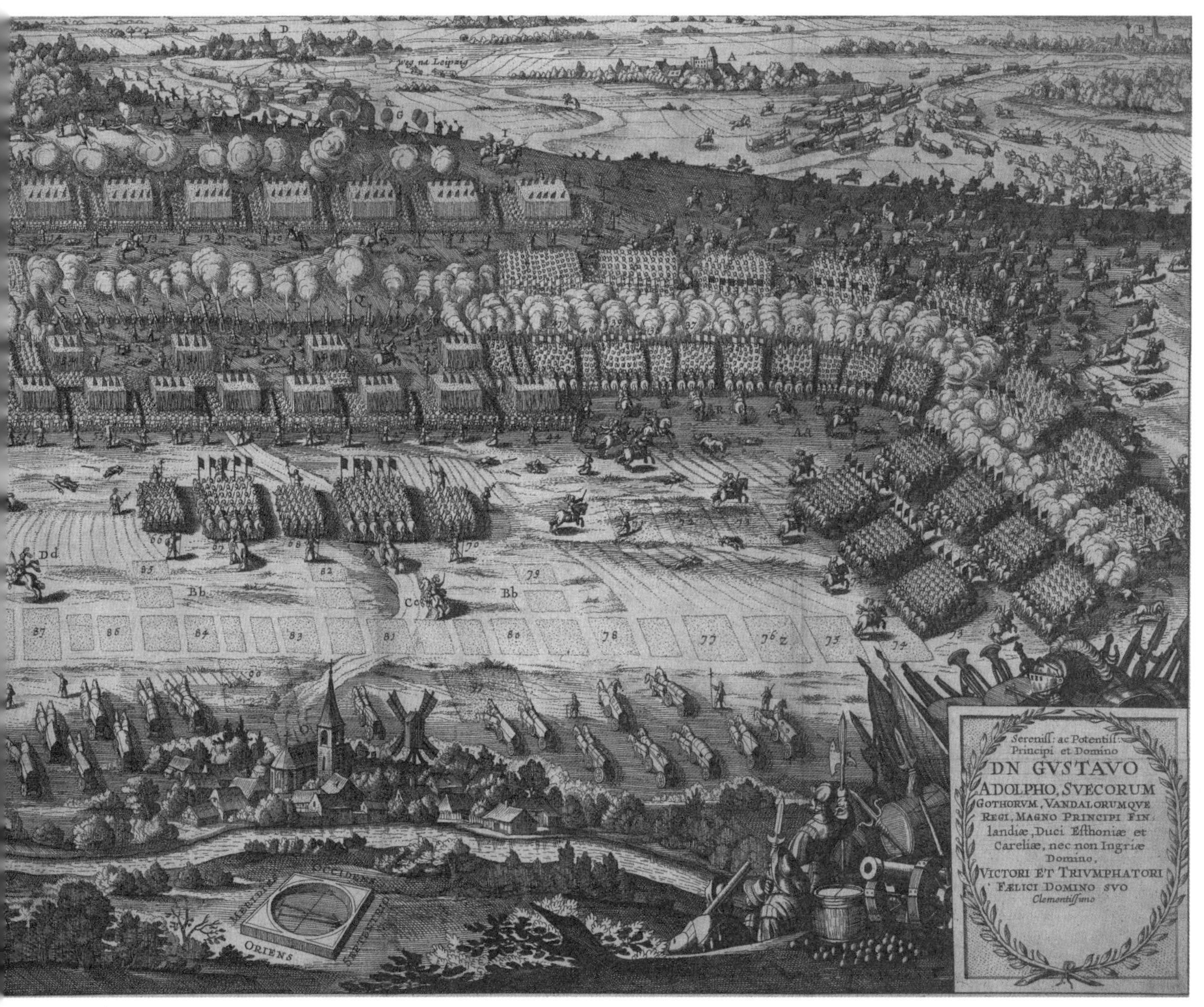

逐鹿双雄

在波澜壮阔的三十年战争中，瑞典国王古斯塔夫二世与神圣罗马帝国的华伦斯坦元帅被并称为“战争双雄”。

古斯塔夫·阿道夫1594年出生于斯德哥尔摩，天资聪颖，对政治、军事、历史都有浓厚的兴趣。他的父母皆为新教徒，夫人是勃兰登堡选帝侯的女儿玛丽亚·伊莉诺拉，这样的家庭背景让他成了一名坚定的路德宗新教徒。

1611 年，卡尔九世驾崩，17 岁的古斯塔夫继承了父亲的王位，成为年轻的瑞典国王古斯塔夫二世。

古斯塔夫二世继位时的瑞典，国际环境并不好。哈布斯堡王朝对瑞典展开了咄咄逼人的进攻态势，神圣罗马帝国的军队已经兵临波罗的海，严重威胁到瑞典王国的生存。年轻的国王锐意改革，实行新政，以此增强瑞典的国力。

作为军事改革家，古斯塔夫二世进行了一系列军事改革。

他改革兵役制度，将当时风行欧洲的雇佣兵制改为征兵制，且倾注心力对士兵进行反复训练，把瑞典军队打造成一支忠于国王的王者之师。

在武器革新方面，他格外重视火枪性能的改进，提高火枪的射速与火力，将更多步兵从长矛兵转入火枪兵编制，提升了整支步兵方阵的火力打击能力与灵活性。

他强调炮兵在战争中的意义，对炮种、射速、装弹等进行改良，增加火炮在野外的机动性，训练专业的炮兵部队。炮兵从边缘化的辅助兵种变成独立的核心兵种，这是古斯塔夫二世的首创。

他还在莫里斯方阵的基础上进一步缩减纵队深度，将队伍横队拉长。这种拉长的队伍大大增加了弹雨的密度，对敌军的侧翼构成火力威胁。相对于旧式的西班牙方阵，经过他改革后的方阵更具作战优势。

古斯塔夫二世的军事改革卓有成效。在 1611—1629 年，国王御驾亲征，先后取得了对丹麦、俄罗斯及波兰战争的胜利，打出了瑞典王国的威风。1630 年，瑞典正式参与三十年战争，古斯塔夫二世与神圣罗马帝国军队总指挥华伦斯坦双雄逐鹿，各显神通。

阿尔伯莱希特·华伦斯坦是波希米亚人，1583 年出生于一个没落贵族家庭。他自认是一个纯粹的德意志人，不过席勒在《三十年战争史》中说，华伦斯坦是一名德意志化了的波希米亚贵族。

他起初是一名新教徒，后改宗天主教。华伦斯坦之所以要改宗天主教，根本原因在于他的政治立场。1606 年 6 月，他被哈布斯堡王朝任命为摩拉维亚军队的上校。这年秋天，华伦斯坦成为未来的神圣罗马帝国皇帝马提亚的侍从。从此，华伦斯坦就把自己的事业与帝国联系在了一起。出于政治目的，华伦斯坦抛弃新教而改宗天主教。

不久，已是天主教徒的华伦斯坦加入了哈布斯堡王朝的军队。1618 年 5 月，华伦斯坦作为蒂利元帅的得力助手参与了对波希米亚新教徒的镇压，从此投身三十年战争。

在战争中，华伦斯坦将许多原新教贵族的土地占为已有，成为弗里德兰公爵。

古斯塔夫二世·阿道夫（1594 年 12 月 9 日—1632 年 11 月 16 日），曾任瑞典国王（1611—1632 年在位），瑞典国王卡尔九世的长子，欧洲杰出的军事家、军事改革家

阿尔伯莱希特·华伦斯坦（1583 年 9 月 24 日—1634 年 2 月 25 日），曾指挥神圣罗马帝国军队与新教联盟作战，杰出的军事家

一边是财富不断增长，一边是人们认为他是皇帝身边的人，这使得华伦斯坦的威望不断提高，吸引了许多雇佣兵加入他的部队。借助这些资源，华伦斯坦打造了一支只听从他号令的私家军。

1631 年 9 月，神圣罗马帝国的军队在勃莱腾菲尔德会战中失败，瑞典国王率军来到德意志，先攻下北部再进攻南部，瑞典军队很快就来到了奥地利边境。

身处维也纳宫廷的帝国皇帝斐迪南二世，面对蒂利元帅的阵亡、巴伐利亚的全面失守、波希米亚脱离控制、瑞典与萨克森的军队挺进奥地利，感觉到帝国已是四面楚歌。皇帝日食无味、夜寝不安，他后悔当初听信了谗言，罢免了劳苦功高的华伦斯坦将军的军职。他想，如果华伦斯坦仍在指挥帝国军作战，瑞典军就不会大兵压境。现如今帝国的统治摇摇欲坠，皇帝迫切需要一位能够统领全局打一场漂亮的胜仗来提振士气的帅才。于是，斐迪南二世起用华伦斯坦，请他统率帝国军队抗衡瑞典国王古斯塔夫二世。

战争双雄就这样兵戎相见了。

1632 年夏天，掌握了神圣罗马帝国军队指挥权的华伦斯坦元帅，与古斯塔夫二世在纽伦堡进行了第一次正面交锋。

古斯塔夫二世紧急动员纽伦堡的全体市民，抢修抢建瞭望塔、壕沟、护城河、木栅、棱堡与仓库，同时抓紧训练民兵。华伦斯坦率军抵达纽伦堡时惊奇地发现，对方在短时间内快速修建了固若金汤的防御工事。他部署军队将纽伦堡团团围住，想用饥饿和瘟疫拖垮瑞典军队。可是没过多久，瑞典首相率领的 5 万援军抵达纽伦堡，华伦斯坦的围城策略宣告失败。

戏剧性的一幕出现了：攻守易势的双方在城墙、壕沟、尖桩之间展开了艰苦的拉锯战。瑞典军的七轮进攻均被击退，几小时内就有数千士兵横尸战场。加上因天气炎热引发严重瘟疫，瑞典军不得不从纽伦堡撤退，两年来在德意志战无不胜的古斯塔夫二世头一次遭遇失败。

同年 11 月16 日，战争双雄在吕岑进行第二次会战。这是两人的一次生死对决。

莱比锡西侧的吕岑有一个从未被人们注意过的荒原，古斯塔夫二世将 12800 名步兵、6200 名骑兵和 60 门火炮，华伦斯坦元帅将 13000 名步兵、9000 名骑兵和 24 门火炮带到这个荒原上，他们在这里上演了三十年战争中最大规模、也是最惊心动魄的战争大片。

是日清晨，吕岑大雾弥漫，直到上午 9 时，双方军队才出现在对方的视野之中。

虽然大雾延误了瑞典军对帝国军进攻的时间，但丝毫没有影响古斯塔夫二世的雄心和瑞典军的锐气。英武的国王骑在一匹高头大马上，马鞍坐垫是由王后玛丽亚亲自缝制的，这赋予了国王充满温情的力量。

这天的华伦斯坦元帅也是意气风发，看得出，他与古斯塔夫二世同样具有决战疆场的英雄气概。

决战开始后，双方的步兵阵线不分胜负、互相僵持着。忽然，瑞典国王率领精锐重骑兵向帝国军的左翼发起猛烈冲锋，将波兰人和克罗地亚人组成的左翼骑兵驱散，战局开始朝着有利于瑞典军的方向发展。

但是，战场瞬息万变。只见一位浑身血迹的瑞典骑兵飞马前来禀报国王，说华伦斯坦加大了右翼的进攻力度，由魏玛公爵指挥的瑞典军左翼快支撑不住了，急需支援。古斯塔夫二世当机立断，让霍恩将军继续追赶残军，自己率领部分军队前去支援左翼。

国王一马当先，当他赶到左翼时，护卫他的骑兵还落在后面。古斯塔夫二世一心要找到敌军的薄弱点，却浑然不知已完全暴露在敌人的枪口下了。帝国军的滑膛枪手队长瞄准了战马上的国王，一扣扳机，子弹从枪口呼啸而出，无情地击中了古斯塔夫二世。紧接着又一枪，国王的坐骑被击中。受伤的战马一声长啸，负伤的国王坠落在地。等护卫骑士赶到时，国王已是血流不止……

华伦斯坦很快获悉古斯塔夫二世阵亡，大喜过望，以为瑞典军队会因国王战死而乱不成军，当即下令全军出击，企图趁机击溃瑞典军。然而，这次华伦斯坦低估了对手。正在浴血奋战的瑞典将士得知国王阵亡的消息后，士气不仅没有低落，反而因悲愤而迸发出高昂的战斗激情。

正所谓哀兵必胜。悲愤的瑞典将士怒吼着冲向敌人，他们要为国王复仇！行将崩溃的左翼重整旗鼓，勇敢地冲击帝国军的右翼，一举夺下敌军的7门火炮，调转炮口朝敌军猛烈开火。本已优势在手的瑞典军右翼则继续扩大战果，一举击垮敌军的左翼。目睹此情此景，华伦斯坦一脸错愕，无话可说。

下午时分，帝国军的巴本海姆将军在激战中被子弹击中，老将阵亡。瑞典军队越战越勇，一举夺得主炮兵阵地，帝国军彻底崩溃了。

时已黄昏，华伦斯坦感觉自己已是日暮西山，无力回天。他不得不承认，真的失败了。

吕岑会战相当激烈，虽然瑞典军伤亡5500人而帝国军伤亡4500人，但最终还是以瑞典军的胜利宣告结束。

三十年战争，古斯塔夫二世与华伦斯坦元帅双雄逐鹿。古斯塔夫二世以38岁英年魂断疆场，成为瑞典历史上唯一被尊为“大帝”的国王。他首次将“职业化”“正规化”和“现代化”引入军队和战争，被誉为“现代军事之父”。华伦斯坦虽然功成名就时被怀疑功高震主最终死于昏君之手，但他依然给后世留下了杰出军事家的英名。伟大的德国戏剧家席勒，曾以他的事迹创作了不朽名剧《华伦斯坦》。

开创多个先例

三十年战争不仅深刻影响了欧洲的历史进程，掀开了欧洲近代史的篇章，也因为开创了多个先例从而影响到人类社会的发展。

以国际会议解决国际争端

为了结束战争，恢复欧洲和平，1643年7月，三十年战争的参战国各自派出代表举行和谈。会议分别在德国威斯特法利亚境内的敏斯特与奥斯纳布吕克两座城镇举行。参战各方谈判后达成和解，缔结和约。1648 年 10 月 23 日，各参战国代表云集敏斯特市政厅，签署了《敏斯特和约》与《奥斯纳布吕克条约》，合称《威斯特法利亚和约》。三十年战争因为《威斯特法利亚和约》的签订而宣告结束。

威斯特法利亚和会是欧洲历史上最早的一次国际会议。在这次会议上，法国和瑞典巩固了战场上所取得的成果，赢得了与神圣罗马帝国同等的地位。威斯特法利亚和会开创了用国际会议形式解决国际争端的先例。

建立了近代国际关系

按照《威斯特法利亚和约》的规定，此后，神圣罗马帝国统治下的许多邦国成为各自独立的主权国家。也就是说,《威斯特法利亚和约》推动了欧洲近代民族国家的形成。这些国家之间的领土、主权等重大原则问题通过国际会议解决，并以和约形式确定下来。从此，欧洲各国之间建立了新型的近代国际关系，破除了罗马教皇神权统治体制下的世界主权论。

产生了真正的国际法

国际法是若干国家参与制定或者国际公认的、调整国家之间关系的法律。近代意义上的国际社会得以形成，是以《威斯特法利亚和约》的签订为标志的。而国际社会的正常运转需要有国际法进行维系。《威斯特法利亚和约》明确了适用主权国家之间和其他具有国际人格的实体之间的法律与规则，标志着真正意义的国际法产生了。

确立了常设大使馆制度

大使馆是某一国家在建交国首都派驻的常设外交代表机关。近代意义的常设大使馆，最早是在三十年战争结束之后欧洲各主权国家之间建立起来的。此后，遵循国际法，两个互相友好的建交国家在对方首都建立大使馆成为一种制度。

1648 年订立的《威斯特法利亚和约》，在欧洲建立了威斯特法利亚体系，其构建的国际秩序一直延续到 1815 年维也纳会议确立的维也纳体系，而威斯特法利亚体系的影响一直持续到当代。

威土战争

（1645—1718）

1645—1718

威尼斯有“亚得里亚海上明珠”之称，是一座浪漫的水城。如果说世界上有一座因水而生、因水而美、因水而兴的城市，那便是威尼斯。

不过，在因水而兴的过程中，威尼斯共和国，作为意大利北部的城市共和国，也经历了数次与奥斯曼帝国（又称奥斯曼土耳其帝国）的战争。那些年，两国战火纷飞，海上浊浪滔天。

燃烧的爱琴海

对欧洲人来说，爱琴海是欧洲文明的摇篮。对世界各国的游客来说，爱琴海则是浪漫情调的象征。

不管古代的传说有多么浪漫，近代的爱琴海却是遭遇了多次威尼斯共和国与奥斯曼帝国的战争，被熊熊战火映红的爱琴海无声诉说着战争的残酷……

威尼斯人于公元 697 年建立城市共和国，10 世纪末获得独立。之后威尼斯共和国不断向外发展，12 世纪巩固了在东方和爱琴海沿岸的地位，领土包括克里特岛、伯罗奔尼撒半岛西南部及爱琴海上的许多岛屿。14 世纪，威尼斯共和国进入全盛时期，成为地中海和黑海地区的强国。正如 15 世纪拜占庭历史学家拉奥尼科斯 · 哈尔科孔蒂利斯所言：“威尼斯人在陆地上没有立足之地，也无法从事农耕。他们不得不从海上进口所有生活必需品。通过贸易，他们积累了如此惊人的财富。”

起初，经过数百年的投资经营，威尼斯共和国依靠商业资本运作与发达的谍报系统，在地中海东部建立起了稳定而强大的海上霸权。可是，1453 年攻占君士坦丁堡之后的奥斯曼帝国迅速崛起。奥斯曼帝国由陆地扩张发展为海洋扩张，对威尼斯的海上霸权发起了挑战。

1499 年 10 月，奥斯曼帝国与威尼斯共和国之间爆发战争。在宗奇奥海战中，奥斯曼帝国的军队一举击败威尼斯共和国的舰队。这次海战后，威尼斯的很多爱琴海岛屿被奥斯曼土耳其人占领。帝国的军队直逼威尼斯共和国的本土，威尼斯人被迫求和。1503 年，双方经过艰苦的谈判缔结了和约。宗奇奥海战极大地削弱了威尼斯在地中海东部的军事力量，而奥斯曼帝国则建立起了海上霸权。

值得注意的是，宗奇奥海战对后世产生了另一个很大的影响，那就是人类海上作战方式的转变。宗奇奥海战之后，地中海的战争变得“循规蹈矩”了：规模越来越大的桨帆船舰队猛冲向对方，等到靠近对方时用轻型火炮射击，再通过白刃战打败对方。然而在直布罗陀海峡之外，首先是葡萄牙，然后是西班牙、英格兰和荷兰，开始运用风力驱动、配备重型火炮的盖伦帆船，它们创建的是庞大无比的世界性帝国，这种战法在被陆地包围的地中海是无法想象的。

回到威土战争。宗奇奥海战之后的 1537—1540 年与 1570—1573 年，威尼斯共和国与奥斯曼帝国继续开战。战争导致威尼斯共和国除蒂诺斯岛之外的基克拉泽斯群岛、斯波拉泽斯群岛和在伯罗奔尼撒的最后几个据点均被土耳其人占领，整个塞浦路斯岛也被土耳其人夺走了。

战火不断在美丽的爱琴海上燃烧着。连年的战争不仅导致整个爱琴海地区、巴尔干半岛西海岸及塞浦路斯等地遭受频繁的蹂躏，也导致了威尼斯共和国的衰落。

血战克里特岛

克里特岛位于爱琴海的南面，是爱琴海中最大的一座岛屿。这里常年风和日丽，植物常青，岛上种有橄榄、葡萄、柑橘等，遍地鲜花盛开，四周是碧波荡漾的蔚蓝色海洋，克里特岛因而有“海上花园”之称。

克里特岛也被誉为“爱琴海的皇冠”，是诸多希腊神话的发源地，过去是希腊文

该图上半部分，显示了威土战争中土耳其人于 1668 年对克里特岛围攻的场景；该图下半部分，系克里特岛地图

化、西洋文明的摇篮，现在则是风光旖旎、美不胜收的度假胜地。

不过，对于威尼斯来说，克里特岛不仅是十分重要的战略要地，也是其作为海洋国家的象征。

克里特岛位于威尼斯共和国两条重要的贸易路线的十字路口，一条是通往君士坦丁堡和黑海的航线，另一条是通往叙利亚和埃及香料市场的航线。自 1204 年克里特岛成为威尼斯共和国的殖民地之后，威尼斯人就将该岛用作进行海上贸易之商品仓储和转运的场所。平时，威尼斯人在这里为过往的商用桨帆船提供维修与补给服务。战时，则在这里为整个爱琴海的海军作战提供军需支持。虽然从威尼斯城到克里特岛距离比较远，但在几百年的时间里，威尼斯人对克里特岛实行了有效的管辖，牢牢掌控了克里特岛。

然而，日益强盛的奥斯曼帝国，也很看重克里特岛的战略位置。1645 年 6 月 23 日，帝国舰队向克里特岛发起猛烈进攻，并强行登陆克里特岛，威土战争再次爆发。

威土双方投入都很大。在奥斯曼帝国军队凌厉的攻势面前，威尼斯共和国的军队有点难以招架，但依然顽强地守卫着克里特岛。经过三年血战，帝国军队攻占了除首府干尼亚城外的克里特全岛。

虽然干尼亚城已成克里特岛中之孤城，但威尼斯人依然在严防死守。从军队数量来说，帝国军队占据了压倒性优势。还有一个对威尼斯人很不利的因素，那就是干尼亚城内的希腊居民对威尼斯人怀有敌意。就是在这种内忧外患的情形之下，干尼亚城守军仍然凭借来自威尼斯共和国的海上支援，坚持守城数十年之久。威尼斯舰队封锁了达达尼尔海峡，切断了奥斯曼帝国军队的补给线，也成为帝国军队对干尼亚城久攻而不克的重要因素。

历史的车轮来到 1667 年夏天，奥斯曼帝国军队在得到增援后卷土重来，猛攻干尼亚城。1669 年夏天，在经历了世界历史上最漫长的围城战之后，弗朗切斯科 · 莫罗西尼 —— 这位威尼斯海军总司令在火热的太阳下怀着一颗冰冷的心签下了投降书。虽然在这次围城战中，奥斯曼帝国的军队超过 10 万人丧生，但帝国最终得偿所愿。虽然威尼斯共和国的军队在围城战中丧生的人数不足对方的 1/3，但结果还是无奈放弃对克里特岛这块最富庶的海外领地的统治。

克里特战争以威尼斯人的失败而告终，既意味着威尼斯共和国统治地中海东部地区 500 年的历史宣告结束，也标志着奥斯曼帝国在地中海的势力达到鼎盛。

摩里亚半岛之争

摩里亚半岛又名伯罗奔尼撒半岛，位于希腊南部。半岛上不仅有丰富的历史古迹，如最早的奥林匹克体育馆、阿伽门农的迈锡尼等，还有优质的海滩、碧绿的海湾，以及原始质朴的马伊纳山区。

与克里特岛一样，摩里亚半岛也具有重要的战略地位。为了争夺摩里亚半岛，1684—1699 年，威尼斯共和国与奥斯曼帝国展开了第六次战争，史称摩里亚战争。

在这次战争中，威尼斯与奥地利、波兰、俄罗斯结成了“神圣同盟”。这次统率威尼斯军队的依然是威尼斯海军总司令莫罗西尼，威尼斯军队从土耳其人手中夺取了达尔马提亚和摩里亚半岛的部分地区。1687 年 9 月，威尼斯军队一度占领了希腊首都

第六次威土战争是威尼斯对土战争中唯一一次获得全胜的战争。该图描绘了奥斯曼帝国坚固的要塞，该要塞于 1688 年 7 月被威尼斯人围困，次年 10 月被土耳其人遗弃

《帕萨罗维茨和约》签订仪式。该图描绘了 1718 年 7 月 21 日《帕萨罗维茨和约》签订时的场景，奥斯曼帝国与奥地利、威尼斯等国的谈判人员在帐篷里开会，士兵们则分列在外面警戒

雅典，后来又被迫放弃了雅典。1691 年，威尼斯军队从土耳其人手中夺取了爱琴海的希俄斯岛。没过多久，威尼斯又把希俄斯岛归还了土耳其。威尼斯人还曾试图重新夺回克里特岛，但没有成功。1699 年 1 月，第六次威土战争宣告结束，“神圣同盟”国家与奥斯曼帝国缔结《卡尔洛维茨和约》。根据和约，威尼斯获得了摩里亚半岛和达尔马提亚（今克罗地亚南部）的大部分地区。也是根据这个和约，奥地利获得了两个利好机会，一是开始从三十年战争造成的长期萧条中脱身；二是开始从中欧扩大版图，得到了特兰西瓦尼亚公国与斯拉沃尼亚（今克罗地亚东部）。

1714 年，威尼斯军队突然袭击土耳其在地中海的海军基地，再次引发了威尼斯与土耳其的战争。在两年多的时间里，土耳其陆军与海军联合作战，攻占了威尼斯在爱琴海地区的岛屿及要塞，夺回了摩里亚半岛。之后，又把威尼斯人从爱琴海海域和克里特岛的据点里全部赶了出去。

这时，统治奥地利的神圣罗马帝国皇帝查理六世介入战争，他出兵支援威尼斯，并在陆战中击败土耳其。1716年，正当威尼斯与奥地利联合起来对抗土耳其时，英国与荷兰等国出面调停。在英国与荷兰的斡旋下，1718年7月21日，威尼斯共和国与奥斯曼帝国签订《帕萨罗维茨和约》。该和约规定：摩里亚半岛（伯罗奔尼撒半岛）划归土耳其；希腊西北部、阿尔巴尼亚和达尔马提亚的部分前沿地区划归威尼斯；威尼斯正式放弃摩里亚半岛和克里特岛。从此，两国结束战争状态，开始和睦相处。

香料贸易改换门庭

战争是敌对双方为达到一定的政治、经济、领土等目的而进行的武装斗争。战争是为一定的政治目的服务的，而政治是经济的集中表现。回望威尼斯共和国与奥斯曼帝国的战争，可以清楚地看到，战争是由经济利益的冲突引起的，那就是土耳其人封锁了东西方的陆上贸易路线，也控制了由印度洋经红海进入地中海的海上贸易，严重阻碍了威尼斯人贸易经济尤其是香料贸易的发展。看上去，威尼斯人与土耳其人的数次战争都是为了维持或扩大海上霸权，实际上他们想通过战争达到的最终目的还是获取更大的经济利益。

在欧洲的中世纪，拜占庭帝国的首都君士坦丁堡是地中海的贸易中心，是连接东西方贸易的重要节点。早在8世纪，威尼斯共和国就和拜占庭帝国签订了通商条约。按照条约，威尼斯共和国在拜占庭帝国各城市中享有贸易自由，只需要交付通行费就行。于是，威尼斯商人云集君士坦丁堡，他们将来自东方的香料、茶叶、丝绸、陶瓷和珍宝等运回欧洲，其中的香料贸易几乎被威尼斯商人所垄断。垄断香料贸易给威尼斯共和国带来了源源不断的丰厚利润，威尼斯人也因此聚敛了大量的财富。

可是，1453年，君士坦丁堡被土耳其人攻陷，奥斯曼帝国在拜占庭帝国的疆域崛起。奥斯曼帝国的扩张阻断了欧洲与东方的陆路交通，土耳其军队的铁骑踏碎了威尼斯人对香料贸易的垄断特权。这样一来，威尼斯人不得不诉诸战争以对抗土耳其人，誓死捍卫威尼斯的海上霸权，从而维持包括香料贸易在内的海上贸易。

然而，威土战争是在欧洲中世纪后期由典型的商业城邦共和国威尼斯与地跨三洲的封建大帝国奥斯曼帝国之间进行的实力明显不对称的区域争霸战争。在长达200多年的战争中，土耳其人通过庞大的资源动员和不断学习来弥补与威尼斯人之间的军事技术（尤其是海军技术）差距，且在前几次战争中取得了重大胜利，基本摧毁了威尼斯共和国在东地中海的霸权。作为小国的威尼斯共和国，虽然凭借其优越的军事技术和灵活的外交策略，取得了不少难能可贵的战术性胜利，但无法扭转在奥斯曼帝国扩张面前处于守势的总体态势。

威土战争表明，中世纪小国寡民的城邦政体已经不能适应近代大规模战争的要求，只有中央集权的国家才能充分有效地组织军事资源来对抗攻击。

威土战争的结局是奥斯曼帝国建立起了海上霸权，威尼斯共和国则走向了衰落。随之而来的便是威尼斯共和国失去了一块块像克里特岛这样的海外领地。

战争激发了欧洲人寻找通往东方的新航线。就在威尼斯人与土耳其人打得不可开交之时，欧洲人开始试图绕开传统的香料贸易路线，另辟蹊径，开辟一条海路直达香料产地。

15 世纪末至 16 世纪前期，经过迪亚士、哥伦布、达・迦马和麦哲伦等航海家的努力，欧洲人开辟了一条通往东方的新航线，即从西欧与南欧通往印度、中国和印度尼西亚等国的海上航路。这条新航路可以完全绕开奥斯曼帝国控制的中东。通过这条新航路，葡萄牙人、西班牙人与荷兰人先后侵入东方的香料产地，用不等价交换和直接掠夺的方式，将大批香料运送到欧洲市场，攫取了惊人的利润。此后，威尼斯共和国的海上贸易风光不再，香料贸易改换门庭。

英荷战争

（1652—1784）

1652—1784

世界上有一个国家被称为“低地之国”，其国土有一半以上低于或几乎水平于海平面，这个国家便是荷兰。13 世纪以来，荷兰人共围垦了 7100 多平方千米的土地，这相当于荷兰陆地面积的 1/5。如今，荷兰国土的 18% 是人工填海造出来的。

荷兰的西面与北面都是海，属于海洋国家。由于自然资源比较贫乏，荷兰人很早就向海外拓展，也由此带来了造船业与海上贸易的发达。17 世纪时，荷兰成为当时世界上最强大的海上霸主，被称为“海上马车夫”。

剑指“海上马车夫”

荷兰这位“海上马车夫”是在 17 世纪初叶成长起来的。

当时，世界上第一个海上霸主西班牙开始衰落，拥有较强海洋军事实力的英国正忙于打内战。荷兰乘此机会发展造船业，建立海外殖民地，垄断海上贸易。

那时候，荷兰的造船业极负盛名，仅在首都阿姆斯特丹就有几十家造船厂，并具有在全国同时开工建造几百艘船的能力。虽然英国人的造船技术比较先进，荷兰人造的船性价比却高于英国。资料显示，当时荷兰船只的造价要比英国低 1/3。因此，荷兰很快就成了欧洲的造船中心。

造船业的发达源于海上贸易对舰船的大量需求。由于陆上商路受阻，世界各国间的商品流通、贸易往来主要依靠海上交通。海上贸易不仅需要大量的商船，而且还需要有相应数量的保护商船的舰艇。17 世纪时的荷兰，已经拥有 1.6 万余艘商船，占欧洲商船总吨位的 3/4，占世界运输船只的 1/3。

17 世纪，荷兰几乎垄断了世界海上贸易。

在亚洲。1602 年，荷兰商人与贵族联合建立东印度公司，同时在南亚建立起一批武装商站。1603 年在爪哇，1606 年在马六甲，荷兰先后打败西班牙与葡萄牙的海军。之后，荷兰很快就组织商船到达印度的果阿、印度尼西亚的爪哇和马六甲群岛等地。1619 年，荷兰在爪哇建立第一个殖民据点巴达维亚（今雅加达），然后由爪哇向西侵占苏门答腊岛，向东从葡萄牙手里夺取香料群岛（今马鲁古群岛），还相继侵占了马六甲和锡兰（今斯里兰卡）。在亚洲东部，荷兰一度侵入中国领土台湾，并在日本九州岛的长崎建立了商业据点。

在欧洲。当时波罗的海沿岸地区的粮食，是由荷兰运往地中海沿岸国家的。而德意志的酒类、法国的手工业品、西班牙的水果和殖民地的产品，也是由荷兰运往北欧的。

在非洲。1648 年，荷兰占领了好望角，在非洲南端建立了一个战略地位十分重要的殖民据点。

在美洲。在北美，荷兰以哈得孙河流域为基础，建立了新尼德兰殖民地。同时，荷兰夺取曼哈顿岛建立起新阿姆斯特丹（今纽约）。在南美，荷兰殖民者占领了安的列斯群岛中的一些岛屿。

荷兰的殖民扩张与贸易垄断直接对英国构成了挑战。

英国 1640—1649 年国内战争结束后，强势崛起。克伦威尔上台后大肆扩军，原本在斯图亚特王朝时期衰落的英格兰军队再一次崛起。作为岛国的英格兰原来基本没有陆军，克伦威尔作为英国资产阶级军队的缔造者，以古斯塔夫二世的瑞典军队为模板，建立了一支人数超过 3 万的陆军。克伦威尔将海军舰船数量扩大了 3 倍多，主力舰由原来的 40 艘扩大到了 120 艘。英国拥有了当时世界上最好的舰船与船员。

资产阶级出身的克伦威尔是典型的重商主义者，他不能容忍荷兰人垄断全球贸易。令英国人更加不能容忍的是，荷兰竟然在英国水域肆意捕捞鱼虾等水产品，甚至把这些水产品拿到英国市场上高价出售，谋取厚利。于是，1651 年 10 月，克伦威尔领导的英吉利共和国议会通过了第一个保护英国本土航海贸易垄断的法案——《航海条例》。这一法案规定：只有英国或其殖民地所拥有、制造的船只才可以装运英国殖民地的货物。政府指定某些殖民地产品只准许贩运到英国本土或其他英国殖民地，如烟草、糖、棉花、靛青、毛皮等。其他国家制造的产品，必须经由英国本土而不能直接运销殖民地，同时限制殖民地生产与英国本土竞争的产品，如纺织品等。这也就是说，英国不许其他有航运能力的国家插手航海贸易。毫无疑问，英国颁布的《航海条例》针对的就是荷兰。

英国剑指“海上马车夫”！

荷兰反对英国的《航海条例》，英国拒绝废除，英荷海上大战一触即发。1652 年 5 月，英荷两国舰队在多佛海峡发生冲突。1652 年 7 月 8 日，英国正式向荷兰宣战。

“海上杀手”勒伊特

英荷战争共打了四次，从 1652 年一直打到 1784 年，从英国人的家门口一直打到美洲。第一次，发生于 1652—1654 年；第二次，发生于 1665—1667 年；第三次，发生于 1672—1674 年；第四次，发生于 1780—1784 年。

所谓时势造英雄。大凡战争都会涌现出英雄，而英雄的业绩足以反映战争的基本面貌。米歇尔·阿德里安松·德·勒伊特就是从英荷战争中涌现出来的英雄。

勒伊特是荷兰历史上著名的、优秀的海军上将。勒伊特参加了第二次与第三次英荷战争，是荷兰历史上最负盛名的“海上杀手”，也是最令英国人闻风丧胆的“恐怖者”。

勒伊特出生在荷兰西南省一位老水手家里，10 岁便跟随父亲在船上当实习水手。他足智多谋，凭着本事被逐级提升，28 岁就当上了商船船长。由于有同海盗船与私掠船作战的经

米歇尔·阿德里安松·德·勒伊特（1607 年 3 月 24 日—1676 年 4 月 29 日），是荷兰历史上著名的、优秀的海军上将

验，加入荷兰海军后，他很快就成长为出色的海军军官。他生性勇猛顽强，用兵凶悍多谋，在与西班牙舰队、英格兰舰队、瑞典舰队及海盗军团的多次海上厮杀中，屡屡得胜，表现出超凡的军事才华。1665 年，他成为荷兰海军总司令。

第一次英荷战争荷兰战败，英荷签署《威斯敏斯特条约》，荷兰被迫承认英国《航海条例》。之后荷兰人一边卧薪尝胆，一边厉兵秣马，准备复仇。英国方面则为未能彻底打垮荷兰而耿耿于怀，英国人希望在下一场英荷战争中能够毕其功于一役，将荷兰这个海上的老对手彻底打服，以实现称霸海洋的夙愿。

此时，作为荷兰海军统帅的勒伊特海军上将正励精图治，改组海军。勒伊特认识到，单凭护航商船是无法击败英国的，只有改变这种被动战略，抛开商船，以海军主力寻求与英国舰队决战的机会，夺取制海权，才能取得战争的胜利。在这种战略思想的指导下，荷兰加紧建造大型战舰。到 1664 年，荷兰海军已拥有大型战舰 103 艘、火炮 4869 门、官兵 21631 人。

1664 年 4 月，一支英国海军远征队占领了荷兰在北美的新阿姆斯特丹，并将其命名为纽约。同时，英国组织皇家非洲公司进攻荷兰在非洲西岸的殖民地，之后强行占领。英国人的目的很明显，就是从荷兰人手中夺得一本万利的象牙、黄金和奴隶贸易。

英国的挑衅给荷兰提供了复仇的良机。1664 年 8 月，勒伊特上将率领 8 艘战舰收复了被英国占领的原荷属西非据点。1665 年 2 月 22 日，荷兰正式向英国宣战，第二次英荷战争爆发。

相比于第一次英荷战争，第二次英荷战争的海战次数大幅度减少，但规模更大了。双方主要是以海军主力决战的形式，力图按照战列线战术来夺取制海权。由于火炮杀伤力的提高，双方在海战中的损失也大大增加。

第二次英荷战争的战场主要是在英吉利海峡和北海地区。

1666 年 6 月 1 日，英荷舰队首战于英吉利海峡佛兰德附近海域。勒伊特统率经过整顿的由 85 艘军舰组成的荷兰舰队，长驱直入，直奔英伦海岸。当荷兰舰队行至佛兰德附近海域时，迎头碰上了由 56 艘军舰组成的英国舰队，英军统帅是舰队司令乔治・蒙克公爵。在勒伊特的精心指挥下，荷兰舰队勇猛杀向英国舰队。一时间，佛兰德海面炮火连连，浊浪滔天。

这是历史上持续时间最长的一次海战。经过 4 天的激战，英国舰队有 17 艘军舰被荷兰海军打得沉入了海底，其中就有“皇太子号”风帆战列舰。同时，多达 8000

ATACCO FATTO DALLI VASCELLI INGLESI A QVELLI DEGLI OLANDESI NEL PORTO DI BERGE IN NORVEGIA IL DI 12 DI AGOSTO 1665

第二次英荷战争 (1665—1667 年)，交战双方以海军主力决战作为主要形式来夺取制海权。由于火炮的射程和杀伤力的提高，双方在海战中的损失也大大增加。这场战争最终以荷兰取胜而结束。该图描绘了 1665 年 8 月英国舰队与荷兰舰队在挪威的卑尔根交战的场景。荷兰人获得了当地驻军的支持

名英国士兵阵亡或被俘。荷兰海军则只损失了 4 艘战舰，伤亡 2800 名士兵。英国皇家海军遭受了史上少有的损失惨重的败仗。

这次海战荷兰大获全胜，勒伊特因此成了荷兰人的英雄。

为了给英国以更沉重的打击，勒伊特悉心拟订了大胆偷袭泰晤士河的作战计划。

这一计划的确够大胆，因为荷兰海军要偷袭泰晤士河有着极大的风险：一是泰

晤士河沿途有英国的各种防御设施；二是泰晤士河口与梅德韦河多有沙洲浅滩，只有涨潮且顺风军舰才能通过，稍一疏忽，错过潮位或是风向不顺、风力不够，则军舰就有搁浅的可能；三是即使在晚上，英军仍有待命作战的战舰。

勒伊特不愧是“海上杀手”！他冒着极大的风险，以惊人的胆识硬是率领荷兰海军杀到大英帝国的家门口，创造了世界海战史上的奇迹。

1667年6月19日，荷兰舰队神不知鬼不觉地潜入泰晤士河。趁英军不备，一举上溯至英国内河——梅德韦河。大梦初醒的英国人慌忙阻击，但很快荷兰舰队就粉碎了乔治·蒙克指挥的抵抗。6月20日，荷兰舰队攻占希尔内斯炮台，并缴获了包括火药、木材、桅杆、沥青在内的大量军用物资。

为了阻挡荷兰舰队的继续深入，同年6月22日，英军在梅德韦河的狭窄处凿沉了7艘舰船，希望用这种办法为准备反击争取时间。但英军的沉船措施并未奏效，勒伊特很快便率舰队绕过了沉船区。在这个过程中，荷军还用火攻船摧毁了英军设在梅德韦河上的拦阻锁链。

6月23日清晨，荷兰舰队进抵英国海军的查塔姆基地，随即与英军厄普诺尔炮台展开了炮战。在这个关键时刻，英军掉链子了：匆忙间运到炮台上的炮弹大都与火炮的口径不符，很多火炮成了哑炮。这样一来，荷兰舰队很快就压制住了英军炮台的火力。之后，勒伊特指挥舰队对泊于港内的英舰展开了攻击。查塔姆基地内顿时浓烟四起，火光冲天，庞大的英军战舰成了荷兰海军砧板上的肥美羔羊。荷军不仅焚毁了8艘英舰，还带回乔治·蒙克的旗舰“皇家查理号”作为战利品返回荷兰。

勒伊特这次成功的偷袭震惊了英国朝野，“海上杀手”杀掉了英国皇家海军昔日的威风。泰晤士河之战不仅给英国造成了近20万英镑的损失，更使皇家海军蒙受了奇耻大辱。参加此战的一位英国军人曾回忆道：“这些威武雄壮、战绩辉煌的战舰的毁灭，是我生平所看见的事情中最令人痛心的。每一个真正的英国人见了都会伤心泣血。”

勒伊特在战场上的辉煌胜利加速了英荷两国和谈的进程，1667年7月31日，英荷两国签订了《布雷达和约》。根据该和约，英国放宽了《航海条例》，并放弃了其在荷属东印度群岛的权益，同时还将荷属南美洲的苏里南归还给了荷兰人。

为了表彰勒伊特的卓越功勋，荷兰政府奖励他一个价值25000荷兰盾的金杯。

五年后，英国发动了第三次对荷兰的战争。由于法国把荷兰看作其在欧洲建立霸权的障碍之一，早就图谋瓜分荷兰。这次英国发动对荷战争，法国也趁机对荷宣战。面对英法联军的挑战，德高望重的勒伊特重新出任荷兰舰队司令，统率荷兰海军迎战英法联军。这一年，勒伊特已经 65 岁高龄。

勒伊特对英法联军做了全面分析，认定敌军的核心是英国海军，法国海军不仅力量小且缺乏战斗经验，不足为惧。因此，1672 年 6 月 7 日，勒伊特分派 10 艘战舰牵制法国舰队，他亲率 65 艘主力战舰向英国舰队发起猛烈攻击。在荷兰军舰的打击下，法国军舰只打了几个回合就丢下英国盟友逃之夭夭。英国舰队在荷兰舰队的围攻下，苦苦支撑，先后有 9 艘战舰受损，2000 多名将士阵亡。夜幕降临，英舰杀出一条血路，冲出重围，趁着茫茫夜色，仓皇败走。勒伊特在关键时刻挽救了荷兰。

一年以后，勒伊特又指挥了 3 次海上会战，不仅粉碎了英法企图占领荷兰本土的计划，也促使英国与荷兰在 1674 年 2 月签订了第二个《威斯敏斯特条约》。第三次英荷战争宣告结束。

海霸易主

1676 年 4 月，勒伊特在指挥荷兰舰队与法国地中海舰队交战的过程中不幸身负重伤，69 岁的老将、伟大的海上骑士勒伊特战死疆场。2015 年，由荷兰导演罗伊·雷内执导的电影《海军上将》，艺术地再现了勒伊特波澜壮阔的一生，将这位大智大勇、忠诚爱国的荷兰海战英雄的光辉形象真实地展现在了世人面前。

痛失勒伊特上将之后，荷兰海军迅速走向衰败。随着海军的衰败，加上国际国内各种因素的影响，荷兰的整体国力由强变弱，再也不能重振雄风，当年迎战英法联军的辉煌岁月渐行渐远。

进入 18 世纪，荷兰掌权的议会派商人为了减轻巨额公债的负担，也为了所谓“真正的自由”（大资产阶级享有各省自主的政治特权与退税税率），裁撤了大部分的军事力量，自愿降低国际地位，沦为二流国家。荷兰人宁愿把两百多年来累积的资本，借贷给英、法等国的政府与企业，享受稳定丰厚的利息收入，也不愿重拾“海上马车夫”的进取精神。

英国尽管在第二次和第三次英荷战争中都败给了荷兰，但还是利用这个战略机遇得到了好处。之后英国励精图治，不断向海洋强国发展。

第四次英荷战争（1780—1784 年）使 17 世纪的“海上马车夫”、殖民帝国荷兰随着这场战争的失利而崩溃衰落，并促成 1787 年荷兰爱国者革命，导致荷兰在 1795 年被法兰西第一共和国征服的结局。该图再现了 1780 年英国舰队与荷兰舰队进行海战的场景

英国赢得七年战争后，于 1763 年与法国、西班牙共同签订了《巴黎和约》。根据这一和约，英国取得加拿大及密西西比河以东地区，用哈瓦那交换了西班牙的佛罗里达，西班牙则从法国那里得到路易斯安那作为补偿。法国撤出北美，英国在北美的殖民地框架基本奠定。在印度，英法双方交换了战争中相互征服的领土。在加勒比海，英国得到圣文森特、多米尼加和格林纳达等岛屿。在西非得到塞内加尔。在欧洲则收回梅诺卡。这样一来，一个触角伸向全球的大英帝国横空出世，成了当时最强大的海上强国。

当然，为了巩固大英帝国的地位，英国还想从海上强国发展为海洋霸主。而要成为海洋霸主，就得把荷兰完全打压下去。正如克劳塞维茨所言，战争无非国家政治通过另一种手段的继续。

1780 年，英国找到了一个向荷兰宣战的理由，那就是荷兰暗中资助了正与英国作战的法国和美国，支援了美国独立战争。因此，英国发动了第四次英荷战争。

当时的荷兰政府已是内外交困，两大问题使得荷兰最终被拖入了战争的深渊。

一是 60 多年来军备松弛，英法两国经常采用施压的方式来迫使荷兰就范。加上荷兰政府缺乏相应的外交智慧，结果在面对重大外交决策时首鼠两端，弄得英法两国都不满意。二是荷兰政府内部难有统一的行动，以执政为代表的荷兰中央政府一直希望避免激怒英国，在如何对待美国独立这件大事上倾向于采取保守的态度；荷兰民众及地方政府却热衷于表达对美国独立的支持，并对英国战事上的不利幸灾乐祸，这使得荷兰中央政府极为尴尬。

内外交困的荷兰自然不敌英国的进攻，英国靠着强大的海军把荷兰彻底打垮，并夺得了荷兰丰厚的商队物资与殖民地。第四次英荷战争随着英国承认美国独立而结束。1784 年，荷兰不得不请法国作调停，法国帮助荷兰与英国签订了相对有利于荷兰的和平条约。

荷兰的战败产生了多米诺骨牌效应：荷兰失去了原有的大片殖民地；荷兰的海上贸易事业一落千丈；阿姆斯特丹失去了世界金融中心的地位；1787 年，荷兰发生爱国者革命；1795 年荷兰共和国灭亡，变成法兰西第一共和国治下的巴达维亚共和国……

第四次英荷战争结束后，伦敦取代阿姆斯特丹成为世界金融中心，英国取代荷兰成为海上霸主。

英荷战争创造了以火炮和快速帆船为主的侧舷炮战，侧舷炮战取代舰体冲撞与步兵跳舷格斗，成为之后人类海战的主要模式。在与荷兰的海上角逐中，英国人逐渐发展了一套依靠海权获得殖民地、依靠陆上基地保持海军战斗力并获得海权的战略体系，这对后来世界海军的发展产生了重大影响。

自英荷战争后，欧洲沿海各国都十分重视发展海军，以夺取制海权。海军成为强国向世界施加影响的工具，舰队成了“移动的边境”，不仅御敌于海上，也取利于他国。

俄波战争

（1654—1667）

2010 年 4 月 10 日，波兰总统卡钦斯基专机在位于俄罗斯斯摩棱斯克机场附近坠毁，共有 96 人在事故中遇难，其中包括总统、总统夫人和很多波兰高官。为此，波兰进行了为期一周的哀悼活动。俄罗斯也宣布 4 月 12 日为全国哀悼日，各国政府首脑和民众纷纷为遇难者哀悼。2016 年 11 月 14 日，在波兰克拉科夫，调查人员在瓦维尔宫挖掘出已故总统卡钦斯基及其妻子的遗体，以重新调查 2010 年总统专机空难原因。波兰执政党（法律与公正党）暗示，上一届政府与俄罗斯方面的调查报告令人难以信服，空难可能涉及“政治阴谋”。这场坠机事故的发生和波兰对俄罗斯调查结果的怀疑，很容易让人联想到是俄波两国的“世仇”在作祟。那么在历史上，俄波两国到底有何恩怨呢？

俄－波－乌恩怨由来

一部俄罗斯的历史，就是一部持续数个世纪的扩张史。俄国领土的扩张方向不仅是南部和北部，往西吞并乌克兰也是俄国几代统治者的战略目标。在 12—13 世纪的罗斯文献中，可以看到“乌克兰”一词的记载。13 世纪，当蒙古汗国铁骑踏入基辅，罗斯被一分为二。东北罗斯由金帐汗国直接统治，西南罗斯则依附立陶宛大公国。两个世纪后，东北罗斯发展成为俄罗斯民族，西南罗斯则分化出白俄罗斯和乌克兰两个民族。

起先，乌克兰族聚居在乌克兰地区，并未形成独立国家，这引起了周围大国的觊觎。波兰首先伸出魔爪。14世纪晚期，立陶宛与波兰两国联姻后，合并为一个国家。依附于立陶宛的乌克兰因而转为依附波兰立陶宛王国，于是波兰便产生了侵占白俄罗斯与乌克兰的想法。1569年7月，机会来了。立陶宛在与俄罗斯的立窝尼亚战争中战败，不得不与波兰在卢布林重新签订了联盟条约——《卢布林条约》。两国从此可以共同拥有一个议会、一个选王制、一个对外政策，于是，乌克兰被直接并入波兰版图。

日渐崛起的俄罗斯自然不会允许这样的事情发生。在15世纪末16世纪初，伊凡三世先后抛出了“祖传遗产论”和“祖传领土论”，以强调俄罗斯对乌克兰的固有主权，并希望时任波兰国王亚历山大·雅盖隆契克放弃对乌克兰的占有。对于伊凡三世的要求，波兰自然不会轻易答应。但是波兰也没有很好地安置乌克兰族人。当时的乌克兰族人为躲避战乱纷纷南下，加入哥萨克人。波兰封建主通过制定表册的形式，拉拢了一部分乌克兰哥萨克人，许以高薪，利用他们守卫边境，但限制他们的人数与自由。因为经常发不出薪饷，乌克兰哥萨克各个阶层日益不满。

17世纪扛着火枪的波兰士兵

17世纪手持斧头的波兰士兵

波兰政府又听从罗马教皇的旨意，迫使乌克兰东正教会同天主教会合并，这让乌克兰东正教徒更加不满，反对波兰压迫的起义风起云涌，其影响以 1648 年赫梅利尼茨基领导的民族起义为最。

历史上，乌克兰是兵家必争之地，地理位置十分重要。也正因为如此，乌克兰饱经战乱。

乌克兰民族是古罗斯族的分支，“乌克兰”一词最早见于《罗斯史记》(1187 年)。在基辅罗斯公国时期 (882 — 1240 年)，乌克兰人所在地属于核心地域。13 世纪，古罗斯部族逐渐分成 3 个支系，这 3 个支系按人口数量排序依次是俄罗斯人、乌克兰人和白俄罗斯人。1240 年，蒙古汗国远征军占领基辅。之后，蒙古金帐汗国、立陶宛大公国和波兰王国先后统治乌克兰。

现在的乌克兰国家是从曾经的苏维埃社会主义共和国联盟独立出来的，那是在 1991 年 8 月 24 日。从 1654 年 1 月 18 日到 1991 年 8 月 24 日，乌克兰一直是俄罗斯或苏联的一部分。为什么是 1654 年 1 月 18 日？因为这一天，在乌克兰哥萨克代表大会上，通过了乌克兰与俄罗斯共同签署的《佩列亚斯拉夫协议》，乌俄正式合并。代表乌克兰签署这一协议的是哥萨克大统领赫梅利尼茨基。

哥萨克统领揭竿而起

赫梅利尼茨基全名为波格丹·赫梅利尼茨基，1595 年出生于乌克兰的贵族家庭。赫梅利尼茨基与父亲曾一起在波兰立陶宛王国的军队里服役，父子二人一同投身于波兰立陶宛王国与奥斯曼帝国的战争。不幸的是，父亲战死沙场，儿子成了战俘。之后，赫梅利尼茨基被乌克兰赎回，他开始回归哥萨克的生活。

“哥萨克”并不是某一民族的名称，其含义是“自由自在的人”或“勇敢的人”。哥萨克主要居住在乌克兰与俄罗斯的南部，是乌克兰和俄罗斯民族内部一个具有独特历史和文化的人群共同体。赫梅利尼茨基就是典型的哥萨克，打仗时是勇敢的将士，骑着战马驰骋疆场，回到家乡又成了自由自在的人。

回到家乡苏博蒂夫以后，赫梅利尼茨基接管了父亲的庄园。拥有贵族身份的赫梅利尼茨基，拥有土地，人又聪明，而且很讲义气，所以，他在哥萨克中颇受尊重。赫梅利尼茨基与妻子和几个孩子在家乡过着自由自在的田园生活，很是惬意。

然而，这种惬意的田园生活没过多久，赫梅利尼茨基就遇到了麻烦。这种麻烦改变了赫梅利尼茨基的人生轨迹。

1647年夏天，当地一个名为亚历山大·科涅茨波尔斯基的权贵，试图夺取赫梅利尼茨基在苏博蒂夫的土地。波兰地方政府首脑丹尼尔·恰普灵斯基为了亚历山大这位波兰贵族的利益，公开侵扰赫梅利尼茨基，试图逼他离开他的土地。地方黑恶势力两次袭击了赫梅利尼茨基的庄园，这令赫梅利尼茨基损失惨重。他的儿子尤里进行反抗，结果遭到惨败。面对黑恶势力，赫梅利尼茨基感到很无奈。三十六计走为上，他

17世纪的哥萨克骑兵。哥萨克一度为波兰立陶宛王国效力，后来效力于俄罗斯帝国。哥萨克大部分是轻骑兵，以英勇善战著称

该图描绘的是16世纪俄国、波兰立陶宛王国两国官员进行谈判的场景。在之后的数百年，双方战争不断，从互有胜负到后来俄国全面占优

NA.
Curia
Templum Polonorum in Urbe
Russorum Templum in Urbe
Stabula Regia
FLV.
NVNC
NIEME FLV.

选择了举家搬迁。直到他把家人安置在外地的亲戚家后，黑恶势力对他的迫害才算消停下来。

为了伸张正义，反抗黑恶势力，赫梅利尼茨基两次来到华沙寻求国王的帮助。但是，国王既不愿意帮忙，也无力与权贵相抗衡。

在未能得到波兰官方支持后，赫梅利尼茨基转而寻求他的哥萨克朋友与下属的帮助。他发现，哥萨克遭受波兰人不公平待遇的事件不止在他的家乡发生多起，乌克兰哥萨克的其他部落也都发生过。

波兰历史学家鲁克瓦斯基与扎瓦德斯基合著的《波兰史》，在叙述 17 世纪波兰立陶宛王国的历史时，写到了乌克兰哥萨克遭到波兰人歧视的问题："一些哥萨克小贵族选择保留他们的宗教，特别是居住在基辅周围和在第聂伯河沿岸的人们，波兰化在这些地区或是更远的西部毫无进展，他们确实被当成二等公民遭人歧视。"

从赫梅利尼茨基的遭遇看，他不仅被当成二等公民遭到波兰人歧视，而且还受到黑恶势力的欺凌。就是因为受不了波兰人的欺凌，赫梅利尼茨基才站出来进行反抗。

这年秋天，已经当上扎波罗热哥萨克酋长的赫梅利尼茨基，联络了许多哥萨克领导人，共同磋商应对波兰人的对策。波兰当局得知消息后，对赫梅利尼茨基起了疑心，怀疑他会策动哥萨克起义，因为在这之前波兰发生过不少哥萨克起义的事件。

没错，被波兰贵族侵夺土地却长时间申诉无门的赫梅利尼茨基，就是要策动哥萨克反抗波兰统治的起义。

1648 年 1 月，作为哥萨克大统领的赫梅利尼茨基揭竿而起，率领 8000 名哥萨克在第聂伯河下游的扎波罗热举行起义。

科尔松会战

赫梅利尼茨基领导的哥萨克起义，得到了当年他服兵役时所在团的团长支持。团长米哈伊尔·克雷赫夫斯基上校带领一群支持者前来帮助赫梅利尼茨基。

天生将才的赫梅利尼茨基，不仅作战勇敢，还很有号召力，一呼百应。他指挥若定，善于审时度势，运筹帷幄而决胜千里。起义后不久，赫梅利尼茨基就指挥起义军打了几个大胜仗，那些身经百战的波兰老将军都成了他的败将和俘虏。科尔松会战就是一个典型的战例。

1648 年 5 月 15 日，赫梅利尼茨基率领 1.5 万人的起义军，向基辅南边的科尔松城进军。驻守在科尔松的波兰军队共有 2 万人，分为两支，波托茨基将军与卡利诺夫斯基将军各率一支。起义军兵临城下，波兰军队凭借坚固的堡垒守卫着科尔松城。

赫梅利尼茨基意识到，如果从正面硬攻，起义军的伤亡会很大。于是，他兵分两路，自己带领 9000 人留在正面，队伍呈半月形部署在波兰筑垒兵营对面的丘陵地带，佯装要以重兵发起攻城战。另外 6000 人则由马克西姆 - 克里沃诺斯指挥，偷偷地快速迂回到波兰军队的后方。这支部队迅速占领了科尔松城后面的丛林凹地，隐蔽在出城通向博古斯拉夫方向的道路两旁，一边设置路障，一边挖沟断路。

由于起义军从正面对筑垒兵营发起了猛攻，而且还故意制造了一种看上去非常强大的攻势，守城的波兰军队以为起义军的兵力占了绝对优势，害怕起义军很快就会攻进城来。实际上，当时波兰军队有 2 万人，起义军只有 1.5 万人，在兵力数量上占优势的是波兰军队。

第二天，也就是 1648 年 5 月 16 日，波兰人舍弃筑垒兵营，开始向博古斯拉夫方向撤退。波兰军队刚一进入小树林，克里沃诺斯就指挥炮兵向敌人开炮。迎面遭到炮击的波兰军队死的死、伤的伤，其他人更是仓皇逃窜。埋伏在道路两旁的起义军见机从两翼向逃窜的波兰人发起迅猛的攻击。与此同时，赫梅利尼茨基指挥正面部队攻破城防，打进了科尔松城。遭遇两面夹击的波兰军队溃不成军，慌不择路，很快就被打败了。

5 月 17 日，起义军拿下了科尔松城。守城的两位波兰将领波托茨基和卡利诺夫斯基双双被俘，科尔松会战以波兰军队的全军覆没而告终。

科尔松会战表现了起义军高度的战斗组织性与机动的战术灵活性，起义军能够战胜技术装备强于自己、兵员数量多于自己的敌人，充分彰显了赫梅利尼茨基杰出的军事才干和优秀的统率能力。

赫梅利尼茨基领导的哥萨克起义像大海的浪潮一样奔腾向前，迅速席卷乌克兰全境。1648 年年底，起义军攻占了基辅。基辅是乌克兰的中心城市，被誉为“罗斯城市之母”，也被称为第聂伯河上的“帝王之城”。基辅被攻占，意味着起义军取得了决定性胜利。在多次赢得对波兰战争的胜利后，赫梅利尼茨基与起义军将士们一块在基辅欢度圣诞。

这时候的赫梅利尼茨基，被赞美为让乌克兰人民摆脱波兰奴役的解放者。1649年2月，在与波兰代表团进行谈判时，赫梅利尼茨基向波兰人昭示：他不仅是哥萨克的大统领，也是乌克兰的唯一统治者。

乌俄合并

在哥萨克起义军攻占基辅之后，波兰当局进一步增加了对起义军打击的力度。面对波兰军队非常强势的攻击，乌克兰大统领赫梅利尼茨基决定向俄罗斯沙皇求助，请求沙皇同意将以扎波罗热为中心的东乌克兰并入俄罗斯领土。

对于乌克兰的请求，俄罗斯自然是很愿意答应的。1653年10月1日，俄罗斯沙皇阿列克谢·米哈伊洛维奇·罗曼诺夫决定，接受赫梅利尼茨基的请求，接纳所有的扎波罗热哥萨克为俄罗斯公民。十天后，沙皇阿列克谢一世在莫斯科召开了缙绅会议，任命大臣瓦西里·布图尔林为全权代表，由他率领使团前往乌克兰，磋商东乌克兰并入俄罗斯的事宜。

1654年1月17日，在基辅南面的历史文化名城佩列亚斯拉夫，乌克兰大统领赫梅利尼茨基与俄罗斯全权代表布图尔林进行会谈，就东乌克兰并入俄罗斯的具体事宜进行磋商。

乌俄会谈进行得非常顺利。为了得到哥萨克上层的大力支持，聪明而又稳重的赫梅利尼茨基连夜召开了一个秘密会议。在这次秘密会议上，赫梅利尼茨基把乌俄会谈的结果告诉了哥萨克军团长以上的军官，征询他们对东乌克兰并入俄罗斯这件大事的意见。军官们纷纷表示，与其继续以二等公民的身份留在波兰，不如接受俄罗斯沙皇的庇护。这样，决定东乌克兰去留的大事就这么议决了。

1654年1月18日，隆冬的佩列亚斯拉夫城寒风凛冽，然而天空是晴朗的。这天上午，哥萨克军团的高级将领、12个团的团长及其他军官、每个团的数名士兵代表，以及该城的市民等数百人，聚集在广场上开大会，这就是日后史学家们所说的“佩列亚斯拉夫拉达”。

波格丹·赫梅利尼茨基在大会上发表讲话。他说：“我们与波兰压迫者浴血奋战了近六年，现在的乌克兰需要选择一位统治者，而可供选择的君主有四位：土耳其苏丹、克里木汗、波兰国王和俄罗斯沙皇。”接着，他历数了前三者给乌克兰人民带来的灾难，强调指出，唯有在信奉东正教的俄国沙皇那里才可以找到最令人放心的栖身之处。他还说，如果谁不愿意跟他走这条路，那么去留自便。这时，在场的人们高声呼喊着“沙皇”“沙皇”。就这样，按照乌克兰哥萨克的传统，以赫梅利尼茨基为代表的哥萨克上层的意图和决定，通过哥萨克拉达的形式加以认定和宣布。

下午，俄罗斯全权代表布图尔林、乌克兰大统领赫梅利尼茨基和哥萨克军团的将领们一起来到大教堂举行仪式，宣誓效忠沙皇。随后，布图尔林把沙皇的谕旨交给了波格丹·赫梅利尼茨基。乌克兰与俄罗斯共同签署的《佩列亚斯拉夫协议》正式生

波兰及其邻近地区地图。该图显示了第聂伯河东岸的乌克兰已并入俄罗斯

17 世纪后半期，波兰同瑞典、俄国、奥斯曼帝国接连作战。该图描绘了瑞典与波兰在维斯瓦河附近进行桑多梅日战役的场景

效，第聂伯河东岸的东乌克兰正式并入俄罗斯版图。

后来，为了东乌克兰的安定，俄罗斯出兵同奥斯曼帝国数次交锋，俄罗斯获得胜利，土耳其人不再骚扰东乌克兰。

这样，波格丹·赫梅利尼茨基领导的哥萨克起义，演变成了乌克兰民族解放战争，战争以乌克兰从波兰立陶宛王国脱离、并入俄罗斯为结局。

为实现对乌克兰的全面控制，1654 年 5 月，俄国 10 万大军在北线，分北、中、南三路向白俄罗斯和斯摩棱斯克地区的波军发动进攻，俄波战争爆发。

北路俄军从大卢基出发，连克涅韦尔、波洛茨克、维捷布斯克。

中路俄军从维亚兹马出发，7 月攻克多罗戈布日，9 月攻克斯摩棱斯克。

南路俄军从布良斯克出发，沿罗斯拉夫尔—奥尔沙—鲍里索夫一线向明斯克推进。

这次交战，俄军与乌克兰哥萨克军协同作战，很快将被波兰占领的俄国西部地区夺回，并收复了乌克兰、白俄罗斯、立陶宛的大部分地区。

为了纪念乌克兰民族英雄波格丹·赫梅利尼茨基，苏联于1943年10月10日设立了波格丹·赫梅利尼茨基勋章，授予在同德军的战斗中立功的军人和游击队员。同时，将佩列亚斯拉夫城冠名为佩列亚斯拉夫—赫梅利尼茨基。

乌克兰一分为二

看到波兰落难，瑞典趁火打劫，意图吞并波兰，独霸波罗的海。为防止瑞典独大，俄国与波兰停战，转而对抗瑞典。

1655年，赫梅利尼茨基病故。乌克兰倒向波兰并与之订约。在此情形下，俄国不得不与瑞典停战，转身投入对乌克兰的争夺中。另一方波兰也与瑞典停战，专心对抗俄国。

俄波之间长期的战争，造成波兰国库枯竭，无力再战。1667年1月30日，俄波双方代表在斯摩棱斯克附近的安德鲁索沃签订停战协定，至此俄波战争结束。俄国通过该协议收回了波兰占领的斯摩棱斯克、切尔尼戈夫、谢韦尔斯克、斯塔罗杜勃等西部地区，第聂伯河左岸归俄国占领，右岸的基辅及附近地区由俄军占领两年。如此，半个乌克兰被并入俄国。第聂伯河左岸乌克兰和白俄罗斯的一部分以及斯摩棱斯克等省归属俄国；第聂伯河右岸乌克兰和白俄罗斯的一部分归属波兰。

波兰衰落

波兰王国于1569年与立陶宛大公国合并为波兰立陶宛王国后，曾是欧洲一个重要的大国，其军事实力令人注目。但由于自身一些原因，波兰在进入18世纪后逐渐衰落了。

首先，于16世纪后半期开始执行的“贵族民主制”，即“自由选王制”与“自由否决权”等制度使波兰中央集权陷于瘫痪。波兰国王由全体贵族选举产生，国会的任何议案和立法，都必须由全体议员一致通过方能生效。只要有一票反对，该议案或立法即被否决。这些制度在政治上分裂了波兰，使波兰“处于完全土崩瓦解的状态”。

1772—1795 年，列强三次瓜分波兰

其次，国内尖锐的民族矛盾与宗教矛盾，既削弱了波兰自身的力量，又为欧洲大国（主要是俄国）干涉波兰事务提供了口实。

最后，在 17 世纪后半期，波兰同瑞典、俄国及奥斯曼帝国接连作战，导致其经济日趋恶化。

波兰的衰落，正符合俄国的心愿。俄国自彼得一世确立了以夺取欧洲为重点的扩张计划后，一直将占有波兰视为一项重要的战略目标。正如一位沙俄驻法国大使所说，“波兰是实现俄国对世界霸权之贪欲的最重要的工具”。不管俄国在欧洲的势力如何增长，“但是在占领波兰之前，它实质上仍然像土耳其一样是一个欧洲之外的大国”。所以，吞并波兰是俄国自彼得一世以来的既定国策。

波兰的衰落，也引发了周边大国对其领土的觊觎。从 1772 年到 1795 年，俄罗斯、普鲁士和奥地利曾经三次瓜分波兰，波兰一度在地图上消失。直到 1918 年第一次世界大战结束，波兰才重获新生。

在三次对波兰的瓜分中，俄罗斯占据了波兰超过 60% 的土地，直接吞并了立陶宛、白俄罗斯和西乌克兰，是获益最大的国家。从此，俄国的西部边界开始与普鲁士及奥地利接壤，它不再是“欧洲以外的大国”，而在地理上成为欧洲大家庭的一员。

俄瑞战争

（1656—1809）

俄罗斯是全球幅员最辽阔的国家，其庞大疆域的形成自然离不开俄罗斯历代统治者的不断开拓。发生在17世纪下半叶至19世纪初的俄罗斯与瑞典的战争，成为俄国扩张史上十分重要的一环，它使俄国从一个单纯内陆国家变成濒海帝国，并在北方各邻国中居于优势地位，从此成为称霸波罗的海的强国，并开始寻求欧洲及世界霸权。

为出海口而战

18世纪以前，俄国一直是一个内陆国家。1462年，伊凡三世建立了统一的莫斯科公国。自伊凡四世于1547年称沙皇起，俄国加紧向外扩张，至18世纪初，领土面积扩大了数倍，即便如此，俄国仍是与海洋隔绝的内陆国家。

俄国沙皇彼得一世于1682年即位后，为了使俄国摆脱落后状态，曾致力于学习西方，实行经济、政治、军事、文化教育诸方面的改革，进一步加快俄国经济、商业与文化的发展，大力提高俄国的经济与军事实力。彼得一世认为俄国必须有自己的出海口，否则，便无法跻身于欧洲大国之列。此时，有三个国家挡住了他的扩张道路，这就是北方的瑞典、西方的波兰与南方的奥斯曼帝国。争夺出海口涉及两个海域，那就是波罗的海与黑海。当时，波罗的海为瑞典所控制，黑海是奥斯曼帝国的“内湖”。

彼得一世决心在这两处为俄国打开通往西方的通道。

彼得一世即位之初，致力于解决南方的黑海出海口问题，并且夺得了亚速夫要塞。在海外考察的过程中，彼得一世也曾尝试建立反土同盟，但以失败告终。不得已，彼得一世将目光投向波罗的海。当时的波罗的海出海口在瑞典的掌控下。

此时的瑞典正与丹麦交恶，被丹麦视为头号强敌。因此，丹麦不仅在 1698 年与萨克森缔结了反瑞典同盟条约，而且试图拉拢俄国加入反瑞典的阵营。对于此建议，彼得一世自然是欣然接受。1699 年，丹麦与俄国也签署了反瑞典的同盟条约，于是由俄国、丹麦和萨克森组成的“北方同盟”宣告成立。瑞典一方，也一直在积极寻找盟友，并于 1700 年与英国结盟，互相保证如果一方遭受第三方攻击，另一方有义务给予支援。1700 年 2 月，历时 21 年的北方战争爆发了。

萨克森挑起了对瑞典的战争，丹麦随后跟上。在此背景下，英国与荷兰马上派出舰队支援瑞典，他们直接包围了丹麦首都哥本哈

北方战争中瑞典军队指挥官莱文豪普特指挥士兵作战的场景。北方战争发生于1700—1721年，是俄国为夺取波罗的海出海口而发动的对瑞典的战争。战争结束后，俄国从此称霸波罗的海，而自三十年战争后称霸波罗的海的瑞典则从此衰退，从欧洲列强的名单上消失

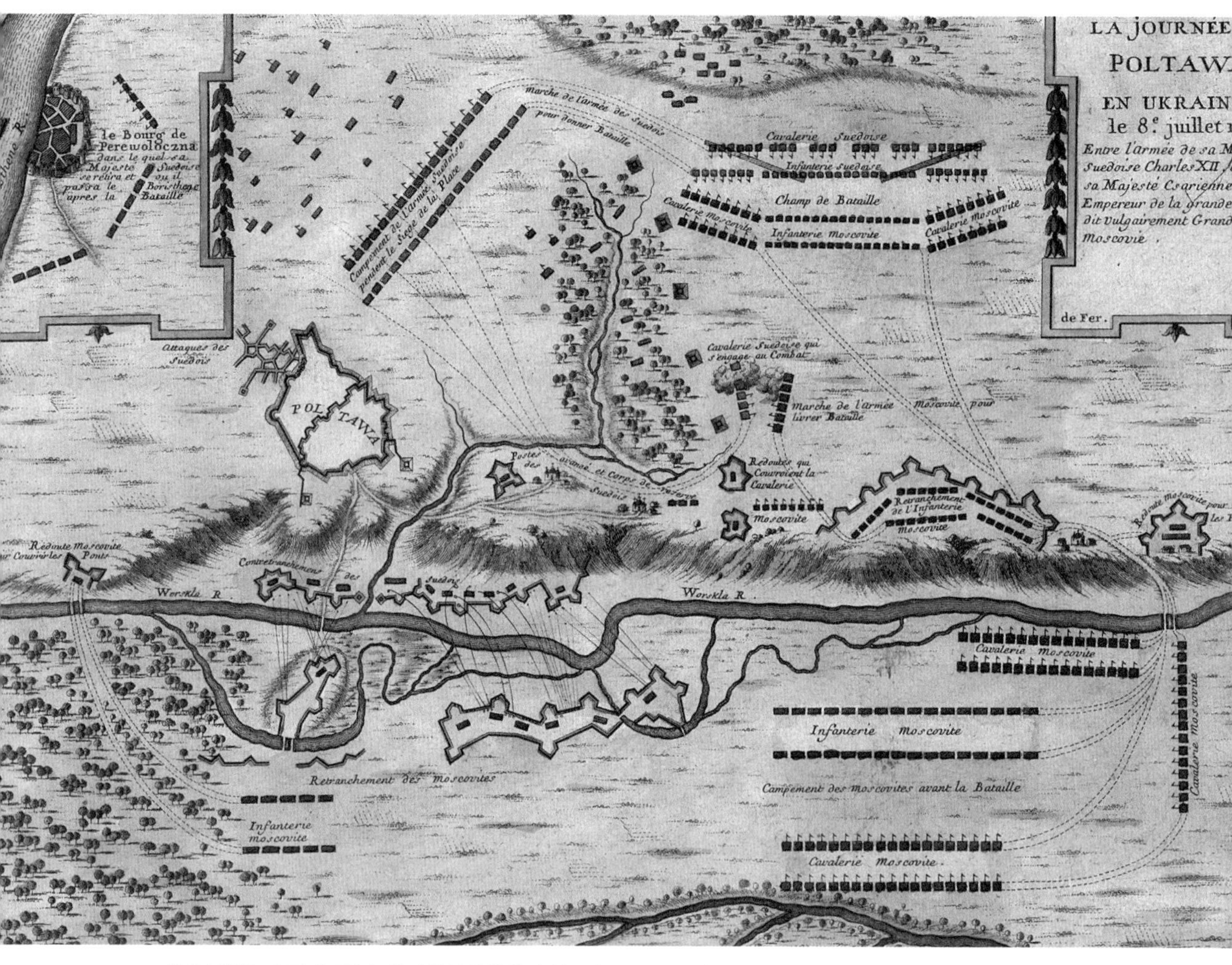

该地图详细地再现了波尔塔瓦战役的作战计划。发生于 1709 年 6 月 27—28 日的波尔塔瓦战役是俄国沙皇彼得一世在北方战争中对瑞典查理十二世取得的决定性胜利

根，迫使丹麦退出战争。此时俄国深陷与奥斯曼帝国的战争泥潭，不能前来支援，萨克森亦是有心无力。除了退兵，丹麦别无选择。到了 8 月，俄国与奥斯曼帝国终于签订了和平条约。8 月 7 日，俄国向瑞典宣战，但丹麦没能等到北方同盟翻身的那天。8 日，丹麦与瑞典签约后退兵，同时退出了北方同盟。在之后的战争中，由于俄军装备差、训练弱，面对瑞典的精锐之师，俄军大败。这是战争的第一个阶段。

次年，战争进入长达 9 年之久的第二个阶段。经历了第一次失败，彼得一世通过改革整顿军队，同时重新建立反瑞典同盟，为与瑞典的战争做了充分的准备。接下来，彼得一世不仅重塑了国内军队，而且直接出人出钱支援萨克森——不仅派出支援

1709 年 6 月 27 日，波尔塔瓦战役发生在乌克兰东部的波尔塔瓦。瑞典战败之后，退出欧洲列强名单。该图描绘了俄国沙皇彼得大帝骑着战马，指挥部队向远处推进的场景

军队，还给予军费援助以保证萨克森对瑞典的牵制。同时，以贿赂波兰议员的方式争取波兰与之结盟，共同对抗瑞典。

1705 年年底，俄军率先攻击格罗德诺。得知消息后，瑞典的查理十二世马上率军支援。此番不但逼退了俄军，而且一路向南，直接打败了波兰的奥古斯特二世。1707 年夏，查理十二世开始反攻，他亲率 4 万大军踏过萨克森和波兰直接攻向俄国。经过长途跋涉，1709 年 4 月，瑞典军队包围了乌克兰小镇波尔塔瓦。同时，彼得一世也将大军调至此地，决战一触即发。6 月底，瑞典军队向俄军发起进攻。此战对瑞典军队来说是非常艰难的，经过长途跋涉，瑞典军队已经缺食少粮，而且没有外部支援，加

上查理十二世受伤，整体情形不容乐观。而彼得一世经过充分准备，逐渐掌握了战争的主动权。战争于 6 月 27 日发起，很快便有了结果。查理十二世率一部逃往奥斯曼帝国，余部于 30 日向俄军投降。

曾有人这样描述战后的战场："当夕阳落下，硝烟慢慢散去，激战后的大平原令人目不忍睹，毛骨悚然。血肉模糊的尸体横七竖八，遍地都是，鲜血染红了大地。炮弹把平坦的大地炸开一个个深坑，那些在炮火中幸存的树枝上，挂着被炮弹撕开的残肢和衣物。那些倒在血泊中的重伤员绝望地挣扎着，发出一声声痛苦悲惨的呼叫，增添了战场上的恐怖气氛。这些曾兴高采烈地踏上俄国土地的瑞典士兵，无论如何也不会想到，他们当中竟有那么多的人抛尸在异国的荒野上。"

波尔塔瓦战役中，俄军以 4000 人伤亡的代价造成瑞军 5 倍于己的损失，是一场俄军大获全胜的战役。彼得一世骄傲地宣称其为"极其伟大、辉煌的胜利"。波尔塔瓦战役是俄国在北方战争中的转折点，这一战的胜利极大地改变了俄国在欧洲的地位。其他欧洲各大国，对于俄国有能力打败"不可战胜的瑞典人"这一点，不再表示怀疑。法王路易十四的大臣路易・圣西门公爵在其回忆录中写道："（1709 年的这场战争）带来了北方形势的彻底改变——经常使整个北方战栗并且一再使帝国和奥地利宫廷发抖的瑞典，即使不说它已经被消灭，也是垮掉了，而另外一个迄今默默无闻，除了自己的近邻国家之外，从未影响过别国的另一强国却非同小可地崛兴起来了。"

接下来，战争进入最后一个阶段，这是彼得一世巩固胜利成果的阶段，时间从 1709 年持续到 1721 年。取得波尔塔瓦战役的胜利后，俄国国威大震。彼得一世趁机将奥古斯特二世再次扶上波兰王位，继续加强其反瑞同盟。看到瑞典的颓势，丹麦也及时向俄国抛出橄榄枝，再次加入同盟。彼得一世还不满足，一并将普鲁士、汉诺威拉入了同盟。为争取两者的加入，俄国分别许诺承认他们在战后瓜分瑞典或瑞典属地的权利，而这两国许诺将承认并帮助俄国巩固其波罗的海东岸领土的所有权。1714 年 6 月，俄国与普鲁士签约，确认了普鲁士对什切青的属权。次年 10 月，俄国与汉诺威签约，支持汉诺威吞并瑞典属地不来梅和费尔登。如此，北方同盟对瑞典领土实施了瓜分，瑞典被孤立。

在争取外部支持的同时，彼得一世继续在海上对瑞典采取军事行动。1710 年，俄军将里加、勒佛尔（今爱沙尼亚首都塔林）、维堡和瓦克斯霍尔姆等地收归已有，而后横扫芬兰。1712—1714 年，俄军先后攻下赫尔辛基、奥布（图尔库）等地。1714 年

7 月，在芬兰汉科半岛东海岸发生了一场改变时局的海上大战。

彼得一世率领其精心打造的波罗的海舰队与瑞典海军展开决战。此战中，瑞典特遣舰队全军覆没。经此一战，俄国取代瑞典当上波罗的海霸主。经过汉科角海战，俄军士气高涨，乘胜追击，夺得芬兰与瑞典之间的奥兰群岛，并筹划登陆瑞典。此时的瑞典已经经不起战争，于是请法国居中调停。彼得一世此时已经达成夺取波罗的海出海口的目标，也无意继续攻伐瑞典。双方均同意停战。1717 年 8 月，俄国与法国和普鲁士签订《阿姆斯特丹条约》，使瑞典更加孤立。

这次和谈不仅解决了俄国与瑞典的和平问题，也改善了俄国与法国的关系。法国被争取到俄国一边，与俄国签订了“防御同盟”。但是这次谈判并未解决俄国与瑞典的领土问题，随后俄国与瑞典又进行了历时四年的战争，这也就解释了北方战争为何会持续到 1721 年。

1721 年 4 月，输光了底牌的瑞典和占尽优势的俄国，在芬兰的尼什塔特进行和谈。会上，瑞典希望能够先停战后缔约，遭到俄方拒绝和又一次的武力威胁。瑞典不得不同意俄方条件，两国于 9 月 10 日签订《尼什塔特和约》。

根据《尼什塔特和约》，俄国享有在北方战争中所夺取的除芬兰外的所有领土，包括在此领土之上的所有土地、财产、居民及其他全部权益；将芬兰归还瑞典，且保证沙皇后代不再觊觎此地。《尼什塔特和约》签订后，俄国领土面积增加了 100 多万平方千米，并获得了波罗的海出海口，逐渐成为有能力雄霸欧洲的“俄罗斯帝国”。彼得一世更是毫不掩饰自己的欣喜，称北方战争是“3 倍时间的学校”，他骄傲地说：“北方战争进行了 21 年，而一般学生只需 7 年就可以结业，我们的学校却花了 3 倍这样长的时间。但是，感谢上帝，我们的毕业成绩真是好得不能再好了。”

从莫斯科到彼得堡

俄瑞战争期间，俄军先后攻下马连堡、诺特堡、尼恩尚茨堡等重要的城镇和港口，终于打开了俄国通往欧洲的门户。其中最难攻打的要数彼得一世所称的“坚硬的胡桃”——诺特堡，俄国人将其视为通往波罗的海出海口的钥匙，足见其地位之重要。尼恩尚茨堡是继占领诺特堡后俄国打下的另一座城市。为防止瑞典重新将此地夺走，彼得一世要求强化对此地的防御工作，结果直接导致了一座新城的建立。1703 年 5 月，

沙皇彼得一世（1672 年 6 月 9 日—1725 年 2 月 8 日），阿列克谢一世之子，俄罗斯罗曼诺夫王朝第五位沙皇（1682 年 4 月—1696 年与伊凡五世共治）、俄罗斯帝国首位皇帝（1721 年 11 月 2 日—1725 年 2 月 8 日在位），是俄罗斯历史上仅有的两位“大帝”之一

沙皇亚历山大一世（1777 年 12 月 23 日—1825 年 12 月 1 日），系保罗一世之子，俄罗斯罗曼诺夫王朝第十四位沙皇、俄罗斯帝国第十位皇帝（1801 年 3 月 23 日—1825 年 12 月 1 日在位）。在拿破仑战争中，他领导反法同盟击败法兰西帝国皇帝拿破仑一世，复兴欧洲王室，被欧洲各国贵族称为“欧洲的救世主”

彼得一世命人在兔子岛上建立一座城堡，即彼得堡（又称圣彼得堡）。

彼得一世还以他特有的胆略，将俄国的都城从莫斯科迁到圣彼得堡，使圣彼得堡成为俄国“俯瞰欧洲的窗户”。彼得一世迁都圣彼得堡，不仅促使俄罗斯从陆地强国向海上强国转变，开启了俄国走向海洋时代的征程，更打开了俄国面向欧洲的窗口，俄国欧洲化进程大大加快。

飘移的芬兰

芬兰自 16 世纪中期起成为瑞典统治下的一个公国，由于它地处波罗的海东北部地区，因而成为俄国必争之地。尤其是经过北方战争，彼得一世将他的宝座从莫斯科迁到了圣彼得堡。为了使圣彼得堡得到较好的安全保障，彼得一世非要夺取芬兰不可。但是，彼得一世在位之时及后继的几代沙皇（包括叶卡捷琳娜二世）都未能如愿。

1807 年 7 月，第四次反法同盟战败国俄国沙皇亚历山大一世被迫同拿破仑签订《提尔西特和约》，俄国从拿破仑那里得到了可以在瑞典和土耳其自由行动的许可。1808 年 2 月，拿破仑在写给亚历山大一世的信中又明确表示：“您的需要是把瑞典人送到离您的首都更远的地方去。在这件事情上，我准备尽我所能用一切办法帮助您。”

拿破仑的许诺，使亚历山大一世感到满意。为了弥补《提尔西特和约》给俄国在利益及声望等方面带来的损失，亚历山大一世不经宣战，便于 1808 年 2 月 8 日派军队“大胆横越冻结的波罗的海”入侵芬兰，由此开始了 1808—1809 年的俄瑞战争。

对于俄国的入侵，瑞典军队进行了顽强的抵抗，但效果不大。1808 年 5 月，被称为“北方的直布罗陀”的斯维堡落入俄国之手。不久，芬兰的南部及中部地区也相继被俄国占领。在俄军继续向芬兰北部推进之时，瑞典军队曾拼死抵抗，但最终未能阻止俄军前进。旋即，瑞典军队就被赶过了凯米河。同年年底，俄军占领了芬兰全境。

1809 年 6 月，孤立无援的瑞典开始同俄国进行和谈，并于 9 月 17 日签订了和约。根据和约，瑞典将整个芬兰连同奥兰群岛割让给俄国。从此，芬兰成为以俄罗斯皇帝为其大公的大公国，芬兰政府的行政权完全控制在由俄罗斯皇帝指定的总督手中。占领了芬兰，不仅使俄国的首都获得了进一步的安全保障，更重要的是，它多少可以改善一下《提尔西特和约》给俄国带来的屈辱形象。

1676—1878

俄土战争

（1676—1878）

土耳其有一座神奇的大桥，桥东在亚洲，桥西在欧洲，正所谓一桥飞架欧亚。这座桥就在土耳其第一大城市伊斯坦布尔（古称君士坦丁堡），名为博斯普鲁斯大桥。

正因为土耳其处在亚洲与欧洲交界的地方，地理位置极其重要，所以土耳其一直处于地缘政治的敏感地带。在世界历史上，俄罗斯帝国与奥斯曼帝国为争夺高加索、巴尔干、克里木（克里米亚半岛）、黑海等具有战略意义的地区进行过长期的对抗，战争不断。

不是打仗就是准备打仗

从 1676 年至 1878 年这 200 多年里，俄罗斯与土耳其两国一直处于战争状态，不是在打仗就是在准备打仗。

在欧洲近代史上，俄土战争共发生了 10 次，单次战争的时间短则 2 年，长则 7 年。

1676 年，俄国为争夺第聂伯河下游地区同奥斯曼帝国发生第一次战争，前后打了 5 年，双方没能分出胜负。1681 年，双方签署和约，土耳其人只承认俄国对第聂伯河左岸地区的统治，俄罗斯没能实现夺取第聂伯河右岸的计划。

为了打开黑海出海口，俄罗斯发动了第二次对土耳其人的战争。1695 年，沙皇彼得一世（彼得大帝）率军3万远征土耳其的亚速，因没有舰队配合而遭失败。他吸取教训，在顿河河畔的沃罗涅什建立造船厂，很快建立起一支小型江河舰队，俄国第一支海军舰队由此诞生。1696年，彼得大帝第二次远征亚速，在舰队的配合下终于夺得了亚速要塞，沙俄在黑海建立了第一个出海口。

1710年，奥斯曼帝国挥师北伐，意在收复顿河河口，第三次俄土战争爆发。1711年，沙皇彼得一世亲征普鲁特河流域，陷入土耳其人和克里米亚鞑靼人军队的重围。同年7月，俄罗斯不得不与土耳其人签订《普鲁特和约》，亚速重归土耳其统治。

24年后，克里米亚鞑靼人袭击乌克兰和高加索，挑起了第四次俄土战争。1736年，俄国为夺取亚速和克里米亚半岛与土耳其开战。由于军需补给跟不上，加上又暴发了流行病，俄军不得不撤回乌克兰。1739年年初，俄军向摩尔多瓦展开进攻。可这时瑞典开始入侵俄国，而俄国的盟国奥地利又退出了战争，俄罗斯不得不停止对土耳其的战争。1739年9月，俄国与奥斯曼帝国签订《贝尔格莱德和约》。该条

第四次俄土战争（1736—1739年），起因于俄罗斯帝国与奥斯曼土耳其帝国之间在波兰王位继承战争后不断激化的矛盾及克里米亚鞑靼人对俄国无休止的袭击。这场战争同时展现了俄罗斯帝国持续向黑海地区扩张的决心。该图描绘了这次战争交战双方作战时的场景

第五次俄土战争（1768—1774 年），由俄国入侵波兰而引起，俄土双方在各自盟友支持下作战，最终俄国取胜。该图描绘了 1770 年 8 月 1 日俄军在陆军元帅的指挥下战胜土耳其人的战争场景

约规定：俄国放弃克里米亚和摩尔多瓦，把亚速划为非军事区，俄国舰队不得驶入亚速海与黑海。

进入叶卡捷琳娜大帝时代之后，沙俄又开始了对外扩张。1768 年，俄国杰出的军事家亚历山大·苏沃洛夫将军率军作战，轻松打败巴尔联盟的军队，第五次俄土战争拉开帷幕。1770 年的切什梅海战，俄军一举消灭了土耳其海军的主力。之后俄国掌握了战争主动权，多次取得大胜，迫使土耳其人走向谈判桌。1774 年 7 月，俄土签订《库楚克—凯纳尔吉条约》，俄国不仅获得了第聂伯河与南布格河之间的地区以及刻赤海峡，还得到了 250 万卢布的战争赔款。土耳其被迫承认克里木汗国独立（其实就是划给俄罗斯）。应该说，第五次俄土战争影响重大。此后，沙俄不仅控制了南乌克兰、北高加索和克里米亚，还打通了黑海出海口。

第六次俄土战争（1787—1792年）是俄罗斯帝国沙皇叶卡捷琳娜二世在位后期对奥斯曼帝国发动的又一次大规模扩张战争。俄国取胜，实现了其称霸黑海的野心，为进一步向巴尔干、地中海和中亚方向侵略扩张创造了有利态势。该图描绘了俄军围困土耳其港口奥恰托夫，土耳其军队向俄军投降的场景

第六次俄土战争是由土耳其人发起的。1787年，土耳其要求俄国归还克里木，承认格鲁吉亚为土耳其属地，同时要求俄国授权土耳其检查通过刻赤海峡的俄国商船。由于俄国拒绝了土耳其的要求，故土耳其便出动了20万军队和一支强大的舰队对俄开战。1791年6月，俄罗斯帝国元帅库图佐夫将军率部强渡多瑙河，在巴巴达格附近击溃土耳其军队。7月，俄军又在默钦战役中重创土耳其军队。1792年1月，俄土签订《雅西和约》，土耳其承认俄国兼并克里木和格鲁吉亚。俄国实现了称霸黑海的野心，获得了黑海不冻的出海口。

1806年，奥斯曼帝国在法国拿破仑一世的支持下，对俄国采取军事行动，以夺回对瓦拉几亚和摩尔多瓦两地的控制权。不久，库图佐夫大胆运用诱敌深入战术，打败了土耳其军队的进攻。土耳其承认战败，于1812年5月签订《布加勒斯特和约》，割

让比萨拉比亚给俄国。第七次俄土战争以土耳其投降而宣告结束。

1828—1829年，沙俄趁希腊人展开旨在进行摆脱土耳其人统治的独立战争之机，向土耳其发起了第八次俄土战争。土耳其四面受敌，败给了俄军。1829年9月，俄土双方签订《亚得里亚堡和约》，沙俄从土耳其手中拿到了外高加索沿海地区。1832年，土耳其被迫承认希腊独立。

俄国对抗欧洲

19世纪，曾经叱咤风云、地跨欧亚非三洲的奥斯曼帝国走向衰落。面对一个衰落的帝国，英、法、俄、普、奥等欧洲强国纷纷蠢蠢欲动，准备趁火打劫。因此，所谓“东方问题”表面上是由奥斯曼帝国的衰落和俄罗斯帝国的持续扩张引起的，实际上则是由欧洲列强对奥斯曼帝国各存觊觎之心，担心利益分配不平衡所引起的。英、法、俄、普、奥等国即使就瓜分奥斯曼帝国达成协定，但谁也无法保证日后它们不会因分赃不均而再起战争。

拿破仑战争后，向奥斯曼帝国方向扩张成为俄罗斯的扩张重点。这种扩张战争成本低廉，收益极大。1825年，俄国沙皇尼古拉一世继位，他毫不掩

第八次俄土战争（1828—1829 年），因欧洲列强瓜分奥斯曼帝国的领地而引起。俄军取胜，巩固了俄国在黑海沿岸的地位。该图描绘了俄罗斯军队在山地浩浩荡荡行军的场景

饰对于奥斯曼帝国的野心，多次表示："奥斯曼应该死去，而且一定会死去。"俄国在"东方问题"上咄咄逼人的态度，激化了同英、法等国的矛盾。随后出现的"圣地之争"最终在各大国之间引起轩然大波，成为引发克里米亚战争的导火索。

耶稣的陵墓所在地耶路撒冷和耶稣的出生地伯利恒的教堂，处于奥斯曼帝国的控制之下。1535 年，法王弗朗索瓦一世破天荒地与奥斯曼帝国苏莱曼一世结为同盟，共同反对神圣罗马帝国。作为回馈，法国对圣地教堂的保护权得到确认。到了 1757 年，迫于俄罗斯的压力，圣地保护权被还给了希腊人。1850 年，法国的路易·波拿巴派拉瓦莱蒂侯爵去君士坦丁堡，要求土耳其宫廷明确承认法国对大部分圣地教堂拥有保护权。在圣地问题上，土耳其人依然犹豫，谁也不敢得罪。拉瓦莱蒂侯爵重申法国几百年来获得的特权，并以武力相威胁。土耳其苏丹最终屈服了，1852 年 12 月正式发布敕令将圣地保护权交还给法国。反应迟钝的俄罗斯此时才发现十分被动，俄罗斯重申 1774 年的俄土《库楚克—凯纳尔吉条约》，条约中规定东正教教会有高于天主教教会的豁免权和特权，此外还有些模糊的条款俄土双方解释各异。双方根本无法达成一致，危机逐步加深。

在"东方问题"上，俄罗斯和奥地利、英国都有矛盾，因此路易·波拿巴竭尽所能挑拨俄奥和俄英关系。英国出于现实的考虑，认为法国在埃及问题上的让步表现出了足够的诚意，并且法国的军事力量特别是陆军可加以利用。而俄国在近东的扩张势头使英国十分不安，如果沙皇饮马黑海、地中海两海峡，那么英国在地中海的势力将受到严重威胁，英国认为两海峡是绝不可以放弃的。在背后支持法国反而有助于实现遏止俄罗斯的目标，因此英国决定和法国站在一起。此时的俄罗斯浑然不知强大的英、法将会给自己带来巨大灾难，只是根据以往对土战争的经验，认为如果不能在谈判桌上得偿所愿，那么就诉诸战争。

1853 年 2 月，缅希科夫亲王作为俄罗斯全权特使前往伊斯坦布尔，要求奥斯曼帝国承认沙皇对苏丹统治下的东正教臣民（保加利亚人、塞尔维亚人、罗马尼亚人和希腊人等）有特别保护权。就在这时，巴尔干土耳其领地门的内哥罗（今黑山共和国）发生革命，土耳其军队开进门的内哥罗镇压。缅希科夫在伊斯坦布尔获得了重大胜利，苏丹答应在圣地保护权上做出一切必要让步。然而，缅希科夫得到沙皇的指示后，又要求苏丹答应签订一项新条约，把奥斯曼军队从门的内哥罗撤出。这不啻让奥斯曼将巴尔干拱手让给沙皇，奥斯曼苏丹自恃有英、法的支持，拒绝了俄国的漫天要价。

奥斯曼帝国于 1853 年 5 月拒绝了俄罗斯的最后通牒，并允许英法联合舰队进入黑海。俄罗斯遂与土耳其断交，并于 1853 年 7 月 3 日派兵进驻属于奥斯曼帝国的摩尔多瓦和瓦拉几亚这两个多瑙河公国。1853 年 10 月 9 日，土耳其苏丹在英、法的支持下要求俄国归还这两个公国。1853 年 10 月 16 日，俄罗斯向土耳其开战，克里米亚战争爆发。

对黑海控制权的争夺，决定了这场战争会从俄土双方的海军对决开始。1853 年 11 月 30 日早晨，俄罗斯舰队进入锡诺普湾，并要求土耳其舰队投降，土耳其指挥官拒绝投降并下令开炮，几分钟后，俄罗斯战列舰开炮还击。当早晨结束时，俄罗斯舰队取得了完全的胜利。锡诺普海战的胜利，是俄罗斯在战略上取得的一次重大胜利。俄罗斯的胜利就意味着英国和法国在地中海地区利益的损失，英、法为保持并扩大在土耳其的势力，参加了土耳其方面对俄作战。

1854 年 2 月 23 日，第一批英国陆军登船前往土耳其。同年 2 月 27 日，英国、法国向俄罗斯发出最后通牒，要求俄罗斯在 4 月 30 日之前撤离摩尔多瓦和瓦拉几亚，沙皇置之不理。3 月 12 日，英国、法国与土耳其结成同盟。这一场战争实际上是俄罗斯与同盟国（英、法、土和撒丁王国）争夺近东统治权的战争，由于同盟国包括除俄国外的欧洲主要强国，因此这场战争也被视为“俄国对抗欧洲”。3 月 19 日，法国陆军也登船前往土耳其。一天后，俄军渡过多瑙河。法国于 3 月 27 日，英国于 3 月 28 日相继对俄罗斯宣战。当时的三大列强一齐登场，一场俄国对抗欧洲列强的战争就这样爆发了。

激战塞瓦斯托波尔

1854 年 4 月 5 日，英国陆军在盖利博卢登陆。随后联军的作战计划在这里诞生：6 万英法陆军在海军的配合下在克里米亚半岛登陆，6 个星期内拿下俄罗斯海军基地塞瓦斯托波尔要塞。这个目标很明确，即消灭俄罗斯的黑海舰队，结束俄罗斯在黑海的优势。这符合英国的愿望，对法国而言，开战本身就达到了目的。

1854 年 8 月 24 日，联军开始登船，计划于 9 月 2 日完成全部登船任务。能够参加行动的部队包括 2.7 万名英军、3 万名法军和 7000 名土军。9 月 7 日，联军海军司令英国海军上将邓达斯下令起航。9月12日，联军舰队到达叶夫帕托里亚。俄军组织了3万余人进行反扑，但在阿尔马什河战役中被英国主帅格拉伦男爵击败。联军一路稳扎稳打，向俄国黑海舰队基地塞瓦斯托波尔前进。

到1854年9月底，联军包围塞瓦斯托波尔，开始了为期11个月的围城战。当时还是小军官的列夫·托尔斯泰也参加了惨烈的塞瓦斯托波尔攻防战，俄军的腐败和战争的残酷让他震惊，战事之余，他写下了成名作《塞瓦斯托波尔故事》。在他的笔下，一场关于“战争的真相——流血、痛苦、死亡”的历史长卷，为人们留下了关于那场战争的珍贵的第一手回忆。在这部作品中，他写道：“你们将看到可怕的、惊心动魄的景象……战争不是排列整齐、美观雄壮的队伍，不是激昂的音乐和战鼓，不是迎风招展的旗帜和骑姿矫健的将军，你们看到的将是战争本来的样子——流血、苦难、死亡……”

围城期间，俄军多次试图从北方攻击英法联军，以打破联军对塞瓦斯托波尔的包围，但在巴拉克拉瓦战役、小英克曼战役、英克曼战役中连续战败，已无力解除塞瓦斯托波尔之围。而俄军黑海舰队为了保卫塞瓦斯托波尔，也将

塞瓦斯托波尔战役中交战双方发生激烈战斗的场景。经过 11 个月的攻防，塞瓦斯托波尔于 1855 年 9 月 8 日被联军攻陷。塞瓦斯托波尔战役的结束，标志着克里米亚战争（第九次俄土战争）的结束。此役后，俄国再也无力向欧洲扩张领土

主力舰只全部凿沉在港口以堵塞航道。

经过 11 个月的攻防，1855 年 9 月 8 日，俄军守城的残余部队突围，塞瓦斯托波尔被攻陷。这样的结果并不出人意料，当时还在实行农奴制的俄国腐败无能，只能在更腐败无能的土耳其身上大展神威，却根本不是科技进步、经济繁荣，已进入资本主义阶段的英、法两国的对手。以 1855 年 9 月 8 日塞瓦斯托波尔沦陷为标志，俄国输掉了这场战争。

开近代科技战争之先河

克里米亚战争是第一次工业革命完成后欧洲大国之间进行的第一次大战。在这次战争中，蒸汽动力的铁甲舰第一次应用于实战；由于电报已经发明，战地记者可以将战况当天发回伦敦，摄影技术也第一次被应用于战地报道，这使民众舆论对战争进程有了越来越大的影响。

武器装备方面，英、法的优势来源于新式线膛步枪——米尼步枪。线膛步枪相对于滑膛枪最大的优势在于射程和精度。滑膛枪的有效射程只有 150 码（1 码约等于 0.914 米），并且精度很低；而线膛步枪有效射程能达到 500 码。

法军在 18 世纪 40 年代后期率先装备了米尼步枪，这使得它在同时期列强的陆军中拥有巨大的技术和战术优势。新步枪带来新战术。拿破仑时代的散兵线队形可以进一步拉大，避免被对手火力密集杀伤。此外，炮兵的角色也发生了重大变化，因为野战火炮的典型射程大多数在 1000 ~ 1500 码，有的轻型火炮甚至只有 600 ~ 800 码，相对于步枪射程优势变小。炮兵发挥着类似后来机枪的作用，可作为步兵的火力倍增器。尽管英军高层反应迟钝并对线膛步枪不信任，但还是在 1851 年装备了 1851 式米尼步枪。这种步枪作为克里米亚战争中英国陆军的主战单兵武器，发挥了巨大的作用。

克里米亚战争对沙俄的影响相当于甲午战争之于大清王朝，用保罗·肯尼迪的话说，它“证明了俄国的落后十分惊人”，“俄军使用木制帆船，而英法联军是蒸汽炮艇；俄军的老式燧发步枪射程仅 200 码，英法联军的来复枪却可以射到 1000 码；英法联军从本国经海路到克里米亚只需 3 周，而莫斯科以南没有铁路，俄军靠两条腿走路，有时需要 3 个月”。

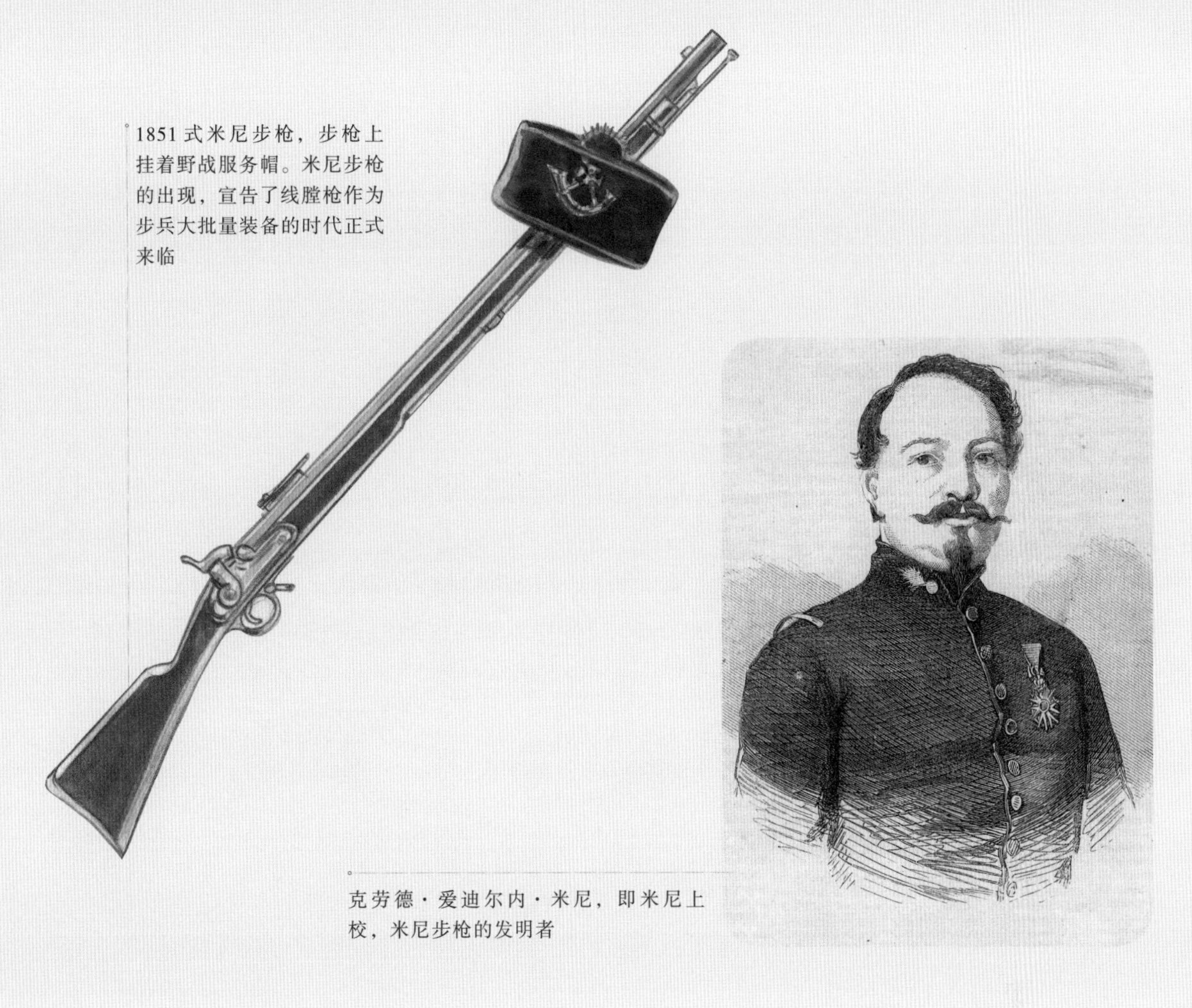

1851式米尼步枪，步枪上挂着野战服务帽。米尼步枪的出现，宣告了线膛枪作为步兵大批量装备的时代正式来临

克劳德·爱迪尔内·米尼，即米尼上校，米尼步枪的发明者

野战医院拔地起

资料表明，有数十万年人死于克里米亚战争。其中大多数士兵不是战死，而是因饥饿、营养不良、卫生条件差和战地救护能力不足导致伤重而亡的。英国的参战士兵中伤病员的死亡率高达42%。

鉴于此，英国护士弗洛伦斯·南丁格尔便极力向英国军方建议：要在克里米亚战地开设战地医院，为伤病员提供医疗护理。英国政府采纳了南丁格尔的建议，在克里米亚建起了世界上第一家战地医院。1854年10月21日，南丁格尔率领38位护士到克里米亚战地医院工作，并成为该院的护士长。在南丁格尔与护士们专业而又精心的护理下，仅仅半年左右的时间，伤病员的死亡率就下降到2.2%。战地医院极大地改善

图中的南丁格尔十字架，是根据弗洛伦斯·南丁格尔的建议在战地医院附近竖立的。这是为了纪念克里米亚战争中英勇的死者和在救护服务中牺牲的修女而竖立的。“主啊，怜悯我们”这句话被刻在十字架上

了伤兵的医疗生活条件。由于南丁格尔每天晚上都提着风灯巡视病房，伤病员们亲切地称她为“提灯女神”。她后来用政府奖励她的钱创办了世界上第一所正规的护士学校，并被誉为现代护理学教育的奠基人。

正是克里米亚战争，开创了建立野战医院的先例。

《巴黎和约》

1856 年 3 月 30 日，奥斯曼帝国、俄国、撒丁王国、法国、英国、奥地利和普鲁士签署了《巴黎和约》，克里米亚战争正式结束。

《巴黎和约》规定:(1)各国保证土耳其的独立和领土完整，不允许缔约国集体或单独干涉土耳其内政。(2)废除俄国对土耳其境内东正教徒的保护权。(3)黑海中立化，对各国商船开放，但禁止任何国家的军舰通行；只要土耳其处在和平时期，就不准任何外国军舰进入黑海海峡。(4)英法同意将克里米亚战争期间占领的领土全部归还俄国。

通过《巴黎和约》，俄国在土耳其国内的霸权优势完全被清除，俄国南部经济最发达的地区完全向游弋在黑海的英法舰队敞开。“战争粉碎了关于俄国力量的神话和现实。”沙皇统治的专制、腐朽、无能被暴露得淋漓尽致。

克里米亚战争结束后，欧洲的均势大致恢复了平衡。俄国的战败暴露了农奴制的腐朽和落后，迫使沙皇亚历山大二世在国内进行农奴制改革；受到英法奥等国对其在多瑙河与黑海扩张的遏制，俄国的扩张矛头不得不转向高加索和远东。俄国在国际事务中的地位大为衰落。昔日的“欧洲宪兵”风光不再。

英国和法、奥等国一起，成功地阻遏了俄国的扩张之路，不仅确保了英国在近东的权益，保障了地中海通向印度的航道安全，而且进一步打开了它向奥斯曼帝国、中亚和远东的渗透与扩张的通道。

法国既成功地破坏了俄、奥、普三皇同盟，又维持了与俄国的比较友好的关系，还提高了拿破仑三世的威望，可谓一举多得。奥地利虽然在黑海和多瑙河流域摆脱了俄国的威胁，但也招致了与俄国关系的恶化。

这场战争对奥斯曼帝国也产生了重要影响。奥斯曼帝国的领土被英法联军占领，它在黑海和海峡的主权遭到剥夺，它对其欧洲附属国的控制更被严重削弱，不仅塞尔维亚由列强保证其自由，而且多瑙河两公国也于1859年从土耳其的宗主权下分离出来，成为统一的罗马尼亚国家。另外，国力日衰的帝国政府为了实行改革，不得不向英法借债，使外国资本逐渐控制了帝国的财政。奥斯曼帝国的社会和政治瓦解过程继续发展，终于在19世纪末20世纪初，彻底沦为任人宰割的“西亚病夫”。

最后的疯狂

19世纪下半叶，曾经地跨欧亚非三洲的奥斯曼帝国开始走向衰落。

1875—1876年，土耳其突发饥荒，财政崩溃，并遭列强干涉，土耳其内外交困。

波斯尼亚、黑塞哥维那和保加利亚相继爆发起义，并很快波及塞尔维亚和门的内哥罗这两个土耳其的属国。土耳其对起义进行了残酷的镇压，但未能控制住局势。一时间，土耳其在巴尔干的统治开始动摇。

土耳其局势不稳，引起了俄国、奥地利与英国的特别关注，尤其是俄罗斯。第九次俄土战争结束时签订的《巴黎和约》，使俄罗斯几乎丧失了历次对土耳其战争所取得的成果，令俄国很没面子。沙俄很想寻找一个机会重新回到巴尔干，恢复原有的一切。更为重要的是，俄罗斯想通过控制巴尔干进而控制由地中海进入黑海的咽喉——博斯普鲁斯海峡，以便打通俄国在西南的唯一出海口。看到土耳其局势不稳，俄国人幸灾乐祸，觉得报复的机会来了。

为了对土耳其师出有名，沙俄打着“拯救土耳其帝国压迫下的基督徒”和“保护斯拉夫兄弟”的旗号，先是通过外交途径向土耳其政府施加压力，但没有什么效果。同时，俄国提出的集体保护斯拉夫人的建议遭到了英国的反对。随后，俄国又倡议：给予波斯尼亚、黑塞哥维那与保加利亚自治权。土耳其怎么可能让这几个地方自治呢？这一倡议自然也遭到了土耳其的拒绝。

恃仗着英国的支持，土耳其并不惧怕俄罗斯人。奥斯曼帝国一边疯狂镇压起义者，一边攻打1876年6月30日对土宣战的塞尔维亚和门的内哥罗。当战场上的形势明显有利于土耳其时，沙俄便于1877年4月24日正式对土耳其宣战，第十次俄土战争爆发。同年5月，罗马尼亚、塞尔维亚与黑山等国均宣布加入俄方阵营，联合对抗奥斯曼帝国。

从俄土两方的军事实力看，俄军在军事组织、部队训练、指挥人员的素质和部队士气诸方面都比土军要强，占有一定的优势；但是，土耳其军队的武器多为英国与德国制造，在武器装备的质量方面俄军又不如土耳其军队。

当时，俄国有48个步兵师，共72万人、3000门炮，组成16个军。根据陆军大臣德米特里·米柳京制订的作战计划，9个军投入高加索前线，7个军投入多瑙河前线。奥斯曼帝国军队有40.6万人、858门炮，其中28万人集中在欧洲，12.6万人集中在亚洲。值得一提的是，土耳其的黑海舰队有22艘装甲舰、82艘非装甲舰、763门舰炮，官兵1.5万人，土耳其的黑海舰队比俄国新建的黑海舰队实力更强。

在高加索战场，土军打败过俄军，但最后的胜利是俄军的。

起初，俄军原以为土耳其会在高加索投入重兵，预计土军的兵力会是俄军的两倍。所以，俄军一开始采用的战术就是进行防守作战。后来发现，土军在高加索投入的兵力比俄军还少，于是就改为进攻作战了。

1877 年 5 月，俄军一举拿下阿尔达汉等要塞，并封锁了卡尔斯。土军的穆赫塔尔·帕夏军队组织有生力量对俄军进行强有力的反击，俄军高加索集团军三支进攻的部队有两支被土军各个击破，只好退至边境，转入防御。

10 月间，俄将米哈伊尔·梅利科夫在高加索阿夫利亚尔—阿拉贾战役中击溃土军。11 月 17 日夜，俄军组织强攻，一举占领卡尔斯要塞，并向埃尔祖鲁姆发起攻击。最后，俄军封锁了埃尔祖鲁姆要塞，并占领了巴统。

埃尔祖鲁姆位于土耳其安纳托利亚高原的东部，靠近卡拉苏河与阿拉斯河的分水岭，是土耳其东部山区最重要的军事要塞，控制着卡拉苏—阿拉斯谷地通道。巴统则位于黑海海岸，北边与俄罗斯、南边与土耳其、东边与阿塞拜疆及亚美尼亚接壤，周围是波斯湾、红海、地中海、黑海、里海，这是一个巨大的国际贸易市场，地理位置非常重要。经过俄土战争，俄军既封锁了埃尔祖鲁姆要塞，又占领了巴统，也就意味着沙俄已经把高加索地区纳入了势力范围。

再看多瑙河战场。沙皇亚历山大二世御驾亲征，虽然俄军速战速决的作战计划被土军打乱，但最后还是俄军完胜。

1877 年 6 月，俄军多瑙河集团军在加拉茨和布赖洛夫强渡多瑙河。之后，俄军兵分三路展开进攻：中路军作为先头部队进攻巴尔干山口，西路军进攻尼科波尔和普列文，东路军进攻鲁舒克。7 月 7 日，先头部队攻占保加利亚古城特尔诺沃城，然后越过巴尔干山脉，迅速占领了希普卡山口，从而打开了通向博斯普鲁斯海峡和伊斯坦布尔的通道。

由于俄军兵力配置不当和指挥失误，西路军占领尼科波尔之后，未能赶在奥斯曼·努里帕夏的土军抵达之前占领普列文，因此，俄多瑙河集团军的交通线受到了土耳其军队的威胁。为了保证沙皇的安全，俄军大部的行动不得不减缓，俄军速战速决的作战计划被打乱了。

8 月，土军新任司令穆罕默德·阿里·帕夏（一个皈依伊斯兰教的德国人）率部在巴尔干反击俄军。俄军对保加利亚重要城市普列文进行了 3 次强攻，但都惨遭失败。在这关键时刻，俄多瑙河集团军总司令老尼古拉大公向罗马尼亚国王卡罗尔一世求援，4 万罗军赶来参战。很快，俄军的 10 万后援部队也来了。沙俄大军围困普列文

第十次俄土战争（1877—1878 年）实质上仍是欧洲列强瓜分奥斯曼帝国领地的战争。俄军取胜，这是俄国在近代史上的最后一次胜利。该图描绘了 1877 年俄军与土军在保加利亚普列文进行战斗的场景

两个月，直打到土军弹尽粮绝。12 月 10 日，土军被迫投降，3 万守军成了俘虏。

俄军拿下普列文，战争发生了转折。这时，在兵力兵器等方面，俄军对土军形成了 2 ∶ 1 的优势。沙皇亲自决策，令俄军立即向巴尔干山以南发起进攻。俄多瑙河集团军近乎疯狂一般扑向土军，在俄军多路突击下，土军溃不成军。1878 年 1 月 4 日，俄西路军占领索非亚。1 月 9 日，俄中路军在特尔诺沃战役中围歼了土军，又有 3 万土军成了俘虏。

著名俄国史专家尼古拉·梁赞诺夫斯基与马克·斯坦伯格在他们合著的《俄罗斯史》(第七版)中是这样记述第十次俄土战争的:“(沙皇)亚历山大二世的外交政策开始于克里米亚战争的结束和巴黎协定的签署，此时或许是 19 世纪俄国在欧洲地位的最低点，因此这也导致迫切需要恢复俄国的威望。值得一提的是，俄国取得了对土耳其战争的胜利，并且几乎重绘了巴尔干的地图。”

沙俄以最后的疯狂取得了第十次俄土战争的胜利，这也是近代史上俄军赢得的最后一次胜利。此后，俄军相继在日俄战争和第一次世界大战中遭到惨败。

两个条约定输赢

看到俄军赢得了对土耳其战争的胜利，英国与奥匈帝国感到了恐慌。英国很快做出反应，向马尔马拉海派出一支英国皇家海军分舰队，迫使俄国放弃了向奥斯曼帝国首都伊斯坦布尔进军的计划。

1878 年 3 月 3 日，俄国与土耳其签订了《圣斯特凡诺条约》。该条约是由俄国外长亚历山大·米哈伊洛维奇·戈尔恰科夫和沙皇等人事先炮制的，对于土耳其来说完全是一个城下之盟，没有任何回旋的余地。该条约规定：土耳其承认门的内哥罗、塞尔维亚和罗马尼亚三国完全独立；承认波斯尼亚和黑塞哥维那获得自治，但仍留在土耳其版图内；成立大保加利亚国，并允许俄国势力在保加利亚的存在；将比萨拉比亚西南部归还给俄国，将卡尔斯、巴统、阿尔达汉等并入俄国版图；修改博斯普鲁斯海峡通行规则，允许俄罗斯等黑海沿岸国家的军舰通行。

英、奥等国对《圣斯特凡诺条约》的签订极为不满，他们联合对俄施加压力，要求俄国放弃已经实现的主张。德国首相奥托·冯·俾斯麦站出来进行调解，声称要做个诚实的中间人。由于力量对比对俄国极端不利，1878 年 7 月 13 日，俄国被迫与欧洲列强签订《柏林条约》。

《柏林条约》对《圣斯特凡诺条约》进行了重大的修正：大保加利亚变成了小保加利亚；博斯普鲁斯海峡仍然不对俄国军舰开放。《柏林条约》还规定：土耳其将塞浦路斯划归英国，而波斯尼亚和黑塞哥维那则改归奥匈帝国统治。

按照《柏林条约》，俄罗斯在巴尔干的影响受到遏制，它向地中海方向发展海军力量的企图再次落空。俄国只是收回了克里米亚战争中割让出去的领土而已。本来，作为战胜国的俄罗斯从《圣斯特凡诺条约》得到了很多好处，是个大赢家。可是，《柏林条约》又让俄罗斯把已经吃进肚里的果实吐了出来，俄国又变成了输家。这真是：两个条约定输赢，3 月胜来 7 月输，俄国人不服不行。

军事学意义

长达 200 多年的俄土战争，时间跨度大，参战国家多，是世界战争史上非常重要的战争。这场战争不仅改变了欧洲的政治格局，而且具有十分重要的军事学意义。

在 19 世纪中期的俄土冲突，即克里米亚战争中，英国与法国首脑及军事部门利用有线电报在千里之外指挥战争，民间开始用有线电报进行实时战况传递，这在世界军事史上都是首创。

这时候，军事后勤体系发展成为一个独立部门，工程保障、战地医疗、后勤运输能力都得到了极大的提高。法国军队的指挥员发明了统一对表校正进攻时间的方法，提高了作战指挥的水准。

也是在俄土战争中，各军事强国都加速淘汰旧装备，装备了新式有膛线的枪炮，进一步发展了火炮枪械和水雷武器。人们已经意识到，军事技术是决定战争胜负的重要因素之一。于是，各国开始进行新技术军备竞赛，企图以不对称的技术优势击败对手。法国大力研究新式步枪，英国则大力发展蒸汽动力战舰。此外，也正是在 19 世纪中期的俄土冲突，即克里米亚战争中，开创了建立战地医院的先例。

奥土战争

（1683—1699）

说到奥地利，我们马上就会想到奥地利的两个世界之最：一是奥地利历史上曾经有一个强大的王朝，它统治奥地利 641 年（1278—1918 年），其统治领域之大，大到成为世界历史上第一个“日不落帝国”，这就是哈布斯堡王朝；二是奥地利拥有世界唯一一座享有“音乐之都”美誉的首都——维也纳。维也纳不仅是世界音乐大师的摇篮，也是艺术朝圣者的天堂，这座著名都市的历史就是一部音乐的史诗。可以这么说，哈布斯堡王朝时期的奥地利与奥斯曼帝国的战争，就像贝多芬在维也纳创作的第三交响曲一样，是一部壮怀激烈的英雄交响曲。

不屈的维也纳

维也纳位于多瑙河畔，是公元前 500 年前后欧洲的古老原住民凯尔特人建立的。维也纳历史文化悠久，古韵生香，每一处著名的景点都弥漫着浪漫的艺术气息，是一个奇迹般的胜地。从地理位置看，维也纳处于西欧和东欧的边界上，位于中欧与南欧地带的交界处。这种特殊的“枢纽式”的地理位置，让各国的语言、文化、艺术和宗教等在这里汇集，各种人物彼此往来，各种文明融合共存，形成了庞大而又多彩的文化景观。欧洲文明在这里得到了完美的展示，维也纳也一直以欧洲文化中心的地位而闻名于世。

奥斯曼帝国占领君士坦丁堡和东部地中海后，直接威胁到了巴尔干半岛邻近的波兰、捷克、匈牙利、奥地利等国。这些国家不断与奥斯曼帝国发生争斗。以哈布斯堡家族为首的多民族的奥地利国家，在与奥斯曼帝国长期的争斗中，实力也不断得到提升，逐渐成为阻碍奥斯曼帝国扩张的强劲对手。从此，奥地利与奥斯曼帝国为争夺东南欧和中欧的霸权，展开了旷日持久的战争，从 16 世纪打到 18 世纪，一战三百年。

1683 年 7 月，奥斯曼帝国的大维齐尔（相当于宰相）卡拉·穆斯塔法，率领 20 万大军以排山倒海之势进军奥地利，剑指维也纳。

本来，在奥斯曼帝国的战前会议上，有将领提出，应采取对奥地利哈布斯堡王朝步步蚕食的策略，先拔掉维也纳周边的据点，再发动全面进攻，以保证大军后方的安全。卡拉·穆斯塔法英勇善战，野心勃勃，做梦都想征服欧洲。他固执己见，坚持要直接进攻维也纳。他认为，维也纳是奥地利哈布斯堡王朝的首都，如果占领了维也纳，就可以极大地扩大奥斯曼帝国的政治影响力。帝国的苏丹穆罕默德四世只好同意了穆斯塔法进攻维也纳的作战方案。

面对来势汹汹的奥斯曼帝国的军队，神圣罗马帝国皇帝利奥波德一世有意与波兰立陶宛王国国王扬·索别斯基联合。著名的修道士马可·阿维亚诺在神圣罗马帝国天主教邦国之间奔走疾呼，力主建立对抗奥斯曼帝国的统一战线。由波兰与意大利联合摄制的战争影片《1683 维也纳之战》对马可修士的作用虽有夸大成分，但历史上马可修士对神圣罗马帝国与波兰组成“神圣同盟”的确发挥了重要的作用（维也纳矗立着马可·阿维亚诺雕像）。正是这个“神圣同盟”，帮助奥地利人赢得了维也纳保卫战的胜利。

当奥地利人获取奥斯曼帝国的军队要来进攻维也纳的情报后，负责维也纳防务的斯塔伦贝格伯爵马上下令，拆除维也纳城墙外所有建筑。原本繁华的城乡接合部，瞬间成为一片空地。这样，奥斯曼帝国的军队就不能将民居房屋用作掩蔽工事了。

1683 年 7 月 14 日，奥斯曼帝国的军队浩浩荡荡来到维也纳城下。穆斯塔法发现，维也纳是一座由 11 座堡垒和 1 条壕沟构成的要塞。他没有指挥军队强攻，而是采取围城战术。

土耳其人有着丰富的围城经验，只用两天时间就在维也纳城外建起了大大小小的帐篷营地，挖掘了漫长的战壕，彻底断绝了城内和城外的联系。

7 月 25 日，穆斯塔法指挥炮兵猛烈轰击维也纳城墙。土耳其军队开始攻城，但

该地图罕见地再现了维也纳围城战交战双方的作战细节，包括卡拉·穆斯塔法的营地、奥斯曼帝国及其盟军的位置、维也纳的防御工事、土耳其人在进攻城市时挖掘的战壕等

很快被英勇的维也纳军民击退。

为了避免正面进攻带来的大量伤亡，穆斯塔法指挥工兵挖掘一条靠近维也纳城墙的战壕。当战壕推进到离维也纳城墙足够近的距离时，便挖掘通往城里的地道，然后埋放炸药，准备夜袭维也纳。

穆斯塔法怎么也没想到，维也纳一位早起的面包师，通过自家面包炉的震颤，发现了一条土耳其工兵挖的地道。面包师立马报告了维也纳的守军，守军及时拉响了警报，于是奥斯曼帝国军队这次偷袭维也纳的图谋被一举粉碎。为了纪念这次胜利，维也纳的面包师们创制了一种号角形状的面包——这便是西方餐桌上常见的羊角面包的由来。

1683 年 7 月维也纳被土耳其军队围困和轰击的场景。1683 年 7 月 14 日—9 月 13 日，波兰立陶宛王国国王扬·索别斯基率领的神圣同盟联军与奥斯曼帝国军队在维也纳进行了一场交战，最后以联军大胜而告终。这场战役成功阻止了奥斯曼帝国入侵欧洲的行动，维持了哈布斯堡王朝在中欧的霸权

维也纳被围困一个多月后，土耳其人终于在城墙上炸出了一个可供 50 人并排通过的巨大缺口。土耳其军队开始发起冲锋，士兵们争前恐后，奋不顾身，新月旗一度插上了维也纳城头。但维也纳守军随即发起了猛烈的反击，火枪手们装上插入式刺刀，随长枪手一起堵住缺口，将蜂拥而上的土耳其士兵硬生生地捅了出去。接着，城里的工兵在缺口处筑起了新的城墙，并在上面架起了野战炮。

到 9 月 4 日，维也纳守军已因伤亡、缺粮和流行病暴发而精疲力尽。几天后，奥斯曼帝国的先头部队已控制了部分成为废墟的城墙。

在这危急关头，9 月 11 日晚上，一枚信号弹突然划过陷入死寂的维也纳上空。神圣罗马帝国利奥波德一世麾下的援军，在索别斯基的统率下终于赶到了！

扬·索别斯基（1629年8月17日—1696年6月17日），波兰立陶宛王国国王（1674—1696年在位）。曾因解除1683年维也纳之围而被称为波兰雄狮，被罗马教皇誉为“基督教的救星”

第二天早晨，索别斯基指挥神圣同盟联军打响了维也纳解围战。索别斯基是一位杰出的军事统帅，1673年曾亲率波兰军队战胜奥斯曼帝国大军，具有丰富的与土耳其人作战的经验。这次他将联军分为三部分，由奥地利皇家陆军中将洛林公爵和萨克森选帝侯扬·乔治率领各自的军队组成左翼，索别斯基亲率波兰军队组成右翼，其余联军组成中军，一起构成一道弧形阵线。

为了防止阵地被联军突破而被包围，土耳其人将大部分兵力调至左翼与联军展开血战。可是，土耳其单兵携带的刀剑，根本不敌神圣罗马帝国军队在连队冲锋时使用的刺刀和长枪。土耳其人的第一道防线被击溃。

更激烈的战斗发生在联军胸甲骑兵与奥斯曼帝国的西帕希骑兵之间。联军胸甲骑兵经历了三十年战争的洗礼，已成为可进行连队墙式冲锋的精锐。而奥斯曼帝国的西帕希骑兵虽装备了新式手枪，却还在使用中世纪的战术与之对抗。后来成为欧陆名将的欧根亲王也参加了这场战斗。当时年仅20岁的他，率领骑兵中队，将奥斯曼帝国骑兵打出了战场。

索别斯基看到土耳其军队右翼兵力不断减弱，便不失时机地下令联军中军和左翼全部投入战斗，向土耳其军队展开猛烈冲击。在联军步兵山呼海啸般的喊杀声中，土耳其人被一举打蒙。

1683 年 9 月 12 日傍晚 6 时，联军骑兵对土耳其人的营地发起了最大规模的冲锋。穆斯塔法见大势不妙，只好带着少数随从很不情愿地撤退。索别斯基再次抓住战机，命令联军全线出击，趁势穷追猛打，土耳其军队很快溃不成军。

在维也纳保卫战中，联军给土耳其军队以毁灭性打击，击毙土军 15000 余人，俘虏 5000 余人，缴获大炮 300 余门，而联军仅伤亡 3500 余人。

不屈的维也纳人，在善战的联军统帅索别斯基的支援下，取得了维也纳保卫战的胜利。虽然索别斯基是波兰立陶宛王国国王，但维也纳人依然把他尊为英雄，这位英雄的雕像至今仍矗立在维也纳。

从战场走向广场

有些英雄人物，战争时期驰骋疆场、英勇善战、屡屡立功，和平时期被人民称颂，人们为其树立雕像并将其矗立在英雄广场。欧根亲王就是这样一位从战场走向广场的英雄人物。

这位被奥地利人民称颂的英雄并不是奥地利人，而是法国人。

早年的欧根在法国郁郁不得志。1683 年，欧根要求参军，因身材矮小被法国国王路易十四拒绝（据说还遭受了训斥和羞辱）。于是他来到奥地利，志愿参加维也纳保卫战。在维也纳保卫战中，

欧根·冯·萨伏依（1663 年 10 月 18 日—1736 年 4 月 21 日），又被称为萨伏依的欧根，奥地利哈布斯堡王朝杰出的军事统帅，神圣罗马帝国陆军元帅

1717—1718 年，欧根亲王指挥军队深入巴尔干，击败奥斯曼帝国军队，夺取重镇贝尔格莱德。该图描绘了 1717 年神圣罗马帝国军队攻占贝尔格莱德时的场景

年仅 20 岁的欧根，率领骑兵中队，将奥斯曼帝国骑兵打出了战场。实际上，欧根指挥的骑兵是神圣罗马帝国皇帝利奥波德一世新组建的龙骑兵团。欧根因为皇帝利奥波德一世对他有知遇之恩，从此把奥地利作为祖国，拒绝回到法国。

欧根作战时展现出了超凡的勇气和独特的统率能力。1687 年，24 岁的欧根升为中将。1688 年，欧根在贝尔格莱德抗击奥斯曼帝国的军队时负伤。1689 年，他在美因茨抗击法军的战斗中再次负伤。随后，在意大利北部的战役中，欧根担任安东尼奥・卡拉法骑兵部队的指挥官。1690—1692 年，他解放了康尼，攻占了卡马尼奥拉，一度击败了法国元帅尼古拉・卡蒂纳的军队。1693 年，因战功卓著，30 岁的欧根晋升为神圣罗马帝国陆军元帅。

1697 年，欧根担任对奥斯曼帝国作战的帝国军总司令。这支帝国军由德意志人、奥地利人、匈牙利人、塞尔维亚人和克罗地亚人组成。为了提高战斗力，欧根重新改组了帝国军队，使其面貌焕然一新。

当得知土耳其苏丹穆斯塔法二世亲率大军进入贝尔格莱德时，欧根亲王精选了 5 万人（3.4 万名步兵、1.6 万名骑兵），带着 60 门炮去迎战奥斯曼帝国的 8 万大军与 90 门炮。

9 月 11 日，欧根亲王率 5 万军队闪电般行军 10 小时，进入森塔地区。森塔位于塞尔维亚的多瑙河支流蒂萨河畔。奥斯曼帝国大军试图通过蒂萨河桥时，他们并不知道神圣罗马帝国的军队正在以寻常行军数倍的速度急速逼近。当奥斯曼帝国军队行进到大桥中央时，帝国军队突然出现在他们背后，60 门大炮齐声轰鸣。

与此同时，大批的帝国龙骑兵纵马奔驰至土耳其人的营地前，然后下马像步兵一样排成整齐的线列进行排枪齐射。留守在营地的奥斯曼帝国军队在壕沟后面进行还击。虽然土耳其军队人多枪多，但他们的自由射击无法抵挡帝国军队的排枪齐射，很快便溃败。他们后撤时拥挤在桥上，同河对岸过来的援兵撞到了一起，场面混乱不堪。欧根亲王命令所有大炮对着桥上轰击，一时间桥面上血肉横飞，土军伤亡惨重。

看到时机成熟，欧根亲王令左翼的骑兵发动冲锋。他们击溃了奥斯曼帝国军队的右翼，随后穿过营地，占领了桥头。土耳其人的退路被完全封死了。在形成包围之势后，神圣罗马帝国的步兵全线压上，冲进了奥斯曼帝国军队的营地。双方展开了残酷的肉搏战。

欧根亲王率领的神圣罗马帝国军队赢得了森塔战役的胜利。据统计，奥斯曼帝

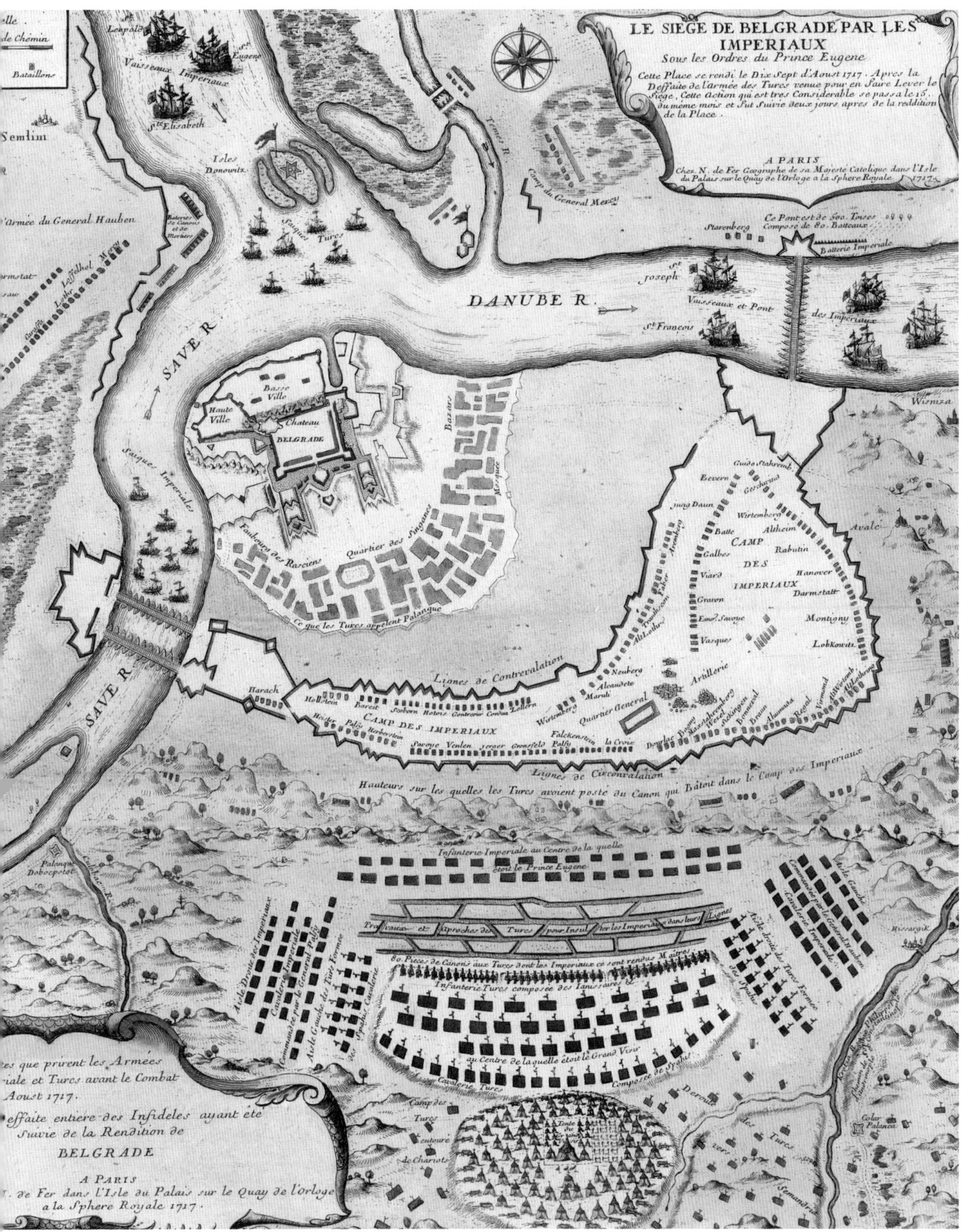

1717 年贝尔格莱德围城战的战斗地图。该地图显示了贝尔格莱德在多瑙河上的位置，以及交战双方军队和船只的位置。围城战于 1717 年 8 月 17 日结束，奥地利军队在欧根亲王的指挥下取得了胜利

国军队 2 万余人战死，数千人在渡河逃走时被淹死。神圣罗马帝国军队只有 429 人阵亡，1598 人受伤；缴获的战利品既有 87 门大炮，也有土耳其苏丹的后宫与珠宝。

森塔战役是欧洲军队第一次击败土耳其苏丹穆斯塔法二世的御驾亲征，欧根亲王声名鹊起，成了全欧洲抗击土耳其人的英雄，被欧洲人称为“圣战英雄”。

此后，欧根亲王又打了不少胜仗。1716—1718 年，欧根亲王挥师深入巴尔干，大败奥斯曼帝国军队，夺取巴尔干地区重镇贝尔格莱德。贝尔格莱德的胜利使欧洲人惊叹不已。

欧根亲王被认为是奥地利乃至欧洲历史上杰出的军事统帅之一，法国大元帅赫尔曼·萨克斯、法国皇帝拿破仑·波拿巴和普鲁士国王腓特烈二世都对其颇为推崇。一位跟随欧根亲王南征北战的战士，为欧根亲王谱写了一曲颂歌——《高贵的骑士——欧根亲王》。

奥地利作家胡戈·冯·霍夫曼斯塔尔曾以《怀念欧根亲王》为题写诗，诗曰：今天的普鲁士人就是这样热爱他们的腓特烈大帝的，而我们奥地利人也是这样热爱最伟大的奥地利人欧根·冯·萨伏依的。

法国学者伏尔泰在《路易十四时代》里这样赞颂：欧根亲王是一个具有历史意义的名字……这位亲王在法国宫廷虽然被人蔑视，却生来具有在战争时期成为英雄、在和平时期成为伟人的优秀品质。

欧根的雕像至今仍矗立在维也纳霍夫堡皇宫外的英雄广场，这是维也纳皇宫范围内第一个非皇室成员的纪念雕像。

日暮西山奥斯曼

1683 年的维也纳战役，无疑是奥斯曼帝国的历史拐点。

奥斯曼帝国有着 300 多年辉煌的历史。在土耳其苏丹苏莱曼一世时期，帝国拥有 1400 万人口，这时的西班牙仅有 500 万，英格兰仅有 250 万。奥斯曼帝国首都伊斯坦布尔在全盛时期拥有 50 万以上的人口（1600 年），比欧洲任何城市都大。奥斯曼帝国极盛时疆域横跨亚、欧、非三大洲，东至里海及波斯湾，西达直布罗陀海峡，南抵今苏丹与也门，北及今奥地利和斯洛文尼亚，领有巴尔干半岛、中东及北非的大部分领土。

在维也纳战役之前，土耳其人在欧洲战场上鲜有败绩。他们一面不断吸收欧洲的技术成果，一面用不断武装起来的东方军队去入侵欧洲。哪怕是在军事技术已被拉开差距的17世纪后期，他们依然不改文明破坏者的本色。但随着维也纳战役的失败，他们对欧洲腹地发起大规模进攻的行动戛然而止。原本被深埋在复兴光环下的内外困局，一下子暴露无遗。

1697年的森塔战役，神圣罗马帝国军队将奥斯曼帝国军队彻底击败。奥斯曼帝国的军事力量遭到严重削弱，国内也出现政治危机，再也没有能力发动战争，只能寻求和谈。1699年1月，双方签订《卡尔洛维茨和约》，奥地利获得除巴纳特外的整个匈牙利、斯拉沃尼亚、特兰西瓦尼亚和克罗地亚广大地区。

自1683年神圣罗马帝国军队赢得维也纳战役的胜利之后，欧洲人对奥斯曼帝国军队的神化与恐惧开始消退。越来越强大的西欧，尽管还不能在君士坦丁堡的朝廷上获得同等待遇，却已可在国际舞台上傲视土耳其人了。

与此同时，哈布斯堡王朝统治下的奥地利则在维也纳之战中浴火重生。他们开始了更大力度的反击，也在欧洲外交舞台上扮演着更为重要的角色。

历史向人们宣示：奥地利与土耳其人的战争加速了奥斯曼帝国的衰亡，促进了多民族奥地利帝国的形成。

大同盟战争

（1688—1697）

17世纪80年代末，欧洲先是出现了一个奥格斯堡同盟，这个同盟由神圣罗马帝国、荷兰、瑞典、西班牙等国家组成。之后，英国、勃兰登堡、萨克森、萨伏依等加入这一同盟。于是，欧洲又出现了一个更大的多国同盟，史称“大同盟”。看这架势，似乎是黑云压城城欲摧啊。

这是一个怎样的同盟呢？为什么会有这么多的国家加入这一同盟？大同盟要对抗的又是哪个国家？

“太阳王”的挑战

谁是“太阳王”？

法国有一位国王自号“太阳王”，他就是路易十四，与中国清朝的康熙皇帝同时代的帝王。

路易十四，波旁王朝的法国国王。他在位长达72年110天，是在位时间最长的君主之一，也是世界历史上有确切记录的在位最久的主权国家君主。

路易十四崇尚王权至上，他有一句名言：“朕即国家。”他把所有的权力都抓在手中，并且用“君权神授”作为他王权至上的理论依据。他自号“太阳王”，意味着他拥有太阳一般的光芒，照耀着天上人间。

图上人物分别是亨利四世、路易十四、路易十五、路易十六、玛丽·安托瓦内特、路易十七、伊丽莎白·波旁夫人

的确，法国在法荷战争（1672—1678年）中获胜，路易十四打响了“太阳王”的名号，成为欧洲名副其实的霸主。这时候的路易十四，开始向着“朕即欧洲”的梦想迈进。

此后，法国进入更大规模的军事扩张轨道。当时法国的陆军实力为欧洲第一，海军实力超过了英国和荷兰两国的总和。因此，路易十四决定，继续对外进行征服以完成其称霸欧洲的梦想。

此时，法国的强邻神圣罗马帝国正在与奥斯曼帝国作战，神圣罗马帝国的军队在维也纳城下大破土耳其军队之后，欧洲各国又一次被激发出十字军东征般的宗教狂热。奥地利哈布斯堡家族在道义上俨然是欧洲征服异教徒的先锋，国际地位空前提高，各国贵族和平民纷纷投奔奥地利军队。

对于一心要称霸欧洲的路易十四来说，他不能容忍神圣罗马帝国的复兴。路易十四决定，趁神圣罗马帝国军队还在东线作战的时候，法国要在德意志扩张影响力。他要求由亲法国的人选来担任德意志选帝侯之一的科隆大主教，并且为他的弟媳——奥尔良公爵夫人伊丽莎白·夏洛特要求普法尔茨选帝侯的继承权。同时，路易十四开始执行进攻神圣罗马帝国的速战计划。

面对法国称霸欧洲的野心，面对“太阳王”路易十四的挑战，欧陆各大强国纷纷联手抗法。于是，由神圣罗马帝国皇帝利奥波德一世牵头，欧陆各大强国组成了以神圣罗马帝国为核心的奥格斯堡同盟。

1688年10月，法军攻占帕拉蒂纳特，并于次年彻底毁灭了这个地区。

利奥波德一世察觉到路易十四的意图，马上派军迎战。奥军在顶住开战初期的混乱和失败之后，终于把战局稳定了下来，使得路易十四在战前制订的作战计划彻底破产。

1689年5月12日，神圣罗马帝国与荷兰缔结了《维也纳条约》，宣布共同对抗法国扩张，恢复1648年的《威斯特法利亚和约》和1659年的《比利牛斯和约》。在此后一年半的时间里，英国、西班牙和德意志的三个诸侯国勃兰登堡、萨克森、巴伐利亚相继加入奥格斯堡同盟，组成了更大的反法同盟，这便是欧洲近代史上的“大同盟”。

由于反法大同盟的形成，法国称霸欧洲速战取胜的计划遇到了阻碍。法国与大同盟之间的战争一打就是9年（1688—1697年）。

英荷沉舰比奇角

17 世纪的欧洲流行这样一种军事思想，那就是避免会战，只打机动战与围城战。发生在 17 世纪末的大同盟战争，依然没有新的打法，基本上以持久战为主。主导这场战争的路易十四，作为君主是成功的，却不是一位善于打仗的军事家。因此，大同盟战争总的来说没有什么新意，是一场相当枯燥乏味的战争。

不过，在这场枯燥乏味的战争中，有一场重要的海战倒是打得比较精彩，这便是比奇角海战。

比奇角又名比切峭壁、海滩之顶，位于英格兰东南区域东萨塞克斯郡，在伊斯特本市的西南部，是英吉利海峡岸边一处美丽的海角。这里的海岸悬崖高达 162 米，是英国最高的海岸悬崖。比奇角那垂直于海平面的雪白的崖壁在阳光的映射下显得无比壮观，是著名的旅游胜地。

1690 年，就是在这个美丽的海角，发生了一场惨烈的海战。

1690 年的英吉利海峡风起云涌。在海峡沿岸，英荷联合舰队 80 艘战舰严阵以待，准备迎击法国舰队。其时，法国海军总司令是图尔维尔伯爵阿内・希拉里翁上将。由于法国的东方舰队还远在地中海，图尔维尔能调遣到英吉利海峡的战舰只有 60 多艘。

为了进一步降低法国舰队出击的可能性，英国海军上将爱德华・罗素密令海军中将亨利・科尔格鲁从朴次茅斯秘密抽调一支由 30 艘战舰组成的强大舰队，于 1690 年 3 月开赴地中海。罗素上将的意图就是将法国东方舰队封锁在土伦港内，使法国在英吉利海峡的舰队无法得到增援。当亨利・科尔格鲁中将率舰队抵达地中海时，发现法国舰队实力太强，封锁土伦港的计划根本不可行。于是，4 月 8 日，英国舰队下锚于西班牙东南的加的斯湾附近，与两艘荷兰大型战舰会合，打算在直布罗陀海峡前拦截可能出航的法国战舰。

5 月初，罗素上将获得了雷诺堡侯爵率 7 艘法国战舰起航的情报。但突如其来的暴风困住了科尔格鲁中将，他的战舰受损严重，两艘荷兰战舰桅杆也全部折断。英国人只好靠岸修船，雷诺堡侯爵的舰队乘机驶过地中海。科尔格鲁得知法国舰队驶出比斯开湾的消息已是一天之后，他抛下受损的战舰，迅速起航追击雷诺堡侯爵的舰队至葡萄牙的特图湾。可是英国舰队驶入港湾时才发现，这里只有 2 艘法国商船，而且 1 艘开足马力，不久便逃之夭夭。科尔格鲁再次发动追击，无奈因风力转变以失败告终。雷诺堡侯爵再一次成功躲过了强敌的拦截，于6月11日安全抵达布雷斯特。

1690年6月23日，图尔维尔伯爵率领近70艘由战舰、巡航舰和纵火船组成的强大舰队驶出布雷斯特，随即进入英吉利海峡，沿英格兰南岸由西向东进发。这时，英国海军上将亚瑟·赫伯特的舰队驻泊在维特岛附近的圣海伦娜。当他从渔民口中得知法国大舰队已经出击的消息时，大惊失色。

为了躲避强敌，也为了集结联合舰队，赫伯特立即传令所有战舰起锚出海，向东南方向退却。当他下达这一命令时，图尔维尔伯爵率领舰队已经行驶到了圣海伦娜以西。7月3日，赫伯特派出所有小艇与轻帆船，四处通告法军来袭的消息，并让所有收到消息的英国战舰与荷兰战舰会合。赫伯特连夜航行，7艘荷兰战舰在海军上将科雷里斯·艾维特森的带领下加入联合舰队，不久又有数艘战舰加入其中。接下来的数天里，散乱的联合舰队始终与法国大舰队保持着目视接触。

英荷舰队逐渐集结，共拥有56艘战舰（其中34艘英舰、2艘荷舰）、4100余门火炮，总兵力约2.1万人。而法国舰队则有75艘战舰、4600门火炮，总人数约2.8万人。赫伯特让轻帆船捎信至海军部，提出自己的意见与处理方式：法国舰队规模远超英荷舰队，联军不应与法军交战。他认为，只要联合舰队存在，法国大舰队断然不可能追逐其他目标，英格兰的补给线也不会受到侵袭。赫伯特计划与法军保持远距离接触，以此牵制其力量。如果有机会与其他舰队会合达成实力均等或占优势，再行策划进攻。

从两军实力对比的角度看，赫伯特是不想在力量悬殊的情况下打无把握之仗，这是无可厚非的。但在当时的英国海军部，各位将军却一致认为，赫伯特是在为自己的怯懦找借口。他们完全不相信法国舰队有赫伯特描述的那样强大，指责赫伯特是失败主义者。将军们强烈要求主理国政的女王玛丽二世向赫伯特下达进攻命令。

1690年7月9日，赫伯特上将收到了女王的信函。不进攻，便是抗旨；进攻，获胜的希望极为渺茫。事已至此，他别无选择。

10日清晨，赫伯特打出旗语：战列线排列，转向西进。比奇角海战正式拉开了帷幕。

好在海面风向为东北风向，英荷联合舰队占据了上风。联军方面虽在数量上有明显劣势，但赫伯特将其主力集中于中卫与前卫，战列中前部基本实现了与法军的势均力敌。他计划以较薄弱的后卫实施远程牵制。荷兰上将科雷里斯·艾维特森率22

英国女王玛丽二世视察舰队、接见舰队指挥官时的场景

艘荷兰战舰作为前卫，其中大型战舰 6 艘，火力较法军前卫略强，达 1374 门；赫伯特乘旗舰“海上君王号”位居中卫，指挥 21 艘战舰。因此，联军中卫虽数量不如法军，但火力相差无几，达 1510 门。最弱的后卫有战舰 13 艘，其中 9 艘炮数在 70 门以上。

图尔维尔发现联军舰队逐渐驶近，于是打出信号，组成与联军平行的战列线。虽然为指挥方便分为前卫、中卫、后卫三部分，但实际上法军战列连绵无缺，长达 18 千米。雷诺堡中将位居“大帝号”战舰，指挥前卫舰队 22 艘战舰，总炮数 1312 门；图尔维尔上将坐镇法国西方舰队旗舰“皇家太阳号”，直接指挥法军中卫舰队的

比奇角海战是大同盟战争期间一次重要的海战。法国在海战中击败英荷联军，夺取了制海权，对海洋的控制范围达到空前。该图描绘了当时激烈的海战场景

25 艘；德埃斯特雷乘“壮丽号”战舰，指挥后卫舰队的 23 艘战舰。

1690 年 7 月 10 日上午 8 时，赫伯特下令进攻。联合舰队转向西南，以 90° 交角横队驶向法军。图尔维尔下令保持战列线队列，并开始射击。联军的进攻动作完成得极不理想——前后三支分队是分别而不是一起完成机动的。荷兰人迅速发起进攻，后卫舰队迟至 9 时 30 分才开始炮击，而中卫舰队参与作战的时间就更晚。更糟糕的是，赫伯特的目的显然是尽可能地在保存舰队的前提下完成作战，因此由英国战舰组成的中卫与后卫都与对应的法国舰队保持着较远的距离。然而，艾维特森的荷军舰队却完全没有领会总司令的意图，将所有战舰压向法军前卫。这样，联合舰队的前卫与中卫之间便出现了一个巨大的缺口。在总体态势上，英国战列线中部出现了一个与前卫不相连的弧形“大弓”，其前端，就是笼罩在硝烟与炮焰中的荷兰舰队，其后端，就是正与法军后卫进行牵制性炮击的英军后卫舰队。

雷诺堡侯爵发现他的战列前端没有遭到攻击，于是打出旗语，令维莱特·穆塞实施迂回。6艘法舰左舷抢风转向，占据“T”字横头，越过荷军战列前端；随后又恢复队列，与之相对而行，实现了两面夹攻。之后，又有两艘法国战舰加入其中。联军中卫前部的阿士比中将见联军战列出现裂口，随即率数艘战舰前往支援；但他的行动还是没有得到赫伯特的响应，阿士比赶上前卫，却又与中卫主队相分离。图尔维尔见状，下令其中卫前队前驶，与阿士比交战，意欲在此突破英军战列，将其前卫完全孤立开。

上午10时，雷诺堡的前卫舰队与图尔维尔的中卫舰队即将完成对荷军的两面包围。赫伯特见事态危急，连忙派遣战舰，弥补战列线上的缺口。中午12时，他准备与图尔维尔交战，但图尔维尔又采取了更加高明的战术。图尔维尔将中卫后队间距拉长并向后退却，始终处于英军射程之外，同时将前队前驱，进一步加强对荷兰舰队的进攻。对此，赫伯特无计可施。

这时，荷兰舰队许多船只都已丧失航行能力，甚至有战舰的桅杆被密集的炮火击断。赫伯特不仅无力救援荷兰舰队，还要面对法国舰队可能进一步的前驱、让他的中卫也遭受两面夹击的威胁。他不得不选择放弃荷兰人，让联军中卫和后卫与法舰拉开距离，试图保全英国舰队。

法军对联军前卫的围攻持续了5个小时，英国舰队总体上保持完好。可是面对损失惨重、无力招架的盟友却无能为力，只能眼睁睁地看着一艘重伤的荷舰向维莱特·穆塞投降，另外两艘荷舰在法军的猛烈炮火下沉入海底。

下午5时，赫伯特做出了这一天中最英明的决断：他观察到了海峡间的落潮，决定令联军全体下锚，借此撤退，保全余下的战舰。当图尔维尔回过神来，他们已经被潮水冲向西方。

当晚9时，潮水改变了方向，赫伯特率领残破的联合舰队向西逃往泰晤士河口的安全基地。图尔维尔紧跟其后，派出了全部的5艘快速巡航舰，前往攻击英荷舰队中受损严重的战舰，以便在法国主力舰队抵达后将之摧毁。这时，两艘巡航舰追上了主桅被击断的英国70炮战舰“安妮号”，并将之烧毁。为了拯救更多完好的战舰，赫伯特决定丢下受损最重、航速最慢的战舰，全速驶往泰晤士河口。

比奇角的这个夜晚，海上燃起了熊熊大火。那是因为，大批英荷战舰被法军前卫或联军自己付之一炬。

图尔维尔取得了法军有史以来最伟大的海上胜利。法军报称在此战中俘获、击沉、烧毁敌舰 16 ~ 17 艘，而己方毫发无伤。更重要的意义在于，法国同时击败了两支曾经控制大洋的伟大海军，同时则击败了最强大的两个海上霸主。

然而，指挥法国海军取得比奇角大捷的图尔维尔上将，却被“太阳王”路易十四免职了，理由是他没有追击溃败的赫伯特舰队，放弃了到手的战利品。

图尔维尔的对手赫伯特命运更惨，他被英国人送上了军事法庭。面对作战不力的指控，赫伯特始终坚持战前的观点，强调英荷联合舰队准备不足、情报匮乏。但他无法说明，在比奇角一战中为什么中卫舰队迟迟不投入战斗。结果，赫伯特被解除了舰队指挥权。

合起来的和约

1688 年 9 月由法国发动的大同盟战争，没有照着路易十四此前的计划速战速决，而是演变为长达 9 年的持久战争。由于战争旷日持久且陷入僵局，在战场上一决胜负遥遥无期，因此，路易十四和大同盟各国都有通过谈判手段结束战争的意向。

1695 年，法国以外交手段争取到了萨伏依的中立承诺，双方于次年 6 月秘密缔结《都灵和约》，萨伏依退出战争。1696 年 3 月，法国又与英国和荷兰开始停战谈判。此后由于瑞典的斡旋，1697 年 5 月，所有交战国在荷兰的边境城市赖斯韦克召开和平会议。同年 9 月 20 日，法国分别与英国、荷兰、神圣罗马帝国以及西班牙签订和约，总称《赖斯韦克和约》。大同盟战争以法国取得胜利而告终。

根据《赖斯韦克和约》之规定：法国将其自《奈梅亨和约》后兼并的西班牙属地（除了很小的一部分外）全部归还西班牙；法国承认威廉三世为英国国王，并同意不再援助其敌人，英法两国在北美哈得孙湾的边界争端由双方指定专员磋商解决；法国再次确认《奈梅亨和约》的各项条款，荷兰将位于印度东南部之本地治理权交还法国东印度公司；法国将其在大同盟战争中占有的神圣罗马帝国领土，归还神圣罗马帝国皇帝利奥波德一世，帝国皇帝则将斯特拉斯堡割让给法国，阿尔萨斯完全归属法国；另外，法国将 1669 年开始占领的洛林归还洛林公爵。

从合起来的和约《赖斯韦克和约》的内容看，大同盟战争的交战双方互有得失。法国虽然取得了斯特拉斯堡，但失去了在大同盟战争中新夺取的他国领土与制

威廉三世和玛丽二世共同作为英格兰国王接受臣民庆贺的场景。威廉三世（1650 年 11 月 14 日—1702 年 3 月 8 日），奥兰治亲王（终生担任）、尼德兰执政（1672 年 7 月 9 日—1702 年 3 月 8 日在任）、英格兰国王（1689 年 2 月 13 日—1702 年 3 月 8 日在位）；玛丽二世（1662 年 4 月 30 日—1694 年 12 月 28 日），英格兰国王（1689 年 2 月 13 日—1694 年 12 月 28 日在位）、荷兰奥兰治王妃（1677 年 11 月 4 日—1694 年 12 月 28 日在任）

海权。《赖斯韦克和约》使得路易十四通过战争扩张领土的行动首度受挫，成为后来西班牙王位继承战争中法国战败的前奏，也成了路易十四欧洲霸权由盛转衰的转折点；该和约使英国在国际政治中的地位得到了增强；通过和约，奥地利在一定程度上挽回了已被削弱的哈布斯堡王朝的政治地位，能够继续以大国身份参与欧洲列强间的竞争。

1701—1714

西班牙王位继承战争

（1701—1714）

西班牙位于欧洲与非洲的交界处，中世纪时这里有多个国家并立，15 世纪开始建立单一国家。近代史上，西班牙是一个重要的文化发源地，在 15 世纪中期至 16 世纪末期成为影响全球的日不落帝国。

斗牛作为西班牙特有的古老传统一直保留至今，成为西班牙的国粹，风靡全国，举世闻名。虽然从动物保护的角度来说，人们对西班牙的斗牛习俗存在争议，但斗牛这一传统依然很有生命力，许多外国人到西班牙都会特别想看一次斗牛表演。

1701 年这一年，也有不少欧洲国家的人来西班牙了，不过他们不是来看斗牛表演的，而是觊觎西班牙王位的……

王位虚悬

对于西班牙来说，1700 年是个魔幻的年份。

1700 年 11 月 1 日，西班牙国王卡洛斯二世去世，终年 38 岁。卡洛斯二世的去世意味着西班牙哈布斯堡王朝的终结，因为卡洛斯二世无嗣。也就是说，西班牙长期处于王位继承人虚悬的状态。

为何这位西班牙国王没有后代继承王位？这要从卡洛斯二世的家世与身世说起。

卡洛斯二世的祖上时常与同宗的奥地利哈布斯堡皇室通婚，而近亲结婚所孕育的孩子残疾率是很高的，所以卡洛斯二世出生后就身患多种疾病：智障、癫痫、舌头大（大到他讲的话无人能听懂）、下颚前凸（使他无法咀嚼）、跛足（10 岁才学会走路）、阳痿，他体质虚弱得随时有可能死亡。几代王室的近亲联姻导致卡洛斯二世的心理和生理都极不正常。

心理和生理都极不正常的卡洛斯二世之所以能登上国王的宝座，是因为他出生时四位兄长都已去世，他成为西班牙王位唯一的继承人。

1665 年，西班牙国王费利佩四世去世，才 4 岁的卡洛斯当上了西班牙国王，他的母亲奥地利的玛丽亚·安娜成为摄政王。卡洛斯二世统治时期的西班牙经济几乎停滞、国力迅速衰落、国际威望下降，与一百年前费利佩二世的统治时期形成了鲜明的对比。

国王的无能往往成为宫廷阴谋的温床。1677 年，玛丽亚·安娜被费利佩四世的私生子奥地利的堂·璜·何塞放逐，堂·璜·何塞成为西班牙的实际摄政者。这位摄政者于 1679 年去世，玛丽亚·安娜重新摄政。

1679 年 11 月 19 日，卡洛斯二世迎娶法王路易十四的侄女奥尔良郡主玛丽·路易丝·德·奥尔良为妻。新婚丈夫被诊断为阳痿而无法生育后代，这令路易丝极度失望。十年后，27 岁的路易丝去世。由于需求男嗣，卡洛斯二世又娶了普法尔茨－诺伊堡的玛丽亚·安娜。然而，这次婚姻也没能解决国王无后的问题。

卡洛斯二世 30 多岁时就进入了他的人生晚年，这时的他更加神经过敏、举止怪异。他已彻底残疾，头发全部掉光，耳聋，眼睛几乎看不见，牙齿所剩无几，且患有严重的癫痫。他的种种怪异举动被外国密探称为“着魔”，卡洛斯二世因此得到一个绰号“中魔者”。

鉴于卡洛斯二世不可能有子嗣，谁来继承西班牙的王位就成为西班牙乃至欧洲的重要问题。

当时有权继承西班牙王位的有三位王子，分别是法国安茹公爵菲利普、巴伐利亚的约瑟夫·费迪南德亲王和奥地利的查理大公，前一位是法王路易十四的次孙，后两位分别是神圣罗马帝国皇帝利奥波德一世的外孙与次子。他们的继承权都是建立在与西班牙国王费利佩三世（1578—1621 年在位）的关系上的。路易十四的母亲奥地利的安妮是西班牙国王费利佩三世的长女，路易十四本人娶了西班牙国王费利佩四世的长女玛丽亚·特蕾莎（即法国安茹公爵菲利普的祖母）。神圣罗马帝国皇帝利奥波

卡洛斯二世与妻子观看演出的场景。两层扇贝形拱廊里，坐满了观众。卡洛斯二世（1661 年 11 月 6 日—1700 年 11 月 1 日），绰号“中魔者”，费利佩四世之子，西班牙哈布斯堡王朝最后一位国王（1665—1700 年在位）

德一世的母亲玛丽亚·安娜是西班牙国王费利佩三世的次女，利奥波德一世本人娶了西班牙国王费利佩四世的次女玛格丽特·特蕾莎。而玛格丽特·特蕾莎和卡洛斯二世是同母所生。利奥波德一世与玛格丽特·特蕾莎只有一个女儿玛丽亚·安东尼娅，她就是巴伐利亚的约瑟夫·费迪南德亲王之母。奥地利的查理大公并不是玛格丽特·特蕾莎所生。虽然路易十四的母亲和妻子都比利奥波德一世的母亲与妻子年长，但路易十四的妻子玛丽亚·特蕾莎嫁到法国时已经明确放弃了对西班牙王位的继承权。

法国与神圣罗马帝国在西班牙王位继承问题上争执不休，不得不找折中的办法。

1698 年 10 月 11 日，法国、英国、荷兰在海牙签订条约，承认巴伐利亚的约瑟夫·费迪南德亲王为西班牙王位和除意大利以外西班牙领土的继承人；法国得到西西里和那不勒斯，奥地利得到米兰。但利奥波德一世拒绝了此条约，继续支持其次子查理大公对西班牙王位的继承权。次年年初，卡洛斯二世立下遗嘱，将西班牙所有领土

全部留给巴伐利亚的约瑟夫·费迪南德亲王。但不幸的是，这一年的2月6日，巴伐利亚的约瑟夫·费迪南德亲王去世了。于是法国、英国、荷兰签订了第二份条约：承认查理大公为西班牙王位和除意大利以外西班牙领土的继承人；法国得到西班牙在意大利的领土。但是，利奥波德一世对这份条约再次表示拒绝。

在这种情况下，全欧洲就等着卡洛斯二世的答复了。最终卡洛斯二世立下了最后的遗嘱：指定甥孙安茹公爵菲利普继承西班牙王位；菲利普可以继承西班牙本土、西属尼德兰、意大利地区领土和海外殖民地，但是法国和西班牙永远不得合并为一个国家。

立下这个遗嘱后，卡洛斯二世哭了，他发出悲叹："这是上帝给予又夺走的帝国。"

西班牙国王卡洛斯二世去世后，法国的安茹公爵菲利普即位，成为国王费利佩五世，又译作腓力五世，他是延续至今的西班牙波旁王朝的第一位君主。

1701年，为遏制法国吞并西班牙而再次独霸欧洲，英国与荷兰结成反法联盟，先后加盟的还有普鲁士王国和德意志大部分邦国、葡萄牙、意大利地区的萨伏依等（史称“大联盟”）。法国则与西班牙结盟，之后加盟的还有巴伐利亚、科隆等德意志邦国。同年3月，一场欧洲大部分国家参与的大战——西班牙王位继承战争爆发。

硝烟弥漫维哥湾

维哥湾位于西班牙大西洋沿岸北部，是一处美丽的海湾。就是在这里，1702年10月23日，英国与荷兰联合舰队同法国与西班牙联合舰队展开了一场激烈的海战。那一天，硝烟弥漫了维哥湾。

在这次海战之前，由乔治·鲁克海军上将指挥的英荷联军曾试图夺取西班牙南部的重要海港加的斯。此举有三个目的：一是在伊比利亚半岛获得一个海军基地，二是以加的斯作为进攻西地中海（主要目标是法国土伦）的跳板，三是切断西班牙横跨大西洋的航线。

但是，英荷未能如愿夺取加的斯港。就在英荷联军返回英格兰的途中，获得一个重要情报：西班牙的珍宝船队已经驶进了西班牙北部的维哥湾。虽然英荷联军也知道，西班牙的珍宝船队有一支法国舰队为之护航，不过鲁克将军仍然决定：抓住机会进攻珍宝船队。

西班牙珍宝船队是一支大型船队，从16世纪开始定期往返于西班牙本土和其海外殖民地。船队将欧洲货物运至美洲殖民地，再将殖民地的产品运回西班牙。运回西班牙的货物既有金银与宝石，也有香辣料与烟草等。

现在，珍宝船队进了维哥湾，鲁克将军认为，这正是英荷联军攻打法西联军的好机会。于是，1702年10月22日，鲁克将军率领英荷联合舰队驶入维哥湾迎战法西联合舰队。

这时候，法西联合舰队正停泊在维哥湾最里边的雷东德拉港。为了阻止英荷联合舰队的进攻，法西联军在雷东德拉港外的海湾最窄入口处投下了大量障碍物，这些障碍物就是用铁链拴在一起的木材。与此同时，还加强了海湾南岸兰达要塞的防御。

22日晚上，英荷联军召开军官会议，确定进攻的方案。23日凌晨，英荷主力舰

维哥湾地图，该图描绘了 1702 年 10 月西班牙王位继承战争期间的维哥湾海战。这场海战起因是 1702 年 9 月，英荷联军试图占领西班牙加的斯港，以确保在伊比利亚半岛建立海军基地

队开始清除那些布设在海湾最窄入口处的障碍物，同时派遣荷兰阿尔蒙德将军率领 2000 人在海湾的南岸登陆，前去攻击兰达要塞，意图消除西班牙岸防炮对英荷舰队构成的严重威胁。维哥湾海战就这样打响了。

很快，海上障碍物被英荷联军摧毁了，英荷联合舰队与法西联合舰队混战在一起。因为地方狭小，双方无法采用纵队列阵、互相炮击的战术，于是，鲁克将军决定发挥火船的作用。他下令放中型逃生船下水，并在船板上铺满火药，命一队敢死队员开着火船冲向法西联合舰队。只见燃着熊熊烈火的火船冲进法西舰阵，火焰先蹿上法西舰船的甲板，然后又从甲板蹿上船帆。顿时，法西舰队的水兵们阵脚大乱，有的被活活烧死，有的仓皇跳海逃生，法西舰队很快溃不成军。

与此同时，阿尔蒙德率领的另一支英荷联军进攻兰达要塞。兰达要塞是维哥湾防御体系的中枢，西班牙人在岸上布置了大量岸防炮。一旦英荷联军进入湾内，便进入了岸防炮的射程。所以阿尔蒙德的部队是冒着敌人的炮火向前冲的。不久，兰达要塞被英荷联军攻克。

维哥湾海战英荷联军大获全胜，法国和西班牙的所有舰船要么被英荷联军俘获，要么被摧毁。鲁克将军派人清点缴获的财物，虽然西班牙珍宝船上的大多数白银此前

GOLFE DE
VALENCE
GOLFE DE
ALICANTE
GOLFE DE CARTAGENE
ROYAUME DE VALENCE
ROYAUME DE MURCIE
LA SIERRA
Sierra Segura
LAS ALPUXARRAS
EVESCHÉ DE GUADIX
EVESCHÉ DE ALMERIA
SEGORBE
VALENTIA
XATIVA
ALICANTE
ORIGUELA
MURCIA
CARTAGENA
GUADIX
ALMERIA
Requena
Utiel
Albacete
Alcaraz
Chinchilla
Lorca
Guescar
BACA
Denia
Gandia
Cullera
C. del Cullera
Borriana
Riu Guadalaviar
Murviedro Riu
Isola de S. Pola
Punta del Emperador o Cabo Martin
Cabo de Palos
I. Grossa
Punta de Pinacto
la Fordada
Cabo de Gates
C. Lope
Vera
Muxara
Almacaron
Rueda o la Roda
El Provencio
Tomellosa
Almansa
Montesa
Castillo
Elche
Elda
Ibi
Cieca
Lebrilla
Molina
Totana
Alama
Lorqui
Segura
Belcran
Former

1702年维哥湾海战中，英荷联军击败法西联军，登陆西班牙，葡萄牙加入英荷联盟。图左上部分为西班牙、葡萄牙及大西洋等区域地图，图右下部分为交战双方作战的场景

已被卸载到了岸上并被运走，但珍宝船上其他的货物都成了英荷联军的战利品。这些货物包括胡椒、胭脂红、可可、烟草、靛蓝、皮革等，都是当时欧洲的抢手货。

这次海战的胜利，不仅提振了英荷联军的士气，还带来了有利于英荷联盟的连锁反应，那就是：萨伏依公国和葡萄牙王国都宣布废除 1701 年与法国签订的同盟和约，双双加入英荷联盟，大同盟继续扩大。

缘何萨伏依与葡萄牙突然退出法西联盟而加入英荷联盟？原来，英荷联军取得维哥湾海战胜利之后，占据了维哥湾沿岸的要塞，并且据此切断了西班牙横跨大西洋的航线。面对这一新的局势，萨伏依与葡萄牙不得不重新选边站队，因为这两国的国民经济都高度依赖海上贸易，而此时英国的海上实力大大增强，萨伏依与葡萄牙自然要倒向英荷联盟。这又一次印证了那句话：没有永久的朋友，只有永久的利益。

维哥湾海战成为西班牙王位继承战争的转折点。

血溅马尔普拉奎特

马尔普拉奎特当年是法国东北边境的一座村庄，现属于比利时。这座村庄处于蒙斯要塞和瓦朗谢讷城之间，因为靠近蒙斯要塞而被拖进了一场战争。也因为这场战争，宁静的山村炮声隆隆。在那密集的枪林弹雨中，马尔普拉奎特血流成河……

西班牙王位继承战争进行到 1709 年已是第八个年头了。从 1702 年 10 月的维哥湾海战起，反法联军占有了明显的优势。

1704 年布伦海姆战役，英国的马尔博罗公爵（约翰·丘吉尔）与奥地利的欧根亲王强强联合，让法军伤亡过万，总指挥被俘。

1706 年，欧根亲王率奥地利军队再度痛击法军，迫使其退回法国本土。

1707 年，法军曾在土伦小胜欧根亲王，但并未扭转整个战局，战事陷入胶着。

在双方僵持了近两年之后，1709 年 6 月，反法联军在约翰·丘吉尔元帅（后来的英国首相丘吉尔的高祖）和欧根亲王的率领下，将战线向法国边境推进。反法联军的意图非常明确，那就是进入法国本土，逼迫法王路易十四投降，逼其放弃支持其孙子安茹公爵菲利普继承西班牙王位。

同年 8 月，在经历 70 多天的围城战后，反法联军攻下了法国边境的要塞图尔奈。之后，约翰·丘吉尔本打算进攻西边的另一要塞伊普尔，但出发前听说伊普尔城正在

该图描绘的是西班牙王位继承战争中的布伦海姆战役。这场战役是奥地利、英国、荷兰联军与法国、巴伐利亚军队于 1704 年 8 月 13 日在巴伐利亚的布伦海姆发生的一次决定性会战。法国一方失利

闹瘟疫，遂与欧根亲王商议，把目标换成了图尔奈东边的二级要塞蒙斯。联军的打算是突破蒙斯要塞，而后南下，从后方包抄法军在西部防线上的重兵。

得知图尔奈要塞被反法联军攻克，路易十四十分生气。又有情报说反法联军要攻打蒙斯要塞，路易十四便向法军元帅维拉尔下令：不惜任何代价守住蒙斯。

于是维拉尔元帅亲率法军追击反法联军，双方最终在蒙斯西南的山村马尔普拉奎特遭遇。从军事实力看，反法联军兵力近 9 万，有火炮 100 门，而维拉尔率领的法国和巴伐利亚联军只有 7 万余人，60 门火炮，反法联军的实力相对更强。

马尔普拉奎特是山地，为便于骑兵和火炮发挥作用，双方只好同时在一块狭长的平坦地形排兵布阵。两军就这样近距离对峙着，互相暴露在对方火炮的射程范围内。反法联军在军力与火力方面明显处于优势。

1709 年 9 月 11 日，在普鲁士军队与荷兰军队的掩护下，奥地利军队向法国军队的左翼发起进攻；反法联军左翼的荷军同时进攻法军右翼。由于联军具有明显的火力优势，不到半小时，法军副帅布夫莱率领的右翼部队就受到重创。

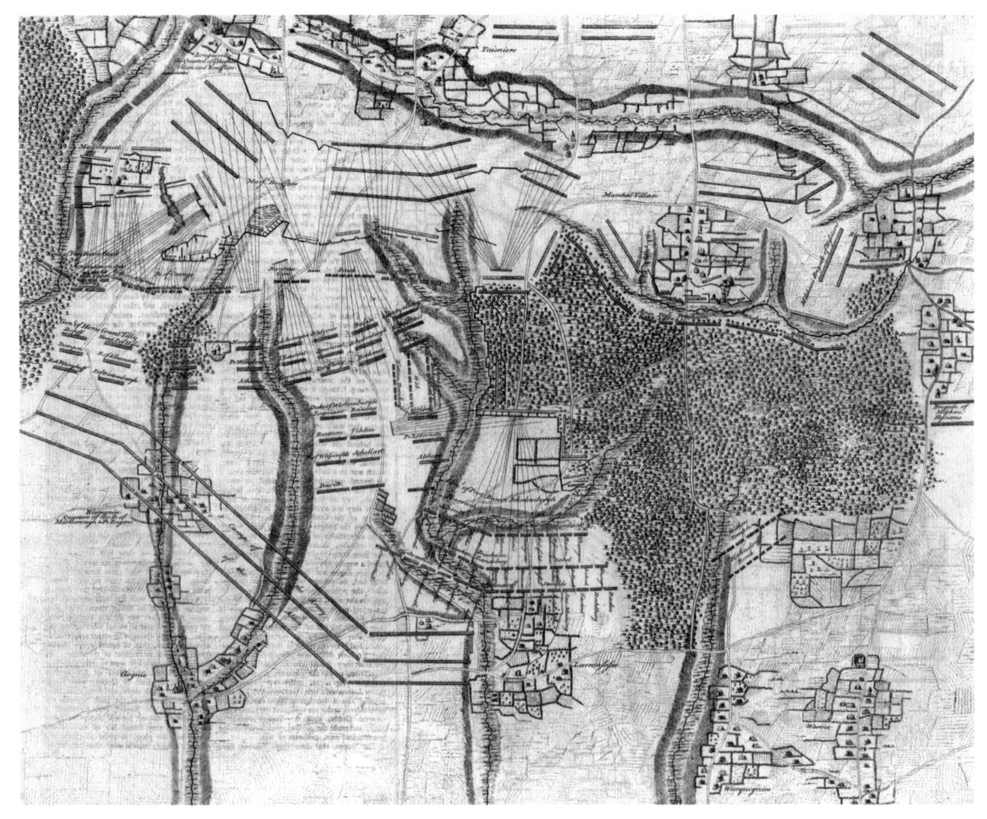

马尔普拉奎特战役地图。该战役于1709年9月11日在法国北部的马尔普拉奎特发生

这时，维拉尔元帅亲率中军顽强抵抗。但没过多久，他就在混战中被敌军的火枪击中膝盖。元帅身负重伤，被迫离开战场，法军交由副帅布夫莱指挥。

反法联军发现维拉尔受伤了，法军中途换帅，便想趁机发动总攻。约翰·丘吉尔命令英军步兵集中力量猛攻法军中路军的先头部队，企图在法军防线上撕开一个口子，好让联军骑兵越过防线，打击法军后方的骑兵。

法军副帅布夫莱亲率精锐的骑兵近卫队迎战，击退联军的冲锋至少六次，联军士兵纷纷倒下，马尔普拉奎特血流成河。不过，每当布夫莱组织兵力试图反扑对方阵地时，都被英军步兵的火力击退，法军士兵同样血溅沙场，伤亡极大。

此情此景令布夫莱头脑冷静下来，凭借丰富的作战经验，他清醒地意识到，在敌军占据明显优势的情况下，法军要想取得胜利几乎是不可能的，最好的选择就是保存实力。布夫莱也很清楚，在主帅缺席的情况下，副帅下令撤退意味着他要承担全部责罚，但布夫莱还是从现实出发下令撤退。这样，布夫莱率领法军有条不紊地撤出了

1709 年 9 月，反法联军与法国在蒙斯及其附近的马尔普拉奎特进行大规模作战。该图描绘了交战双方针对蒙斯要塞所进行的攻防战的场景

战场，离开了马尔普拉奎特。

马尔普拉奎特之战，法国遭遇了战术上的失败，但保存了实力，获得了战略上的胜利。反法联军则损失惨重，伤亡总数超过 2.1 万人，是法军伤亡人数的两倍多。

对于西班牙王位继承战争来说，马尔普拉奎特之战是一次决定性战役。此战之后，两大联盟间趋向停战议和。

“均势”写进国际条约

1713 年 4 月，法国与西班牙为一方，英国、荷兰与萨伏依为另一方，双方在荷兰的乌得勒支举行谈判，签订了《乌得勒支和约》。之后，各方又有多项条约签订。

1714 年，西班牙王位继承战争结束，持续 14 年的西班牙王位继承战争终于落下帷幕。

其中《乌得勒支和约》规定，费利佩五世保留西班牙王位，但放弃对法国王位的继承权，法国与西班牙两国永远不合并；英国从西班牙取得直布罗陀，从法国取得纽芬兰、阿卡迪亚和哈得孙湾等北美属地。如此，法国尽管保住了大陆强国地位，但其霸权不复存在，海上势力被大大削弱；而英国保住了海上优势，国际地位逐步上升。

通过《乌得勒支和约》，哈布斯堡王室的力量得到恢复，奥地利继续保持大国地位；普鲁士的存在得到肯定，为日后争夺德意志的领导权奠定了基础。

值得一说的是，《乌得勒支和约》是第一个将“均势”这一概念正式写入的国际条约。

“均势”是指对立大国或集团之间力量对比未出现一方占有优势的情况。“均势”思想源于古典欧洲政治。在马基雅维利时代，它只是一个被用来描述维持城邦之间和平局面的政治术语。在欧洲民族国家形成之后，尤其是在长期的战争较量中，在一方或几方很难完全将另一方置于死地的情况多次发生后，“均势”概念开始被欧洲政治家和外交家所普遍注意。而以法律条文形式将保持欧洲“均势”写进国际条约，《乌得勒支和约》开创了先例。从这一意义上说，《乌得勒支和约》进一步发展了近代国际法的内容。

西班牙王位继承战争之后，欧洲大陆的均势得到了维护且更加稳固。这是因为，大国受到削弱，小国纷纷崛起，后起的普鲁士也加入列强的行列。《乌得勒支和约》的签订，标志着欧洲形成了新的国际格局。这一和约维持了大国之间的实力均势。

四国同盟战争

（1718—1720）

1718 年 8 月 2 日，英国、法国、荷兰与神圣罗马帝国在伦敦签署了一个共同对抗西班牙的条约，史称《四国同盟条约》。

《四国同盟条约》有两点值得玩味。

一是英国竟与法国结盟了。用 1717 年英国驻法国宫廷公使斯泰尔勋爵的话说，英法是一对“天然、必然的敌人”，现在互为敌人的英法两国变身盟友了，利益使然啊。

二是四国联署签订这个条约的目的，是试图避免在意大利半岛发生新的战争。但是，条约签订后不到 10 天，战争还是发生了，而且就发生在意大利美丽的西西里岛。

西西里岛惹了谁?

西西里岛位于意大利南部，形状类似一个三角形，是地中海面积最大的岛，也是意大利面积最大的省。这里辽阔而富饶，气候温暖，风景秀丽，盛产柑橘、柠檬和油橄榄。由于有着发展农林业的良好自然环境，历史上西西里岛被称为“金盆地”。这里曾经居住过希腊人、古罗马人、拜占庭人、阿拉伯人、诺曼人、施瓦本人、西班牙人等，自带沧桑感的人文景观与迷人的自然风光非常和谐地融为一体。无怪乎著名文学家歌德会发出这样的感叹:“如果不去西西里，就像没有到过意大利，因为在西西里你才能找到意大利的美丽之源。”这是歌德 1787 年 4 月在巴勒莫考察时写下的，巴勒莫是西西里首府。

美丽的西西里岛在地中海商业贸易路线中占据着重要的地位，正因为战略地位重要，所以这里不时燃起战火。如果西西里会说话，它一定会说：我也不知惹了谁，大小战争常伴随。

1718 年秋，西西里又燃起了战火。

是年 8 月，四国同盟要求西班牙从撒丁和西西里撤军，但马德里政府拒绝了这一要求。于是，英国一边向地中海派出一支强大的海军以保护英国的贸易路线，一边将奥地利军队运至西西里。8 月 11 日，在西西里岛南端的帕塞罗角，英国舰队与西班牙舰队开打，四国同盟战争爆发。

从力量对比看，投入帕塞罗角海战的军力西班牙强于英国，西班牙有 11 艘风帆战列舰、13 艘护卫舰、4 艘臼炮船、2 艘火船，以及 7 艘桨帆船，而英国只有 22 艘风帆战列舰。可是，英国舰队的杀伤力更强，不仅击沉了西班牙的 4 艘风帆战列舰，还俘获了 7 艘风帆战列舰。

帕塞罗角海战，英国以少胜多出人意料地打败了西班牙，四国同盟首战告捷。

之后，英国海军抵达西西里第三大城市墨西拿，为神圣罗马帝国的军队提供支援。8 月 24 日至 25 日晚上，西班牙军队进攻驻守在墨西拿城堡的奥地利军。西班牙部署了两支炮兵部队，一支在两座炮台之间，另一支在有一个骑兵营房的海岸炮台上，同时还在炮台下的海滩上部署了四门大炮，用以轰击英国舰队。

9 月 22 日，墨西拿的奥地利守军开始向西班牙军队出击。在交战过程中，奥地利军队死伤惨重，被迫撤退。次日，西班牙的六个炮兵阵地又向城堡开火。西班牙军队是在空旷的山丘上发起进攻的，故遭到了勇敢守军的袭击，伤亡很大。有些大炮因频繁射击或破损或哑火，以至于无法射击。

西班牙军队对墨西拿城堡发动的最后一次攻击是在 9 月 29 日。虽然西班牙的部队有大量伤亡，其中包括 1 名上尉、6 名下级军官、12 名军士和 113 名士兵，但结局却是西班牙获胜，奥地利的肖伯将军同卫戍部队投降。西班牙拿下墨西拿之后，率部参与此战的勒德侯爵留在西西里担任总督。

是年 10 月 15 日，为了解除西班牙军队对奥地利驻西西里军队的围困，奥地利又派出一支部队来到西西里岛的东北岸，与勒德侯爵派遣的西班牙部队对阵，米拉佐战役拉开序幕。令西班牙军队大吃一惊的是，奥地利军队一大早就发起了攻击。在米拉佐战役中，先是西班牙的两个龙骑兵团被奥地利军队击溃，后是奥地利军队被西班牙军队击退。双方都有大量伤亡：奥地利伤亡 1500 人、被俘 300 人，西班牙伤亡 1500 人、被俘 200 人。最终西班牙人守住了墨西拿。

英法接踵攻击西班牙

为了遏制西班牙，法国军队与英国军队在 1719 年接踵进犯西班牙。

1719 年 4 月，法国军队征战西班牙。

率领法国主力部队征战西班牙的是贝里克公爵詹姆斯·菲茨詹姆斯元帅。这位菲茨詹姆斯元帅之前在西班牙王位继承战争中表现非常突出，就是他率领法军攻占巴塞罗那的。现在，菲茨詹姆斯元帅率领两万名士兵越过西班牙边境，于 6 月 18 日占领了翁达里比亚。之后，一路挺进，于 8 月 17 日占领了西班牙西北的历史文化名城圣塞瓦斯蒂安。

8 月 31 日，另一支法国军队占领了塞奥—德乌赫尔和休塔特城堡，俘虏了西班牙指挥官迭戈·德·维拉普拉纳。率领这支 8200 人部队的是马奎斯·博纳斯将军。

到 8 月底，在菲茨詹姆斯元帅的统率下，法国军队占领了西班牙三个巴斯克省份。巴斯克人正式接受占领，并且表示，如果尊重他们的自治权，他们将接受法国政府管辖。

面对法国军队的入侵，西班牙国王费利佩五世开始还击。他迅速集结一些部队，并令卡斯蒂利亚－罗德里戈侯爵皮奥亲王率军前往西班牙北部解围。

当时西班牙的大部分军队驻扎在著名的“奔牛”城市潘普洛纳，接到国王的命令后，一支部队从潘普洛纳开赴翁达里比亚，试图将翁达里比亚从法国军队的包围中解救出来。这时的法军统帅贝里克公爵采取了以守为攻的策略。他避免与来自潘普洛纳的西班牙军队发生冲突，却指挥在比利牛斯山脉的法军进攻加泰罗尼亚。加泰罗尼亚的西班牙军队进行了抵抗，但这种抵抗非常微弱。此外，法国军队还得到了南加泰罗尼亚人和瓦伦西亚人的支持。之后，法国军队占领了翁达里比亚、塞奥—德乌赫尔和圣塞瓦斯蒂安，不久因故撤出。

就在法国军队征战西班牙不久，英国军队也接踵而至。1719 年 9 月，英国远征军直奔西班牙。

统率英国远征军的是科巴姆勋爵，他由詹姆斯·米格尔斯海军上将和约翰·韦德少将辅佐。远征军的英国舰队有 4 艘风帆战列舰和 3 艘护卫舰，外加载有 6000 名士兵的运输船队。

英国远征西班牙的目的是向西班牙证明，四国同盟的盟军可以轻松地沿着西班牙脆弱的海岸线进攻西班牙。英国计划与进攻西班牙东部的法军协调行动，从而迫使西班牙求和。

费利佩五世与其第二任妻子伊莎贝拉·法尔内塞在帕尔马大教堂举行婚礼的场景。费利佩五世（1683 年 12 月 19 日—1746 年 7 月 9 日），法王路易十四之孙，西班牙波旁王朝首位君主（1700 年 11 月 1 日—1724 年 1 月 24 日、1724 年 8 月 31 日—1746 年 7 月 9 日在位）

1719 年 9 月 16 日，英国舰队的“韦茅斯号”和“威斯敏斯特号”袭击了西班牙的港口里瓦德奥，摧毁了那里的防御设施。9 月 21 日，英国远征军离开法尔茅斯，8 天后抵达维哥港。10 月 1 日，英国军队占据了圣塞瓦斯蒂安堡垒城墙下一个极好的位置。10 月 3 日和 4 日，几门攻城炮开始了对圣塞瓦斯蒂安的轰击。10 月 10 日，在一场猛烈的轰击后英军攻克了城堡，西班牙守军投降。西班牙大约有 469 名官兵被俘，另有 300 人死亡或受伤，英军只有 26 人伤亡。

在打扫战场时，英军不仅在军火库里发现了大量的枪支、弹药与火炮，而且还找到了葡萄酒仓库。于是许多英国士兵把葡萄酒当作解渴的饮料畅饮，以至于有不少士兵酒精中毒。为了避免此类事情再次发生，科巴姆勋爵下令，将其余的葡萄酒作为战利品放入运输船带回英国。

10 月 10 日，科巴姆勋爵下令向西班牙内陆进军。4 天后，英军在蓬特韦德拉登陆，只用了 1 天就拿下了蓬特韦德拉，进军西班牙内陆的计划取得了圆满成功。

之后，科巴姆勋爵开始集结军队、清点战利品准备回国。战利品十分丰厚：190 门铁炮、30 门黄铜重炮、1 万支火枪，2000 桶面粉，等等。英国舰队凯旋英格兰，远征军行动迅速且战功赫赫，完全实现了预期目标。英军也有损失，但微不足道（大约 300 人伤亡，其中包括患病与失踪的）。这场战争也让西班牙当局感到震惊，他们意识到，在英法盟军两栖登陆的进攻面前，西班牙的抵抗显得多么无力。

北美争夺战

四国同盟战争的战火也烧到了北美洲，法英两国与西班牙在北美也展开了争夺战。

法国与西班牙在北美的争夺战主要是在佛罗里达、得克萨斯和新墨西哥展开的。

在佛罗里达，法国海军于 1719 年 5 月占领了彭萨科拉。西班牙的哈瓦那舰队开赴彭萨科拉湾，于 8 月夺回了那里的木制堡垒。法国人进行反击，击败了西班牙人，在年底之前再次征服了堡垒。法国人一直占领着彭萨科拉，直到 1720 年战争结束签订《海牙条约》为止。

在得克萨斯，法国人于 1719 年 6 月攻下纳基托什要塞，并继续攻击和摧毁西班牙的殖民据点。西班牙从陆地和海上联合进攻法军在得克萨斯的阵地，并向路易斯安那推进。1720 年签订的《海牙条约》规定：将得克萨斯划给法国。

在新墨西哥，1719 年，在让・巴蒂斯特总督的指挥下，法国军队从路易斯安那出发进军新墨西哥，西班牙抵抗失败。1720 年，西班牙再次对抗法国的殖民地部队，依然遭受失败。

英国方面，1718 年，英国宣布巴哈马群岛为英国的直辖殖民地，并且任命曾是抢掠者之一的罗杰・伍德为总督。

英国与西班牙在北美的争夺战主要是在巴哈马的拿骚展开的。

拿骚是巴哈马群岛上的一座海港城市，距如今的美国迈阿密市 290 千米。现在的拿骚是巴哈马的首都。在 17 世纪 30 年代，拿骚是英国人的一个居民点，1660 年发展成为较大的城镇，当时称查尔斯顿。1690 年，英国人以英国国王威廉三世所在家族姓氏命名查尔斯顿为拿骚。

在四国同盟战争之前，英国人在拿骚修建了堡垒，驻扎了 250 名军士，架设了 50 门火炮，以抵御西班牙人的袭击。拿骚总督也可调遣 1 艘有 32 门炮的旗舰和 1 艘有 24 门炮的护卫舰。

为了争夺拿骚，1720 年 2 月 24 日，英国与西班牙打响了拿骚战役。是日，何塞・科尔内霍指挥由 1200 名士兵组成的西班牙军队进攻拿骚，遭到两艘英国军舰的阻击。由于西班牙军舰吃水太深，不敢冒险进入拿骚港的浅水水域，只能绕过拿骚城。西班牙军队分成三列进攻，但都被英国军队与总督罗杰・伍德组织的民兵击退。之后，西班牙舰队在海湾稍作停留，何塞・科尔内霍便带着部队撤离拿骚，撤出了巴哈马。

《海牙条约》

1719 年 8 月，荷兰正式向西班牙宣战。面对由四个强国组成的反西班牙同盟，西班牙深感无法与处于优势的四国同盟相抗衡。马德里政府意欲结束战争，进行谈判。

然而，四国同盟提出的条件是，在签署和平条约之前西班牙必须解雇红衣主教阿尔贝罗尼。西班牙国王费利佩五世也认为，西班牙这几年连遭挫败，都是阿尔贝罗尼对外政策造成的恶果，现在四国同盟提出了要求，他便顺水推舟，于 1719 年 12 月

5 日解除了阿尔贝罗尼所有的职务，同时要求他在三周内离开西班牙。研究西班牙殖民地史的英国拉美史学家约翰·林奇指出："很少有一场战争会输得这么轰动，也很少有人会这么突然地从幸臣沦为替罪羊。"

1720 年 2 月 17 日，四国同盟迫使西班牙同意他们提出的停战条款，四国同盟战争就此结束。2 月 20 日，四国同盟与西班牙在荷兰海牙签署和平条约，这便是《海牙条约》。

《海牙条约》规定，萨伏依公爵维托里奥·阿梅迪奥二世将西西里岛交给神圣罗马帝国皇帝查理六世，查理六世将撒丁岛交给萨伏依公爵。同样，在西班牙国王费利佩五世绝嗣的情况下，查理六世承认萨伏依家族拥有继承西班牙王位的权利；如果发生这种情况，萨伏依不能同时拥有西班牙和意大利的领土。

查理六世（1685 年 10 月 1 日—1740 年 10 月 20 日），神圣罗马帝国皇帝（1711—1740 年在位），利奥波德一世次子，历经奥土战争、西班牙王位继承战争、四国同盟战争、波兰王位继承战争，死后奥地利王位继承战争爆发

对西班牙王室，《海牙条约》规定，神圣罗马帝国皇帝查理六世承认费利佩五世为西班牙国王。西班牙王后伊莎贝拉·法尔内塞和查理六世都有权继承帕尔马、皮亚琴察和托斯卡纳三个公爵领地。

关于帕尔马与托斯卡纳这两个公国，《海牙条约》规定：将帕尔马与托斯卡纳视为神圣罗马帝国的男性领地，如果这些领地的领主没有男性后裔，则应将其改为由西班牙王后的男性后裔继承；这些领地在任何时候都不能被西班牙国王占有；如果查理六世无法继承，就由西班牙国王的后裔继承，若此，继承这些领地的公爵应当放弃西班牙王位。

对于法国,《海牙条约》承认法国在海外殖民地获得的经济利益。作为交换，法国将彭萨科拉（属今美国佛罗里达州）和三个巴斯克省份（翁达里比亚、塞奥—德乌赫尔和圣塞瓦斯蒂安）归还给西班牙，正式归还的时间是 1722 年 8 月。

对于英国,《海牙条约》承认英国在海外殖民地所获得的经济利益。为换取和平，英国将直布罗陀归还给西班牙。

在《海牙条约》中，西班牙国王费利佩五世被迫放弃在战争中占领的所有领土，同时放弃对意大利的领土要求。作为交换条件，奥地利保证，在帕尔马、皮亚琴察和托斯卡纳三个公爵领地，在公爵绝嗣时由费利佩五世和伊莎贝拉·法尔内塞的长子查理（日后的卡洛斯三世）继承。

《海牙条约》规定：萨伏依公爵维托里奥·阿梅迪奥二世将西西里岛换成不太重要的撒丁岛。1720 年 8 月 4 日，萨伏依西西里总督圣雷米的菲利普·古列尔莫乘坐一艘英国船只来到新获得的撒丁岛。一位英国军官曾对他说:“对于拥有撒丁岛的君主来说，除了给他国王的头衔之外，几乎没有任何其他的好处。”虽然它不太重要，但一个半世纪后它在意大利的统一中发挥了核心作用。

《海牙条约》的另一条款规定，哈布斯堡王朝拥有西西里岛，但必须放弃对西班牙王位的要求。

西班牙国王费利佩五世在《海牙条约》签署两个月后，从撒丁岛和西西里岛撤军，放弃了索取对现在由查理六世统治的前西属尼德兰的任何权利，并重申放弃法国王位的继承权。

波兰王位继承战争

（1733—1738）

从16世纪起，波兰王国就是一个实行贵族民主制的国家，国王由国会选举产生。国会由于拥有选举国王的权力，因而成为大贵族争权夺利的工具。大北方战争（1700—1721年）后，波兰的国力受到削弱，外国军队不断侵占波兰的领土。沙皇俄国、神圣罗马帝国、法国、瑞典都想把波兰变成自己的势力范围。为了实现这样的图谋，这几个国家总是操控着波兰国王的选举，以便把波兰国王变成自己国家在波兰的代理人。

这不，波兰国王奥古斯特二世驾崩，王位继承问题一下就引起了国际纷争。面对空悬的王位，波兰贵族分成两派推举自己的国王，欧洲列强则武力干涉波兰的国王选举事务，强力扶植自己的代理人。一时间，不可调和的矛盾演变为一场王位继承战争。

谁来做国王

对波兰人来说，1733年2月1日是一个不祥的日子——这一天，国王奥古斯特二世在华沙驾崩了。随着国王的驾崩，波兰这个国家也开始分崩离析。

奥古斯特二世在位期间，曾经密谋将波兰通过竞选产生国王的做法改为王位世袭，以便把王位传给自己的子孙。但这件事只是密谋而已，始终未能做成。现在，奥古斯特二世驾鹤西去，波兰一部分贵族在俄国和奥地利的支持下，企图选举奥古

斯坦尼斯瓦夫·莱什钦斯基（1677 年 10 月 20 日—1766 年 2 月 23 日），又称斯坦尼斯瓦夫一世，波兰立陶宛王国国王（1704—1709 年在位）。1733 年，奥古斯特二世去世后，法、西支持其复位，俄、奥反对，波兰王位继承战争爆发。战争失败后莱什钦斯基于 1736 年宣布退位

斯特二世的儿子萨克森选帝侯弗里德里克·奥古斯特为波兰国王。这部分贵族还决定，把波兰的属地库尔兰送给俄国女皇安娜·伊万诺芙娜的宠臣比伦，以酬谢俄国对他们的支持。

但是，波兰多数贵族反对奥古斯特二世的儿子继位，而是一致推举斯坦尼斯瓦夫·莱什钦斯基（又称斯坦尼斯瓦夫一世）继续做国王。莱什钦斯基于 1704—1709 年做过波兰立陶宛王国国王。现在，奥古斯特二世逝世，王位虚悬，波兰多数贵族支持斯坦尼斯瓦夫一世重新登基。

莱什钦斯基得到了法国的大力支持。莱什钦斯基是法国国王路易十五的岳父，路易十五支持岳父莱什钦斯基做波兰国王，是希望恢复法国和波兰这个传统盟友的关系，以求平衡俄国与奥地利在东欧和北欧的势力。

由于得到多数贵族的拥戴，1733 年 9 月 12 日，莱什钦斯基以绝对多数票当选波兰国王。这样，如愿以偿的莱什钦斯基离开住了八年的香波城堡直奔华沙。虽然车马劳顿一天一夜，但一想到又要登上国王宝座，莱什钦斯基依然喜形于色。9 月 14 日，斯坦尼斯瓦夫·莱什钦斯基第二次加冕为波兰国王。

可是，那些推举奥古斯特二世之子弗里德里克·奥古斯特为国王的贵族，强烈反对莱什钦斯基复位。他们拿起武器，要与推举莱什钦斯基做国王的贵族们决一死战。

波兰反莱什钦斯基的贵族们得到了俄罗斯帝国女皇安娜·伊万诺芙娜、神圣罗马帝国皇帝查理六世和普鲁士国王腓特烈·威廉一世的支持，这几个国家联合起来干涉波兰国王选举事务，支持奥古斯特二世之子弗里德里克继承波兰王位。

就这样，波兰国内的王位争夺战迅速演变成为欧洲列强之间的战争。以法国、西

该图描绘的是波兰贵族在平原上集会选举波兰国王的场景。16 世纪起，波兰实行贵族民主制，贵族控制着议会，拥有选举国王的政治权力

班牙为一方，以俄罗斯、奥地利为另一方，欧洲列强为了各自的利益在波兰展开厮杀，波兰王位继承战争正式爆发。

从华沙打到但泽

1733 年 10 月初，俄国女皇安娜·伊万诺芙娜钦点陆军元帅彼得·彼得罗维奇·拉西率领俄国军队进军波兰。俄军长驱直入，迅速占领了华沙。

1733年10月5日，俄军强迫波兰国会选举弗里德里克·奥古斯特为波兰国王。波兰历史学家耶日·卢克瓦斯基与赫伯特·扎瓦德斯基在他们合著的《波兰史》里写道:“1733年12月，受俄国军队保护的4000名贵族，选举他（弗里德里克·奥古斯特）成为波兰国王奥古斯特三世。俄国的武装保证了他的当选。”在奥古斯特二世驾崩10个月之后，萨克森选帝侯弗里德里克·奥古斯特登上了波兰王位，称奥古斯特三世。

奥古斯特三世继位后，斯坦尼斯瓦夫·莱什钦斯基被迫离开王宫。眼看华沙成了奥古斯特三世及其支持者的天下，莱什钦斯基只好逃亡到但泽（今波兰的格但斯克）。

但泽位于波罗的海南岸，是波兰北部沿海地区最大的城市和最重要的海港，也是波美拉尼亚省的省会城市。莱什钦斯基之所以从华沙来到但泽，就是要以这座重要的城市作为他积聚力量东山再起的基地。包括大主教、法国与瑞典的外交使节等他的支持者们，也随他一同来到但泽。

然而，莱什钦斯基没过几天安稳日子，俄国与萨克森联合军队就打到但泽来了。

彼得·彼得罗维奇·拉西元帅率领两万俄罗斯军队和博克哈德·克里斯托弗·冯·慕尼黑元帅率领萨克森选帝侯的军队联合进攻但泽。莱什钦斯基指挥他的军队挖掘战壕进行防卫，等待法国援军的到来。莱什钦斯基的支持者们也投入了但泽保卫战。

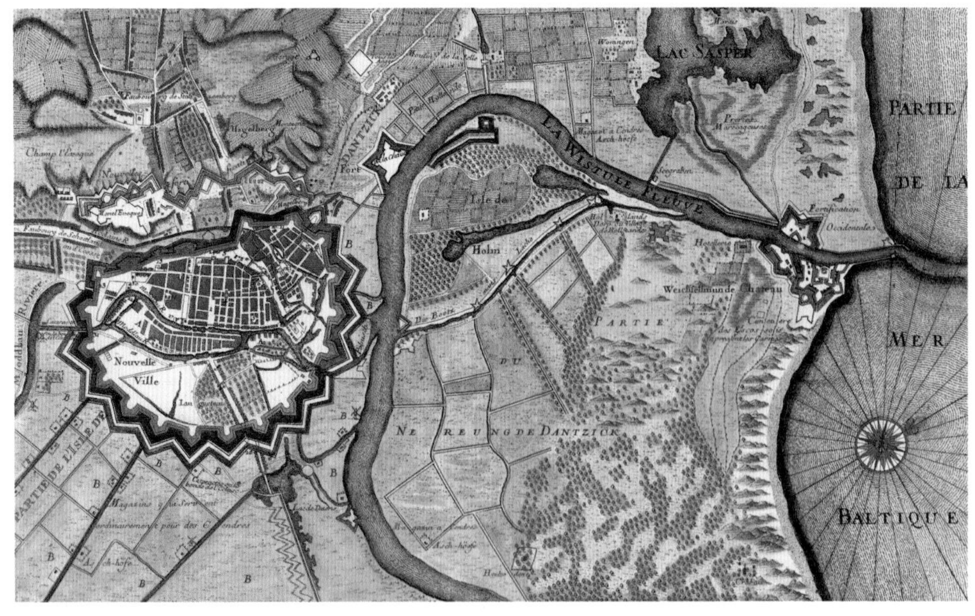

但泽及其周边地区地图。莱什钦斯基于波兰王位继承战争期间在此避难，并被围困于此

1734 年 2 月 22 日，俄国—萨克森联军开始围困但泽。莱什钦斯基面临着敌强我弱的危险境地，他把希望寄托在女婿法王路易十五身上，眼巴巴地盼着法国援军的到来。

奥古斯特三世（1696 年 10 月 17 日—1763 年 10 月 5 日），是 1733—1763 年的波兰立陶宛王国国王，是奥古斯特二世唯一的合法后代。1733 年，波兰王位继承战争爆发，俄、奥支持其继位，法、西反对。1734 年被加冕，1736 年被公认为国王

5 月 20 日，法军舰队终于到达波兰。这支舰队由三艘战列舰、两艘巡防舰组成，两艘巡防舰中，另一艘是装有 60 门火炮的“花环号”，一艘是装有 46 门火炮的“光荣号”。舰队来到位于波兰最大河流维斯瓦河支流入海口处的维斯特布拉德半岛，2400 名法军从这里登岸前往但泽，为的是把莱什钦斯基从俄萨联军的围困中解救出来。

这是法国军队第一次与俄国军队在战场上兵戎相见。起初，法国军队勇敢地尝试向俄军阵地发起猛攻。可是，在拥有两万兵力的俄军面前，只有 2400 名士兵的法军无疑太弱小了。法军惨遭失败，1500 人战死沙场。

无可奈何花落去。见大势已去，莱什钦斯基觉得留在但泽十分危险。于是，他伪装成农夫，偷偷地从但泽逃离。莱什钦斯基这位波兰立陶宛王国的废王，就这样离开波兰，流亡法国投靠了女婿法国国王路易十五。

莱什钦斯基离开两天后，也就是 1734 年 6 月 30 日，被俄国—萨克森联军围困 130 多天的但泽，不得不无条件投降。

后来，波兰国内支持莱什钦斯基的贵族们组成了一个吉科夫联邦，并在亚当·塔尔沃的指挥下与俄国—萨克森联军交战，但最终也以失败告终。在俄国与奥地利的支持下，奥古斯特三世稳稳地坐在了波兰国王的宝座上。

1736年，逃亡法国的莱什钦斯基来到华沙，正式签署逊位诏书。随后，国王奥古斯特三世颁发了对莱什钦斯基的特赦令。

中南欧战场的较量

俄国—萨克森联军从华沙打到但泽，直打得但泽投降、莱什钦斯基流亡、奥古斯特三世当上波兰国王。但这并不意味着波兰王位继承战争就此结束。此后几年，这场战争波及中欧和南欧。在中欧的莱茵河战场、南欧的意大利北部战场与南部战场，法国与西班牙一同与奥地利进行着激烈的较量。

法国国王路易十五没能让岳父莱什钦斯基重登波兰王位，心有不甘。首席大臣弗勒里禀告国王："陛下，我们还可以利用波兰王位继承战争办好另一件大事。"

路易十五对弗勒里说："爱卿，朕愿闻其详。"

弗勒里说："陛下，我们可以向俄国的同盟军奥地利开战，夺取洛林公国，阻止奥地利的扩张。"

路易十五早就渴望得到洛林这块宝地，于是，法国便对奥地利宣战了。

当路易十五举起向奥地利开战的大旗后，西班牙国王费利佩五世立马加入了路易十五的阵营。费利佩五世之所以这么做，是因为他特别想让自己的两个儿子都能得到奥地利在意大利的领地。他特别想让身为帕尔马公爵的长子唐·卡洛斯得到曼托瓦公国，有可能的话，更希望能得到托斯卡纳大公国。同时，他特别想让次子唐·费利佩能够得到那不勒斯和西西里这两个王国。

与此同时，萨伏依的卡洛·埃马努埃莱三世也来到了路易十五的旗下。萨伏依为什么也加入了法国与西班牙这两个波旁王朝统治国家的阵营？当然也是出于利益的需要，埃马努埃莱三世是想利用对奥地利的战争，得到奥地利的米兰公国。

面对来自法国、西班牙与萨伏依三个方面的压力，奥地利开始寻求国际支持。俄国和萨克森由于仍然忙于应付波兰的战事，自然无暇顾及奥地利。那些巴伐利亚和其他德意志的中型邦国，它们都与法国结了盟，既然是法国的盟友，当然不可能支持奥地利。奥地利便希望得到英国和荷兰的支持。但是，这时候的英国政府与荷兰政府都深受英国首相罗伯特·沃波尔的影响，他们决定采取中立政策，这令奥地利大失所望。最后，决定支持奥地利的只有汉诺威王国。而汉诺威王国之所以支持奥地利，也是因为国王乔治二世要维持自己在神圣罗马帝国汉诺威选帝侯的身份。

1734 年，奥地利与法国分别在莱茵河战场和意大利战场展开了较量。

在莱茵河战场上，作为神圣罗马帝国陆军元帅的欧根亲王，率领奥地利军队与法国军队作战。法国军队的统帅是贝里克公爵詹姆斯·菲茨詹姆斯元帅。这一年，欧根亲王 71 岁，贝里克公爵菲茨詹姆斯 64 岁。两位老帅都已年迈，可是仍然在带兵打仗。

是年 6 月，一生为法兰西而战的菲茨詹姆斯元帅，指挥法国军队包围了神圣罗马帝国军队守卫的菲利普斯堡。不幸的是，老元帅在视察战壕时被炮弹击中，这位被温斯顿·丘吉尔称赞为“闻名于世的勇士贝里克公爵”就这样魂归疆场。法国军队没有因为老元帅的牺牲而乱了阵脚，依然英勇作战。尽管欧根亲王指挥奥地利军队试图为菲利普斯堡解围，但法军还是在 6 月 20 日攻占了菲利普斯堡。欧根亲王没能在莱茵

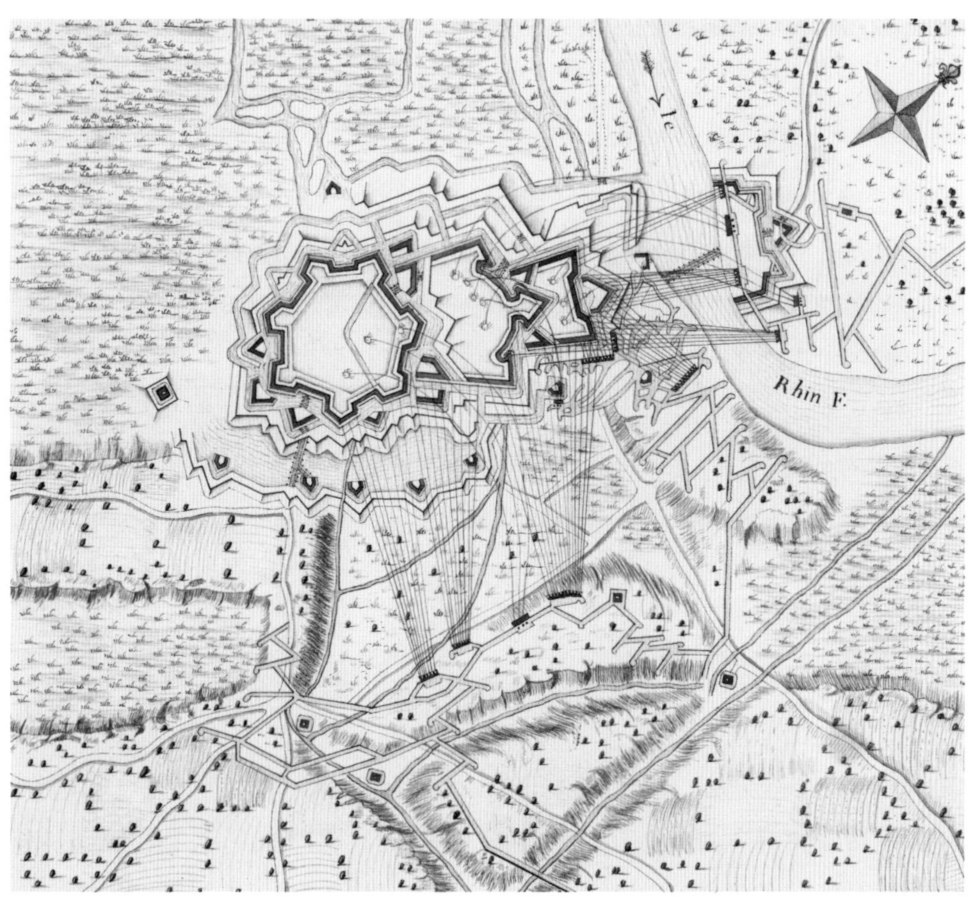

菲利普斯堡围城战地图。波兰王位继承战争期间，法国军队对位于莱茵河谷的菲利普斯堡要塞进行了围困，并最终占领了该要塞

1734 年 6 月 23 日，法军围攻莱茵河畔的菲利普斯堡，法军统帅贝里克公爵詹姆斯·菲茨詹姆斯元帅被欧根亲王统率的奥军的炮弹击中身亡

河战场上战胜法军。之后，欧根亲王回到维也纳。1736 年 4 月 21 日，作为奥地利乃至欧洲历史上杰出的军事统帅之一的欧根亲王，在睡梦中安然逝世。

法军在莱茵河战场取得大胜，他们不仅占领了莱茵河右岸菲利普斯堡的要塞，而且夺得了洛林公国。

在意大利，奥地利军队也是败多胜少。在北部，1734 年 6 月，奥军取得了圣比亚切奥战役的小胜。可是，在同年 9 月的瓜斯塔拉战役，法国及其盟军取得大胜。在南部，西班牙军队与奥地利军队再度交锋，西军轻而易举地取胜，奥军惨败。1734 年 5 月，西班牙征服了那不勒斯和西西里两个王国。

《维也纳和约》

在遭受了莱茵河战场、意大利北部与南部战场的惨败后，奥地利已经无心也无力再战了。法国虽然取得了对奥地利战争的胜利，但法国担心俄国会派军队增援其盟友奥地利。经过对战争走向的研判，奥地利与法国都希望停止战争，坐下来进行和平谈判。

于是，1735 年 10 月 3 日，以奥地利为一方，以法国、西班牙和撒丁为另一方，双方在维也纳进行谈判，共同订立了一个预备和约。1736年5月15日，俄国同意了预备和约的条件。后来，经过继续商谈，1738年11月18日，奥地利与法国等国在《维也纳和约》上签字。1739年5月，俄国对《维也纳和约》予以承认。波兰王位继承战争宣告结束。

《维也纳和约》正式确认了萨克森选帝侯，即奥古斯特三世为波兰国王；同时也确定，斯坦尼斯瓦夫·莱什钦斯基退位，但终身保留波兰国王称号，并拥有洛林和巴尔两公国，在他离世后，这两个公国归还给法国。

根据《维也纳和约》，神圣罗马帝国皇帝查理六世的女儿玛丽亚·特蕾莎的丈夫——洛林公爵弗兰茨·斯蒂芬取得托斯卡纳作为补偿，并将得到帕尔马和皮亚琴察；西班牙波旁王室的一个支系唐·卡洛斯亲王则得到那不勒斯和西西里地区；原属奥地利的米兰公国的一部分（诺瓦拉、托尔托纳周围的边境地区）划给撒丁王国。

《维也纳和约》的签订，一是确认了萨克森选帝侯，即奥古斯特三世为波兰国王，表明俄国取得了军事和外交上的胜利；二是使法国通过合并洛林完成了领土扩张；三是大大削弱了奥地利在意大利的地位。人们发现，在这场波兰王位继承战争中，俄国与法国都是胜利者，奥地利则是失败者。

奥地利王位继承战争

（1740—1748）

1717年5月13日，在这个看似平凡的日子里，音乐之都维也纳诞生了一位注定有着不平凡人生的小公主。这位公主很小的时候就被父王许配给俄国沙皇彼得一世唯一的孙子彼得二世，由于彼得二世于1730年早夭，她摆脱了远嫁国外的命运。后来，父王答应了女儿的要求，公主如愿以偿嫁给了心爱的表哥洛林公爵弗兰茨·斯蒂芬。再后来，23岁的公主当上了奥地利大公（兼任匈牙利女王和波希米亚女王）。凭着非凡的个人魅力和才能，她使古老的哈布斯堡王朝焕发了新的活力，并奠定了奥地利大公国成为现代国家奥地利帝国的基础。她，就是神圣罗马帝国皇帝查理六世的长女玛丽亚·特蕾莎。

长女继位引爆战争

依照哈布斯堡家族的宗室继承法，女性无王位继承权。查理六世担心身后哈布斯堡家族的领地被瓜分，遂于1713年4月19日立下《国事诏书》，规定：哈布斯堡家族所属各邦都是不可分离、不可分割的。倘若哈布斯堡家族没有男性后嗣，领地可由他的女儿继承；倘若他既无子又无女时，领地可由约瑟夫一世（查理六世的哥哥）的女儿及其后代继承。

1716年4月13日，查理六世喜得贵子，名为利奥波德·约翰。不幸的是，利奥

玛丽亚·特蕾莎（1717 年 5 月 13 日—1780 年 11 月 29 日），奥地利大公（1740 年 10 月 20 日—1780 年 11 月 29 日在位）、匈牙利女王和波希米亚女王，神圣罗马帝国皇帝查理六世之女，神圣罗马帝国皇帝弗兰茨一世的妻子。弗兰茨一世（1708 年 12 月 8 日—1765 年 8 月 18 日），全名弗兰茨·斯蒂芬，神圣罗马帝国皇帝（1745 年 9 月 13 日—1765 年 8 月 18 日）、托斯卡纳大公

波德·约翰在当年 11 月 4 日就夭折了。1717 年和 1718 年，皇后先后诞下两位公主，长女名为玛丽亚·特蕾莎，次女名为玛丽亚·安娜。这样，查理六世遂于 1720 年公布了《国事诏书》，意在昭示国人：其长女玛丽亚·特蕾莎有权承袭奥地利君主国领地。这一年，玛丽亚·特蕾莎 3 岁。

《国事诏书》先后在哈布斯堡家族各领地议会中获得批准，当时并获得了俄国、西班牙、英国、法国、普鲁士、荷兰、丹麦、撒丁王国等欧洲主要国家的承认，以及神圣罗马帝国约瑟夫一世的女婿萨克森选帝侯和巴伐利亚选帝侯的承认。

对于查理六世来说，儿子早夭，失去男性后嗣，实在令他痛心伤神。好在长女玛丽亚·特蕾莎天资聪敏，能力过人，这让查理六世感到十分欣慰。

玛丽亚·特蕾莎的确才情出众。她受过系统而又良好的宫廷教育，研习过世界史和宗教史，能讲一口流利的德语、法语、意大利语、匈牙利语、捷克语和拉丁语。她能歌善舞，又擅长骑术，可谓秀外慧中。

1740 年 10 月 20 日，奥地利大公兼神圣罗马帝国皇帝查理六世驾崩。根据《国事诏书》，23 岁的玛丽亚·特蕾莎继承奥地利大公之位，成为奥地利首位女大公。登基当天，特蕾莎郑重表示，虽然她只是一位女子，却有一颗王者的心，她有信心在各位大臣的帮助下保持奥地利君主国的完整。

本来，玛丽亚·特蕾莎继承奥地利大公之位，完全是遵照先王遗诏行事。但当玛丽亚·特蕾莎即位之后，欧洲一些列强拒不承认《国事诏书》。在普鲁士国王腓特烈二世的策划下，法国、巴伐利亚、萨克森、西班牙等国拒绝承认玛丽亚·特蕾莎继任奥地利大公，并推举利奥波德一世的孙子、约瑟夫一世的女婿——巴伐利亚选帝侯卡尔·阿尔布雷希特为哈布斯堡王朝王位的继承人。

查理六世在世时，萨克森选帝侯和巴伐利亚选帝侯以及普鲁士、法国、西班牙等国对《国事诏书》都表示过承认的，为何现在他们又拒不承认了呢？原因就在于这些国家早就企图瓜分哈布斯堡君主国的领地。

奥地利历史学家埃里希·策尔纳在《奥地利史：从开端至现代》里这样写道："巴伐利亚、萨克森和西班牙一齐向这个哈布斯堡君主国进攻，在广泛的协议中已经预定要将它瓜分，最大部分分给巴伐利亚选帝侯，其中包括波希米亚、上奥地利、蒂罗尔和前奥地利。萨克森可以取得摩拉维亚和西里西亚的一部分。法国想获得尼德兰，而西班牙则想取得哈布斯堡在意大利的属地。"由此可见，列强早已对奥地利虎视眈眈。现在，奥地利大公兼神圣罗马帝国皇帝查理六世去世，列强见机会来了，便发动了奥地利王位继承战争。

西里西亚狼烟四起

普鲁士国王腓特烈二世（又称弗里德里希二世）写过一本书，书名为《我这个时代的历史》。他在书中写道："奥地利在 1739 年与土耳其人签订和约之后，它的军队处于完全失调的状态……（奥地利军）既元气大伤又士气不振。"也就是说，查理六世去世前的那一年，奥地利的国势已经衰落了。奥地利的虚弱不振，给了普鲁士等欧洲列强进攻奥地利以可乘之机。

说起来，腓特烈二世是玛丽亚·特蕾莎的表哥。1740 年 5 月登基的普鲁士新国王腓特烈二世，曾经向查理六世承诺，他会保护特蕾莎表妹。可是特蕾莎的父王去世不到两个月，腓特烈二世便派遣特使来到维也纳，向特蕾莎这位奥地利大公传话，如果她肯承认腓特烈对西里西亚部分领土拥有主权的话，他就愿意保护她。西里西亚是奥地利一个富庶的省份，从 1526 年起，它随着波希米亚王国归属奥地利哈布斯堡王朝统治。

其实，腓特烈二世料到特蕾莎会拒绝他的要求。在特使抵达维也纳的前两天，也就是 1740 年 12 月 23 日，腓特烈二世就派遣了一支 3 万人的军队，越过边界进入西里西亚。特蕾莎一拒绝腓特烈二世的领土要求，普鲁士军队便向奥地利开战了。第一次西里西亚战争（1740—1742 年）就此展开。

西里西亚狼烟四起，战火蔓延奥地利。可是，这时的奥地利并没做好迎战普鲁士军队的准备，普军没费多大力气就在西里西亚长驱直入。1741 年 1 月 3 日，普鲁士军队占领了下西里西亚的首府布勒斯劳（现波兰西南部的弗罗茨瓦夫）。

为了阻止普鲁士军队的进攻，玛丽亚·特蕾莎命令菲利普·冯·奈佩尔格元帅在摩拉维亚召集一支军队，迅速开进西里西亚。

1741 年 4 月 10 日，奈佩尔格元帅率军开进了下西里西亚，在布勒斯劳东南的马尔维茨，同腓特烈二世驻扎在西里西亚的主力兵戎相见。

两军对阵，奥军以 8600 名骑兵迎战普军 4000 名骑兵，步兵的数量差不多（奥军与普军分别是 1.1 万人与 1.6 万人），不过普军拥有 60 门大炮，奥军只有 18 门。从实力看，两军各有所长，但是奥地利的军队被普鲁士的军队打败了。

得知奥地利军队败给普鲁士军队这一消息时，玛丽亚·特蕾莎正在坐月子。她拖着虚弱的身体为虚弱的国家寻求强国的援助。

她首先向英国求助。可是，当时英国正在和西班牙进行詹金斯的耳朵战争（1739—1748 年）。虽然英国需要一个强大的奥地利来牵制法国，但当时的英国国王乔治二世却又不想向他的外甥腓特烈二世宣战。乔治二世答应援助奥地利 30 万英镑，不过希望特蕾莎把下西里西亚送给腓特烈二世作为和平的代价。腓特烈二世愿意接受英国的调停，但特蕾莎很干脆地拒绝了。

她向波兰、萨伏依和荷兰求助。虽然这几个国家都答应派兵援助奥地利，但他们派兵的过程极为缓慢，根本没有帮上忙。

就在奥地利几乎陷入孤立无援境地的时候，奥地利大公特蕾莎想到了匈牙利。

从 1699 年起，匈牙利就处于奥地利哈布斯堡王朝统治之下。特蕾莎决定，亲自去一趟匈牙利。

1741 年 9 月 11 日，特蕾莎穿着匈牙利的民族盛装，出现在匈牙利王国的国会大厅。她用匈牙利语向匈牙利的诸侯们发表演说，诉说苦衷。她说，奥地利遭到了友邦的遗弃，事到如今，她的荣誉和王座要仰仗匈牙利侠肝义胆的骑士们扶助。特蕾莎的美貌和泪水打动了匈牙利的大贵族，贵族们群情激奋，他们高呼："让我们为女王而战！"

在特蕾莎的感召下，匈牙利组织起军队增援奥地利。

奥地利女大公把从意大利召回的一万军队连同匈牙利军团，都交给了路德维希·安德烈亚斯·克芬许勒伯爵率领。克芬许勒伯爵曾在伟大的欧根亲王手下学习过兵法，足智多谋，作战积极主动，指挥果断有方。这时，克芬许勒伯爵已是神圣罗马

1741 年，玛丽亚·特蕾莎在匈牙利王国普雷斯堡被加冕为匈牙利国王

帝国的陆军元帅了。由于统帅得力，这支军队快速突入巴伐利亚。1742 年 2 月 12 日，克芬许勒元帅率军攻克了巴伐利亚首府慕尼黑。这样一来，就把反奥同盟军截为两部分，一举扭转了战局。

然而，还没等特蕾莎高兴几天，腓特烈二世再次发动了进攻。这次他率军穿越摩拉维亚进入下奥地利。由于匈牙利轻骑兵切断了腓特烈二世与西里西亚的联系，腓特烈二世便率军掉头进入波希米亚。

1742 年 5 月 17 日，在波希米亚的查图西茨镇附近，腓特烈二世的后卫部队遭到了洛林亲王查理·亚历山大率领的奥地利野战部队的袭击。年方 30 岁的亚历山大亲王是特蕾莎女王的妹夫，既聪明又勇敢，但在战术方面仍然逊色于腓特烈二世。查图西茨一战，奥地利军队还是失败了。

年轻的奥地利女大公实在无法同时应对来自四面八方的敌军。在英国国务大臣约翰·卡特雷的劝告下，玛丽亚·特蕾莎与腓特烈二世签订和约，把大部分的西里西亚割让给普鲁士，由此结束了第一次西里西亚战争。

匈牙利士兵向匈牙利女王玛丽亚·特蕾莎宣誓效忠的场景。匈牙利人在奥地利王位继承战争中为匈牙利女王，同时也是奥地利大公的玛丽亚·特蕾莎而战

“德绍老头”元帅

奥地利割让大部分的西里西亚给普鲁士，这是特蕾莎的权宜之计。作为奥地利大公，特蕾莎做梦都想收复西里西亚。这一点腓特烈二世心里也是很清楚的，所以他对所夺占的奥地利领土有一种不安全感。

1744 年 8 月 15 日，腓特烈二世发动了第二次西里西亚战争。在第二次西里西亚战争中，人称“德绍老头”的普鲁士元帅德绍亲王威震四方。

在凯撒斯多夫会战中，“德绍老头”元帅充分显示了军事指挥才能，他率领普鲁士军队一举夺得会战的胜利。而在凯撒斯多夫会战之前，普鲁士无论是在政治上还是军事上都遭遇过失败。

第二次西里西亚战争之初，普鲁士八万大军开到波希米亚首府布拉格，经过近半个月的围城战后，布拉格守军投降。不过没多久，前来援助奥地利的匈牙利军队与

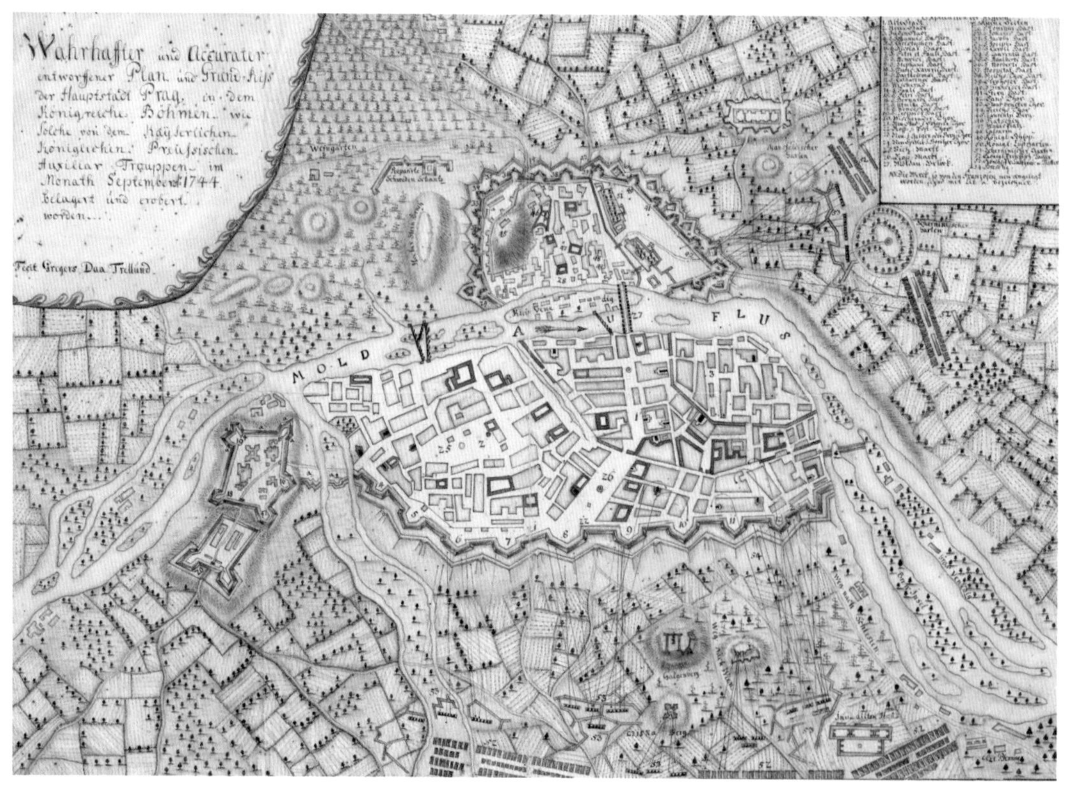

布拉格及其周边地区地图。该地图展现了奥地利王位继承战争期间，腓特烈二世 1744 年率领普鲁士军队围攻这座城市的场景

洛林亲王的军队联合作战，切断了普鲁士军队与西里西亚之间的交通线。腓特烈二世不得不放弃布拉格，转而向北撤军。

1745年1月8日，英国、荷兰和波兰—萨克森的代表来到华沙，与奥地利君主国签订同盟条约，要求签约国恢复1739年的边界，以此方式否认了普鲁士占领西里西亚的合法性。

1745年10月4日，德意志多数选帝侯承认了玛丽亚·特蕾莎的王位继承权，并选举她的丈夫弗兰茨·斯蒂芬为神圣罗马帝国皇帝，称弗兰茨一世，普鲁士国王腓特烈二世也予以承认。

这时候，“德绍老头”元帅帮助腓特烈二世扭转了战局。

德绍元帅本名为安哈尔特－德绍的利奥波德，也称安哈尔特－利奥波德亲王，绰号“德绍老头”。德绍亲王少年参军，17岁时便晋升为军团上校。之后，他作为普鲁士军队在佛兰德斯（西欧历史地名，大体位于比利时及比、法、荷交界地区）与莱茵河战线军团的主帅，参与了围攻凯撒斯韦特及芬洛。1703年，27岁的德绍亲王晋

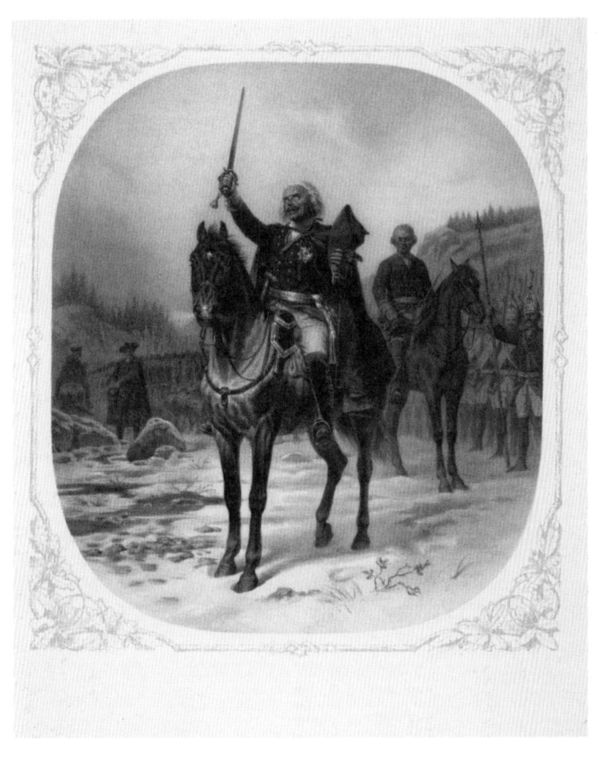

德绍元帅，即利奥波德二世·马克西米利安（1700年12月25日—1751年12月16日），普鲁士元帅，也称安哈尔特－德绍亲王，为安哈尔特－德绍亲王利奥波德一世的儿子。他是普鲁士国王腓特烈二世手下最有军事才能的将领之一

升为中将。他曾追随神圣罗马帝国大元帅欧根亲王，在都灵围城战中率先进入敌军战壕，把法军打得大败，成为欧根亲王手下最得力的将领之一。1709年，他率领普鲁士军队攻入法国，战功卓著。1712年，36岁的德绍亲王晋升为元帅。

在腓特烈·威廉一世（1713—1740年在位）的支持下，德绍元帅用近乎野蛮的棍棒管理体制，用25年时间严格训练军队，使得普鲁士步兵拥有了当时最快的射击速度和最严格的纪律。以严格治军著称的德绍元帅，锻造出了一支强悍的普鲁士军队。以至于欧根亲王也发出感叹："奥地利的北部正崛起一个比法国和奥斯曼帝国更可怕的敌人（普鲁士）。"正因为有这么一支训练有素、战斗力强的军队，后来腓特烈二世才能取得一系列战争的胜利。

1745年11月，奥地利—萨克森联军3.1万人从波希米亚出发，撇开北面西里西亚的腓特烈二世，向西北方向越过萨克森，直接攻击普鲁士的勃兰登堡本土。这次，德绍元帅亲自出马，率领留守本土的2.5万名普鲁士军队，上溯易北河，迎击奥军。普鲁士军队与奥地利军队在凯撒斯多夫展开了决战。

12月15日，德绍元帅率军攻入萨克森。本来，在普鲁士军队中德绍元帅就德高望重，是军队的精神领袖。现在，看到69岁的老元帅依然亲临战场指挥作战，将士们深受鼓舞，士气更加高昂。普鲁士军队势不可当，打得奥地利—萨克森联军节节败退。凯撒斯多夫会战，普鲁士军队以少胜多赢得了最后的胜利。这一胜利，彻底打消了奥地利和萨克森继续与普鲁士为敌的信心。

在衡量得失之后，奥地利与萨克森选择了和谈。1745年圣诞日，奥地利同萨克森一道与普鲁士签订了《德累斯顿和约》。奥地利以割让西里西亚全境给普鲁士为代价，换取普鲁士承认玛丽亚·特蕾莎为奥地利大公，同时承认弗兰茨·斯蒂芬为神圣罗马帝国皇帝，第二次西里西亚战争宣告结束。

此后的两三年里，虽然还有法国同奥地利与英国的战争冲突、法国与西班牙为了意大利的统治权与奥地利和撒丁作战，但都是小打小闹，没有改变奥地利王位继承战争的发展趋势——停战议和。

1748年4月，法国与英、奥议和，11月签订《亚琛和约》，奥地利王位继承战争至此落下帷幕。

一场独具特色的战争

奥地利王位继承战争是一场独具特色的战争。

一是消耗战的特色非常明显。

所谓消耗战，指的是一种逐渐消耗敌人战斗力的作战方式，也可以说是一种敌对双方得失相当或得不偿失的作战方式。相对于歼灭战而言，消耗战不是以歼灭敌人的有生力量为目的，而是在战争过程中不断削弱敌人的力量，稳步夺占要塞或省份，以便最后战胜敌人。欧洲18世纪的战争在战略思想上反映出的主要特点之一便是打消耗战，而在奥地利王位继承战争中消耗战的特色非常明显。

身穿军服的腓特烈二世检阅从战场上凯旋的普鲁士军队的场景。腓特烈二世（1712年1月24日—1786年8月17日），又称作弗里德里希二世，后世尊称腓特烈大帝，是霍亨索伦王朝第三位普鲁士国王（1740年5月31日—1786年8月17日在位），军事家、政治家、作家和作曲家

纵观奥地利王位继承战争，作战双方都只局限于将敌人击溃或击退，并不追求快速歼灭敌人。从作战指导思想上看，交战双方尽量避免流血的决定性会战，而是以高超的计谋战和对敌后勤补给的破坏，阻断敌人的粮草供应，迫使敌人不战而退。在长达8年的奥地利王位继承战争中，只进行过两次大规模的交战，即查图西茨会战与凯撒斯多夫会战，很多时候都是在打消耗战。

二是纵队战术取代了线式战术。

线式战术也称排枪战术，是17世纪欧洲国家军队的作战方式，沿用到18世纪前期。所谓线式战术，就是将军队沿战场正面平均配置，展开成二至三线。各线相距50～200步，每线又分为3～6列。在这种战斗队列中，把步兵安置在中间，把骑兵安置在两翼，同时将火炮配置在队列的两翼或各线之间。作战时，火炮先行远射，步兵在炮火的支援下以缓慢的步伐（每分钟75步）整齐前进。在距敌人150～200米时，最前列步兵进行齐射，然后后退装填弹药，第二列再行齐射，如此交替射击。最后，一起转入冲击。分列在两翼的骑兵，找准时机迂回突击。线式战术在战术史上标志着单纯冲击作为基本战术手段的结束，从此，火力和冲击开始结合起来使用。欧洲三十年战争时期（1618—1648年），线式战术在瑞典军队中形成，然后被欧洲国家的军队普遍采用。

从军事学的角度看，当时的线式战术非常便于指挥，能使士兵在战斗中保持整齐的战斗队形，有秩序地进行射击。这样既提高了射击武器的效果，也发挥了步兵火力的作用。但是，由于一线、二线乃至三线士兵的位置都是固定的，致使战斗队形有些呆板，不够灵活，只适合在开阔地带的平坦地形上作战。而且，线式战术难以随战场形势的变化来变换战斗队形，机动性差。此外，采用这种战术，部队的两翼比较薄弱，易被敌方突破。

在奥地利王位继承战争中，普鲁士国王腓特烈二世发现，采用线式战术存在军队运转不灵、部队难以进行机动作战的问题。在1741年4月的马尔维茨战役中，普鲁士军队就因为在将线式队形进行转换的过程中贻误了战机，差点导致失败。于是，在后面的战役中，普鲁士军队尝试运用新的战术，那就是纵队战术。

所谓纵队战术，是一种运用纵队队形进行战斗的作战方式。运用纵队战术时，以少数兵力在战线前方组成散兵队形，随后是主力以营为单位组成密集的纵队，后面再配置预备队，同时将炮兵安排在主力纵队的前方或两翼，将骑兵安排在侧翼或后方。这样，战斗一打响，先进行炮火射击，然后散兵攻击以消耗敌人，再以骑兵袭击扰乱敌阵，最后主力纵队发起冲击，进行白刃格斗，一决胜负。纵队战术加强了进攻的力度，具有突击性强、能在各种地形上战斗、移动速度快、便于打击敌人等特点。

在奥地利王位继承战争中，普鲁士军队运用纵队战术取得了对奥地利军队作战的胜利。在紧随其后的七年战争中，纵队战术使普鲁士军队获益良多。从那以后，纵队战术成为欧洲军队普遍采用的作战方式。

七年战争

（1756—1763）

世界大战，乃是对立的国家集团之间进行的全球性战争。可是，有这样一场战争，两大国家集团 10 个以上国家参战，战场横跨欧、亚、非、美四大洲，却没有被称为“世界大战”。

七年战争（1756—1763 年）就是这样一场战争。《近代国际关系史辞典》是这样定义七年战争的：18 世纪法国大革命前发生的一次全欧性的战争。事实上，七年战争这场全欧洲性的战争堪称世界大战。温斯顿·丘吉尔就说过，七年战争才是真正的第一次世界大战。

从欧洲打到亚、非、美洲

1756 年 5 月 17 日，英国对法国宣战。

早在中世纪，英国与法国就多有冲突，两国间时有战争，甚至打过一场百年战争（1337—1453 年）。近代以后，英法关系依然很不和谐。

进入 18 世纪，英国与法国在争夺海上霸权与殖民地方面冲突激烈，激烈到要用战争的方式来解决。于是，1756 年 5 月，英国对法国宣战。之后，普鲁士与英国签约结盟，奥地利与法国、俄罗斯也签约结盟。8 月，七年战争正式爆发。

这是一场英国、普鲁士与法国、奥地利、俄国两大军事同盟之间为争夺欧洲霸权和海外殖民地而进行的战争。之后，汉诺威等少数德意志邦国参加英普同盟，瑞典、西班牙与萨克森等大多数德意志邦国加入法奥俄同盟。

从战略企图看，七年战争的主要参战国各有各的企图：

英国企图打击和削弱法国，扩大殖民地，建立海上霸权；

法国企图吞并英王的世袭领地汉诺威，遏制普鲁士的崛起，保护海外殖民地；

普鲁士企图吞并萨克森，并将波兰变为其附属国；

奥地利企图削弱竞争对手普鲁士，夺回西里西亚；

俄国企图夺取东普鲁士和波兰，向西部扩张领土；

瑞典则想要夺取普属波美拉尼亚。

七年战争是法国大革命前欧洲各大国卷入的最后一次欧洲大战，但是战火从欧洲一直烧到亚洲、非洲和美洲。陆战的主战场在欧洲，主要是反英、普同盟各国同普鲁士交战；海战的主战场在大西洋、北美与印度，主要是英国与法国交战。

在欧洲战场上，英国竭力避免直接参与地面作战，多数情况下都是间接配合普鲁士军队，或者出钱（每年支付 670000 英镑）支持普鲁士在欧洲大陆帮英国打仗。

对此，德意志帝国首任首相俾斯麦不无感慨地说："英国的政策从来就是在欧洲寻找肯用自己的身躯维护英国利益的傻瓜。"当时谁是这样的傻瓜呢？很显然，那就是普鲁士。

普鲁士国王腓特烈二世既是一个凶残、狠毒、睚眦必报的人，也是一位十分聪明、有所作为的君主。腓特烈二世将自己的一切都献给了普鲁士王国，倾毕生精力开疆拓土，提升普鲁士的国际声誉。

在七年战争时期，腓特烈二世就企图吞并萨克森，并将波兰变为普鲁士的附属国。

从国家的实力看，相对普鲁士而言，法、奥、俄一方占有绝对优势，腓特烈二世只能采取先发制人、各个击破的战略方针。

1756 年 8 月，腓特烈二世首先对萨克森发动突袭，萨克森很快投降。

1757 年 5 月，普军赶在法军行动之前进攻布拉格，普、奥双方曾于波兰的布勒斯劳作战，普军一度击败奥地利的军队。

同年 6 月，普军与奥地利及其援军在科林展开遭遇战，普军败退，奥军乘胜攻入西里西亚。同时，法军 10 万人击败汉诺威人，进逼普鲁士。

1757 年 8 月，俄军 7 万人进攻东普鲁士。当时的普鲁士可以说是四面楚歌，不过

1757 年 5 月，普鲁士军队与奥地利军队在波兰布勒斯劳（现波兰西南部的弗罗茨瓦夫）作战的场景

腓特烈二世并没有退缩。他集中兵力进行内线作战。

11 月，腓特烈二世亲率普军在西线罗斯巴赫击溃法奥联军。

12 月，普军在洛伊滕对奥军发动猛攻。

1758 年 1 月，俄军占领东普鲁士，腓特烈二世立即率主力迎击。

同年 8 月，普军在奥得河畔措恩多夫击败俄军。

1759 年 8 月，俄奥联军与普鲁士进行库纳斯多夫会战，普军被击败。

1760 年 7 月，普军在西里西亚以少胜多击败俄奥联军，普鲁士以巨大的代价保住了萨克森领地，得以恢复实力。

在海外战场，英国凭借 156 艘外洋军舰对阵法国 77 艘军舰的优势与法国展开海上争霸战，大英帝国捷报频传。

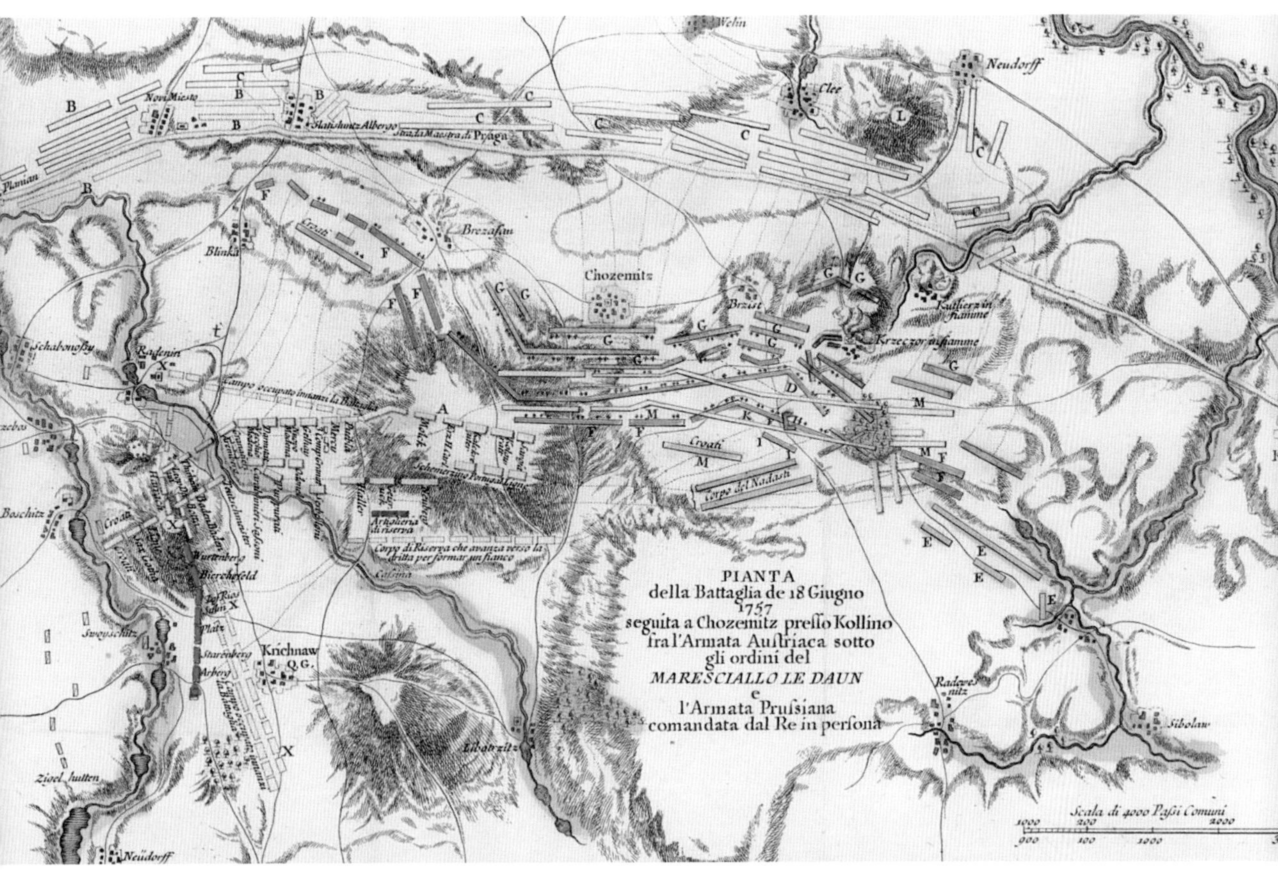

科林战役地图。该战役是七年战争期间普鲁士与奥地利及其援军于 1757 年 6 月在布拉格以东的科林发生的，最终普鲁士军队在此战中败北

1759 年 4 月，英国海军上将爱德华·博斯科恩在葡萄牙外海摧毁了一支法国舰队。

1759 年 11 月，霍克上将率领英国海军于卢瓦尔河的基伯龙湾重创德孔弗朗元帅率领的法国海军。

1760 年 11 月，乔治·珀科克将军指挥的英国舰队在印度洋上获得决定性胜利。

1761 年 1 月，英国开始独占印度，而不是与法国瓜分印度。

踌躇满志的英王乔治三世，继续对全球进行军事扩张和殖民侵略。在北美战场上，1761 年，在英军的打击下，法属加拿大总督在蒙特利尔投降。

1762 年，英军将魁北克的法军打了一个措手不及，并在此歼灭了法军主力。法国自知打不过英国，被迫割让加拿大给英国。

同年，英国又相继占领古巴、圣卢西亚岛和马提尼克岛等法国和西班牙的殖民地。

1758 年 8 月 25 日，普鲁士军队在奥得河畔措恩多夫击败俄国军队的战斗场景

den 25 Aug: 1758. vorgefallen.

傻傻的彼得三世

如果说，在七年战争中，普鲁士成了用自己的身躯维护英国利益的傻瓜；那么，沙皇彼得三世自愿放弃俄国在七年战争中获得的所有胜利果实，单独与普鲁士媾和，也是傻得可笑。

这位傻傻的彼得三世，生性胆小、多疑、懒惰，爱慕虚荣，且神经质。他体弱多病，时常说谎，并伴有病态幻想。彼得喜欢军事游戏，从小到大都喜欢玩一套木制士兵木偶。奇怪的是，喜欢军事游戏的彼得，对炮声却异常恐惧。

在七年战争期间，尽管俄罗斯和普鲁士是敌对国家，已是王储的彼得仍公开对普鲁士国王腓特烈二世表示支持，毫不隐瞒他对腓特烈二世的崇拜，并多次向腓特烈二世提供军事情报。伊丽莎白一世对彼得的出格举动很清楚，但一次又一次地原谅了他，只因为彼得是伊丽莎白心爱而又早逝的姐姐的孩子。但是俄罗斯宫廷内外对这位皇储毫无好感，彼得在贵族中也没有什么威信。

1762 年 1 月 5 日，女皇伊丽莎白一世病逝，彼得成为俄罗斯帝国的第七位皇帝，史称彼得三世。

早在伊丽莎白一世统治末期，朝中很多大臣和禁军将领就料到，将来彼得当上沙皇是不会为俄罗斯谋利益的，所以多次酝酿宫廷政变，意在废黜彼得的皇储身份。

这些政变屡屡隐而未发，一是没有找到合适的人选替代彼得，二是碍于伊丽莎白一世的情面。王储彼得的妻子叶卡捷琳娜也参与策划了这些政变，她曾提出要和彼得分享权力，共同做皇帝。朝中的贵族奥尔洛夫兄弟、伊兹麦洛沃军团和普列阿布拉仁斯基军团的部分军官也积极参与了政变的策划。后来反对彼得的人越来越多，甚至连皇子保罗的老师潘宁和沃尔康斯基公爵等人也站到了叶卡捷琳娜一边。

历史还是按照自己的路径向我们走来了，王储彼得还是当上了俄罗斯帝国的皇帝。

当然，彼得三世也由着性子干了想干的事。

彼得三世一登基，立马就把崇拜腓特烈二世的狂热劲，用在了同普鲁士结盟上。

七年战争中的普鲁士，1759—1761 年，在与法、奥、俄同盟国的拉锯战中再次弹尽粮绝。当俄军包围科沃布热格之后，普鲁士失去了最后的港口，从地理意义上说，此时的普鲁士军队已陷入了绝境。腓特烈二世听闻这一消息，几乎绝望到要自杀。

伊丽莎白一世（1709 年 12 月 29 日—1762 年 1 月 5 日），俄罗斯罗曼诺夫王朝第十位沙皇，俄罗斯帝国第六位皇帝（1741 年 12 月 6 日—1762 年 1 月 5 日在位），是沙皇彼得一世与叶卡捷琳娜一世的第三个女儿

叶卡捷琳娜二世（1729 年 5 月 2 日—1796 年 11 月 17 日），后世尊称其为叶卡捷琳娜大帝，俄罗斯罗曼诺夫王朝第十二位沙皇，俄罗斯帝国第八位皇帝（1762 年 7 月 9 日—1796 年 11 月 6 日在位），是俄罗斯历史上唯一一位被冠以“大帝”之名的女皇

可是天无绝人之路。就在腓特烈二世的至暗时刻，他的崇拜者彼得三世来救他了——刚当上沙皇的彼得三世不但退出了法、奥、俄同盟，单独与普鲁士王国签订了攻守同盟，还命令占领柏林的切尔尼谢夫将军率领两万俄军援助普鲁士。之后俄军撤退，将占领的普鲁士领土全部归还普鲁士。这次戏剧性事件使普鲁士起死回生，也帮助腓特烈二世实现了绝境翻盘。

不过，问题来了。

作为俄罗斯帝国沙皇的彼得三世，做了他很想做但又不该做的事。结果是，他受到了不想受到却又是一个出卖国家利益者应该受到的惩罚。

彼得三世与普鲁士单独媾和，并将占领的普鲁士领土全部归还普鲁士的条约一签，激起了很多俄罗斯人的愤怒，整个俄罗斯为之震动。与此同时，禁军、枢密院、长老院和首都民众纷纷向皇后叶卡捷琳娜宣誓效忠。于是，水到渠成，叶卡捷琳娜宫廷政变成功，成为叶卡捷琳娜二世。

1762 年 7 月 9 日，本想逃往普鲁士的彼得三世被软禁，不得不签署退位诏书。一个星期后，彼得三世就去见上帝了。

虽然彼得三世只做了半年的沙皇，但他还是进行了一些有益于俄国发展的改革。他傻就傻在不该狂热崇拜腓特烈二世并出卖俄国利益。

英国确立海洋霸权

七年战争，造就了英国的海洋霸权。

在七年战争中，普鲁士王国的军队牢牢牵制住了法国的兵力，英国海军趁机切断法国与其海外殖民地之间的联系。法国各殖民地的留守军队，最终陷入孤立无援的境地，被英国海军逐个击破。最终，一败涂地的法国只好举旗投降，彻底丧失霸主地位。

这场规模空前的洲际战争，让普鲁士俨然成为欧洲新兴的列强之一，国王腓特烈二世更被赞为“军事天才”。不过战争结束之后，普鲁士已是满目疮痍。数百座城镇沦为废墟，18 万军人战死沙场，50 万平民死于食物匮乏。

七年战争结束后，英国不仅通过《巴黎和约》（1763 年 2 月签订）从法国手中得到了整个加拿大，还得到了除 5 座市镇之外的整个印度地区。最终，英国成为当时世界上最强大的殖民地霸主，初步形成了“日不落帝国”。

英国发展成为大英帝国跨出了重要的三步。

第一步，17 世纪，英国打败“海上马车夫”荷兰，将荷兰人的海上霸权成功转移到英国人手上。

第二步，通过西班牙王位继承战争结束后签订的《乌得勒支和约》（1713 年 4 月签订），英国垄断了大西洋沿岸的三角贸易，急速扩充了舰队。到 1758 年，英国已有 156 艘外洋军舰，而法国只有 77 艘。

第三步，削弱法国的海军。1759 年 4 月，英国海军上将爱德华·博斯科恩率领海军在葡萄牙外海摧毁了一支法国舰队；1759 年 11 月，在卢瓦尔河的基伯龙湾，海军上将霍克率英国舰队与德孔弗朗元帅率领的法国大西洋分舰队在狂风暴雨中进行激战，结果法国海军全军覆灭。基伯龙湾海战的胜利，奠定了英国作为世界海洋霸主的地位。

基伯龙湾海战地图。基伯龙湾位于法国比斯开海岸。1759 年 11 月，英法舰队在贝尔岛附近的基伯龙湾作战，最终法国战败。这场海战是七年战争中最重要的海战之一

可以说，英国是第一个真正受惠于全球海洋霸权的国家。自 16 世纪以来先后击败西班牙、荷兰和法国，英国逐渐成为世界第一海洋大国。英国正是依靠强大的海上实力，从而得以占据十分辽阔的殖民地，成为“日不落帝国”。为大英帝国全球市场保驾护航的是海军，而国家又用全球市场所得来发展壮大海军。这种优势，使得英国在保持自身地位的同时，又制约了欧洲大陆各国海军的发展。自 17 世纪开始，英国将海洋超级大国的优势一直维持到第一次世界大战，前后长达 300 年。

早在 2500 年前，古希腊伟大的统帅泰米斯托克利就说过：“谁控制了海洋，谁就控制了一切。”

于 1758—1770 年任法国首相的弗朗索瓦・德・史舒瑟尔，为改变法国在七年战

争之后的颓势，急切地重整军备，扩充法国的海军。他曾对英国广袤的殖民地感叹道：“决定欧洲大陆均势的是殖民地贸易和海军力量。”

海权论鼻祖阿尔弗雷德·赛耶·马汉总结说：“多少世纪以来，英国商业的发展、领土的安全、富裕的帝国的存在和世界大国的地位，都可以直接追溯到英国海上力量的崛起。”

于 1905—1916 年任英国外交大臣的爱德华·格雷也说：“真正决定我们外交政策的，是海洋霸权问题。”

英国就是这样，从七年战争开始，以强大的经济实力攫取海权优势，又以绝对的海上优势取得战争的胜利；然后再以海权强势，不断扩展势力范围。

概言之，七年战争有三个突出的特点：一是战争方式以攻城战为主，二是战争造成的损失巨大（大量城镇焚毁、约 14 万人死亡），三是造就了英国 300 余年的海洋霸权。正因如此，七年战争在世界战争史上占有重要的地位。

奥斯特里茨大捷和耶拿战役

（1805—1806）

1805—1806

“我出世的时候，故乡濒于毁灭。法国把三万军队倾泻在科西嘉岛的海岸上，自由之神的宝座淹没在血泊中。这就是我当时见到的触目惊心的景象。”这是拿破仑·波拿巴在法国大革命初期写下的一段话。这段感情充沛的话语，描绘了他的故乡科西嘉岛当时的状况。这些话，既洋溢着那个时代青年人奔放的热情，也定下了拿破仑一生的基调。

拿破仑的一生，有过辉煌，也有过凄凉。而拿破仑战争，则是胜利多于失败，但最终以战争失败宣告了拿破仑一生的终结。正所谓：胜时气吞万里如虎，败时残阳一抹如血。

奥斯特里茨大捷

拿破仑战争始于 1803 年 5 月 13 日英国向法国宣战，终于 1815 年 6 月 22 日拿破仑在滑铁卢败北。在这 12 年的战争里，最具典型意义的两次胜仗，一是奥斯特里茨战役，二是耶拿战役；最具典型意义的败仗，就是著名的滑铁卢战役了。

奥斯特里茨战役发生在奥地利摩拉维亚境内的奥斯特里茨村（今捷克境内）。因法国皇帝拿破仑一世、俄罗斯沙皇亚历山大一世与神圣罗马帝国皇帝（又是奥地利帝国皇帝）弗兰茨二世都是御驾亲征，所以又称“三皇之战”。

1805年3月，已经成为法兰西皇帝的拿破仑·波拿巴进一步加冕自己为意大利国王，此举激怒了神圣罗马帝国皇帝弗兰茨二世。同年7月，神圣罗马帝国也加入了反法同盟。第三次反法同盟（大英帝国、俄罗斯帝国、神圣罗马帝国、那不勒斯王国、瑞典王国）形成，其中的两个主要国家俄罗斯与奥地利组成俄奥联军，与法国军队在奥斯特里茨展开决战。

沙皇亚历山大一世亲自率领5.3万名俄军，奥地利帝国皇帝弗兰茨二世亲自率领3.3万名奥军，俄奥联军总兵力8.6万人，共有火炮350门。12月1日，联军到达奥斯特里茨，迅速占领了普拉岑高地，并做好了全面进攻的准备。经过两天急行军，法国皇帝拿破仑一世也亲率7.3万名法军于12月1日晚上来到了战场，法军拥有火炮250门。

在俄奥联军占领普拉岑高地后，拿破仑果断决定放弃正面进攻普拉岑高地，命令法军后撤。拿破仑意在引诱敌人把主攻方向指向法军防御薄弱的南翼，即普拉岑高地和冰湖之间的地段；然后，趁俄奥联军主力南移而中间空虚之机，集中法军主力在中间进行反击，夺回普拉岑高地。

经过一番调兵遣将，拿破仑迅速改变了战场上的力量对比：在南翼，法军仅以1万多人牵制着联军4万多人；而在北翼，法军则集中了约6万人去对付联军的4万多人。法军变总兵力方面的劣势为局部对阵方面的优势。拿破仑这一计谋与“田忌赛马”有着异曲同工之妙。

1805年12月2日早上7时前后，俄军与奥军各自排成密集的队形，在大约12千米的战线上，同时向法军发起了正面进攻。由于法军的新锐力量突然实施猛烈的反击，已经渡过戈尔德巴赫河的联军，被迫向河东岸撤退。

联军总司令库图佐夫带领一个军的兵力，稳坐在普拉岑高地，静观战局的进一步发展，想等到了关键时刻这支部队再出战。可是，刚愎自用的沙皇却已按捺不住。他看到联军主力的攻击受挫，进攻部队开始后退，便不征求库图佐夫的意见，直接命令占领普拉岑高地上的俄军放弃阵地，前去增援南翼的联军。他的目的是保障南翼联军右翼和侧后的安全，同时增强那里的攻击能力。但他没有想到，这样不仅打乱了联军的整个部署，实际上也中了拿破仑的计谋。

时机来了。上午9时前后，拿破仑透过逐渐消散的晨雾，看到俄军正自动撤离普拉岑高地，于是立即命令第4军以其左翼2个师转入进攻，迅速从普拉岑高地北侧攻占该高地。经过短暂的战斗，法军占领了这一重要的制高点。

随着普拉岑高地的失守，亚历山大一世意识到了自己的失策，因而在库图佐夫的协助下，下令将所有的预备队调上来，企图重新夺回这一高地。于是，两军在普拉岑高地附近展开了激烈的争夺战，双方的骑兵进行了非常猛烈的冲杀。就在普拉岑高地万马鏖战犹酣之时，北段的战斗也是异常激烈。法军顽强地打退了联军两个军的多次冲锋，把北面的联军赶回了奥斯特里茨。

面对无法抵挡的法军洪流，联军很快就溃散了。只有少数人逃往布尔诺方向，大部分被压缩到了冰湖和莫尼茨湖之间的沼泽地带。刚刚结冰的湖面上，又是人，又是马，还有车与炮，拥挤不堪。这时，普拉岑高地上的法军炮兵，开始向湖面进行猛烈轰击。顷刻之间，冰碎水溅，联军士兵纷纷落水，很多人葬身湖底。

英国历史学家约翰·霍兰·罗斯在《拿破仑一世传》中记载了这件事："连战胜者在这种惨状面前也呆住了。为人类天性说句公道话，有许多人还设法援救快要淹死的敌人呢。其中有个年轻的马尔博，他游到一块浮冰上，把一个俄国军官救上岸来。拿破仑对这个高尚的行为给予了赞扬。"

就在整个联军死的死、伤的伤、逃的逃之时，奥地利帝国皇帝弗兰茨二世和俄国沙皇亚历山大一世的侍从人员，也都顾不得皇帝的安危而把两位至尊丢在路上，各自逃命。还是黑沉沉的夜色帮了两位皇帝，让他们侥幸地逃出了法军的包围。在激战中，联军总司令库图佐夫负了伤，差一点当了法军的俘虏。

在这次战役中，俄奥联军阵亡超过 1.6 万人，2 万人被俘，损失大炮 186 门。法军仅阵亡 1305 人，伤 6940 人。奥斯特里茨战役以法军的辉煌胜利而宣告结束。

1805 年 12 月 4 日，弗兰茨二世与拿破仑举行会谈，达成停火协议。12 月 26 日，奥地利列支敦士登大公约翰·约瑟夫一世与伊格纳兹·吉尤莱伯爵同法国外长夏尔·莫里斯·塔列朗共同签署《普雷斯堡和约》。第二天，拿破仑在维也纳的美泉宫批准了该和约。至此，奥地利退出反法同盟，弗兰茨二世取消自己"神圣罗马帝国皇帝"的封号，第三次反法同盟瓦解，神圣罗马帝国的历史宣告终结。

"三皇之战"是体现拿破仑卓越军事天才的典型战例，拿破仑也因此成为欧洲的霸主。消息传到伦敦，英国首相威廉·皮特听后，走到墙上挂着的那幅欧洲地图前，十分沮丧地说道："看来这幅地图十年里没有任何用处了。"

1805 年奥斯特里茨战役的胜利，使拿破仑威震欧洲，因此，法国元老院通过决

1805 年 12 月 2 日法兰西帝国皇帝拿破仑亲自指挥奥斯特里茨战役的场景。这场战役发生在第三次反法同盟战争期间，因参战三方的君主——法兰西帝国皇帝拿破仑·波拿巴、俄罗斯帝国皇帝亚历山大一世、神圣罗马帝国皇帝弗兰茨二世均亲临战场，又称为“三皇之战”，是世界战争史上的一场著名战役

该图中央是拿破仑的雕像，围绕雕像分别描绘了与拿破仑有关的战役场景和人生节点（布列讷战役、土伦战役、阿尔科莱战役、金字塔战役、翻越圣伯纳德山口、奥斯特里茨战役、拿破仑墓、蒙特罗之战、易北河战役、滑铁卢战役、圣赫勒拿战役等）

议，为拿破仑建立一座记功柱。1810年，巨大的记功柱在巴黎旺多姆广场中心竖立起来。这座记功柱模仿了罗马的图拉真记功柱。柱高44米，直径3.6米。柱的顶端立有拿破仑一世铜像，他头戴罗马皇帝的桂冠，一手拿着权杖，一手握着金球，显示出拿破仑征服欧洲、称霸世界的雄心。柱身周围自上而下环绕着22道由32位艺术家制作的青铜浮雕，上面分别描绘了拿破仑指挥的45场战役。柱角上装饰着雄鹰，柱座四周刻有在奥斯特里茨战役中缴获的战利品浮雕，颇具纪念意义。

拿下耶拿

奥斯特里茨战役之后，欧洲大陆进入一个和平时期。但是，这个和平时期实在太短暂了，还不满10个月，在耶拿又燃起了熊熊战火。

耶拿位于德国的图林根州，是一座历史文化名城。耶拿大学（1934年改名为席勒大学）始建于 1558 年，是德国最为古老的大学之一。当今的席勒大学也是世界著名大学。

就在黑格尔应邀到耶拿大学主持哲学讲座期间（1805 — 1807 年），法国军队与普鲁士军队在耶拿打了一仗。

1806 年 10 月初，普鲁士军队 10 万人在不伦瑞克公爵指挥下来到耶拿，法国军队则由班贝格向耶拿推进，法军只有 4.8 万人。

10 月 10 日，耶拿战役的第一仗开打。普鲁士的路易・斐迪南亲王率领主力部队迎战由拉纳指挥的法国部队。法军以泰山压顶之势猛烈进攻，在一场骑兵的混战中斐迪南亲王身负重伤。斐迪南亲王拒绝投降，被法军军官一刀刺死。斐迪南亲王的阵亡给普鲁士军队蒙上了一层阴影，普军司令部也笼罩着阴云。

这时，拿破仑给普鲁士国王威廉三世写了一封信，敦促他趁早讲和，以免一败涂地。拿破仑写这封信的企图可谓一箭双雕，一是意欲瓦解普俄同盟，二是想不战而胜普鲁士。普鲁士国王为了维护荣誉，没有与法国单独媾和，决定继续抵抗。

10 月 14 日，法军在耶拿附近的奥尔施泰特对普军发起了更猛烈的进攻。在路易斯・尼古拉・达武元帅的指挥下，法军以营为方阵不断推进，顶住了有霰弹炮火支援的普军骑兵的反攻。普军骑兵遭重创后开始撤退，后在法军猎骑兵的攻击下，狼狈溃逃。这时，在哈森豪森村前集结待命的凡施梅陶师接到不伦瑞克公爵的命令：向哈森豪森村的法军发起进攻。可是，呈展开队形的普军步兵遭到隐蔽在村里的法军步兵的伏击，被迫停止前进。

由于不伦瑞克公爵与梅伦多夫元帅都负了伤，普鲁士国王威廉三世只好亲自指挥普鲁士的军队，但这时国王的指挥也不起作用了。普军无力阻止法军两个师的迂回运动，开始从奥尔施泰特溃逃。在法军的追击下，普军的吕谢尔将军只能带着残部撤退到魏玛。

奥尔施泰特之战，尽管普军的兵力是法军的两倍，但仍然遭受了毁灭性的失败。法军达武元帅只用一个军团就打败了普军的主力，这令拿破仑特别高兴。很快，达武元帅就被封为奥尔斯塔特公爵。

德国著名军事理论家和军事历史学家克劳塞维茨，当时作为普鲁士奥古斯特亲王的副官参加了奥尔施泰特之战。由于普鲁士战败，克劳塞维茨被法军俘虏，直到次年年底才获释。因此，在克劳塞维茨为著述《战争论》而研究战争时，耶拿战役成为

1806 年 10 月 14 日耶拿战役的作战场景。这场战役为法兰西第一帝国皇帝拿破仑·波拿巴指挥的法军与第四次反法同盟交战的著名战役。该战役再次展现出了拿破仑杰出的军事才华

他亲身参加过的战例。

耶拿战役，普鲁士军队共伤亡 2.7 万人，损失火炮 200 门；法国军队只伤亡 5000 人。结局是，普军彻底失败，法军大获全胜，拿破仑拿下耶拿。

就在耶拿战役结束之时，耶拿大学的哲学教授黑格尔宣布，他完成了著作《精神现象学》。黑格尔把耶拿战役视为“历史的完结”，并认为，人类社会将会趋向他所称的“自由民主制”。

英土战争

（1807—1809）

英土战争是发生在世界殖民霸主大英帝国与奥斯曼帝国之间的战争。由于这场战争是拿破仑时代的战争，又与拿破仑征服欧洲大陆的军事行动息息相关，所以被后人认为是拿破仑战争的一部分。远在大西洋的英国，为何会劳师远征，与近东的奥斯曼帝国进行战争呢？这场战争对两国未来的走向、地区格局乃至世界历史又产生了哪些影响呢？

英国的最后通牒

1806年，拿破仑粉碎了第四次反法同盟，普鲁士王国的首都柏林被攻克，反法同盟的积极参与者沙俄帝国，即将成为拿破仑的下一个打击目标。面对强大的沙俄，拿破仑决心构筑一个反俄同盟，对其进行两线夹击。

沙俄原本是一个内陆国家，自17世纪开始，沙俄进行了数次对瑞典的战争，获得了在波罗的海的出海口。进入18世纪，随着奥斯曼帝国的衰落，俄国沙皇叶卡捷琳娜发动数次针对奥斯曼帝国的战争，吞并了大片原属于奥斯曼帝国的领土，获得了俄国在黑海的出海口，因此俄土两国结成了世仇。正是这段俄土世仇，给了法国拉拢奥斯曼帝国以对抗沙俄的契机。拿破仑派出使臣前往伊斯坦布尔，请求奥斯曼帝国与法国结盟，联手攻打俄国。面对法兰西的结盟请求，奥斯曼帝国认为这是一个复仇的绝佳机会，于是决定加入法国阵营，并封锁了达达尼尔海峡，切断了英国与俄国的南方海上交通线。

俄国当然不会善罢甘休，立即出兵攻打多瑙河沿岸的土耳其据点，但是战端一开，战火蔓延至整个俄土边境。尽管承受着拿破仑军队的压力，俄国还是不得不从前线调回大批部队，投入与土耳其作战中。为了避免陷入两线作战的危局，无奈之下，俄国向英国求援，寻求双方合力。

作为反法同盟盟友的英国，当然不能坐视不管，立刻派出舰队开往达达尼尔海峡。英国向奥斯曼帝国苏丹塞利姆三世发出最后通牒，要求他驱逐法国大使塞巴斯

奥斯曼帝国苏丹塞利姆三世出行图。塞利姆三世（1761—1808 年），奥斯曼帝国第 28 任苏丹（1789—1807 年在位），穆斯塔法三世之子，继其叔父阿卜杜勒 - 哈米德一世为苏丹，1807 年被废黜，其堂弟穆斯塔法四世继位，次年塞利姆三世被杀

蒂亚诺、向法国开战、将多瑙河大公国割让给俄国，同时还要将奥斯曼帝国舰队及达达尼尔海上的堡垒交给英国皇家海军。英国宣称：如果土耳其拒绝，他们将攻打伊斯坦布尔，直到对方屈服。

塞利姆三世拒绝了英国的最后通牒。

1807 年 1 月，英国派出了由海军中将达克沃斯爵士率领的庞大的远征舰队，浩浩荡荡向土耳其进军。这一庞大的舰队由 8 艘战列舰、2 艘中型风帆战舰和 1 艘运输船组成，仅主力舰的火炮总数就达到了 761 门，一次单舷齐射就能发射 7 吨炮弹，可以将方圆 1.5 千米之内的所有物体轰为齑粉。

1807 年 2 月 10 日，英军到达了达达尼尔海峡外围，等待俄国战列舰前来会合，但是俄国战舰迟迟未到。英军统帅达克沃斯认为不可贻误战机，决定立刻进攻伊斯坦布尔。同时，派人与英国大使取得联系，做好两手准备，万一外交失败，就炮轰城市。但他不知道，那个胆小的英国大使在两周前就已经开溜了，而法国军事顾问倒是坐镇伊斯坦布尔，帮助土耳其构筑防御工事。对手已经严阵以待了，达克沃斯很快就可以体会到这次伊斯坦布尔之行的恐怖了。

激战达达尼尔海峡

达达尼尔海峡处于小亚细亚半岛和巴尔干半岛之间，堪称黑海的咽喉。此地易守难攻，自古是兵家必争之地，奥斯曼帝国时期这里至少发生了 7 次大战。不过，在英军到来之前，这里已经有 150 年没打仗了。1657 年，土耳其舰队曾经击败了由威尼斯、教皇国和马耳他人组成的欧洲联合舰队。此时的土耳其军队虽已不复当年之勇，但还是调集重兵把守，仅大炮就调动了 700 多门。当时能发射 18 ～ 27 千克的弹丸就是重型大炮了，但是这跟土耳其人的怪物大炮相比实在太小了。

奥斯曼帝国素来喜欢铸造巨炮，其普通巨炮就可发射两三百千克的弹丸。成名于 1453 年的老古董乌尔班大炮也被土耳其人搬上了战场，这种大炮炮管长 5.18 米，重 18.6 吨，口径达到了夸张的 762 毫米，内壁厚达 200 毫米。乌尔班大炮发射的弹丸重达 680 千克，单是单发炮弹就能轰掉一座塔楼。这一次，土耳其的军队配备了 5000 多名炮手。

1807 年 2 月 19 日，英军顺风起航。数天前在与土耳其舰队的海战中，英国人损

土耳其阵地上的大型迫击炮，其炮弹号称重 500 千克

失了一艘战列舰，开局不利，全体官兵都惴惴不安，甚至有一位军官对土耳其舰队深感恐惧。

英军来到达达尼尔海峡后，首先向入口处的要塞开火，对方也开炮还击。当时的英军军官用了“烈火风暴和无法避免的毁灭”来形容他们穿过海峡的过程。可以想象一下，1500 门大炮对射，那是何等的壮观！“炮声隆隆，硝烟蔽日，战舰上的桅杆都被撕成了碎片”。土耳其人的炮火虽然猛烈密集，但是命中率明显不高，很多炮弹未击中英国军舰的要害。

在饱受了土军长达 8 小时的狂轰滥炸之后，英国军舰终于到达了马尔马拉海。此时正好遇到了 10 艘土军战舰，但是对方根本没做好战斗准备，于是英军很快将土军舰队击溃，并击沉了 4 艘军舰，英军陆战队还俘获了一门乌尔班巨炮。由于英军各舰都伤痕累累，只能在马尔马拉海休整，修复战舰。

当天下午 5 时，英军舰队向伊斯坦布尔进发。当英军舰队到达城市外港时，这座千年古都陷入了恐慌之中。土耳其人根本没有想到，英国人居然还能从达达尼尔海峡的鬼门关中闯过来。尽管土军舰队就在港口内，但他们都蒙了。于是，土耳其人派出

达达尼尔海峡土耳其一侧恰纳卡莱的防御工事。在堡垒的城墙内，有大型青铜大炮

使者与英军谈判。当然，所谓谈判只是拖延时间而已。

1807 年 2 月月底，感到情况不妙的达克沃斯爵士无心再战，下令舰队撤回马尔马拉海。当晚，英国舰队就急忙从达达尼尔海峡撤退了。3 月 3 日，英国舰队狼狈地逃回地中海。

十几天前的达达尼尔海战，英国舰队尽管损失惨重，却没有达到任何目标。这时，土耳其军队仍在与俄国军队缠斗。1807 年 6 月，拿破仑击败了俄军主力，俄国和普鲁士两国只好与法国签订和约，双方共同对付英国。这样，第四次反法同盟又破产了。

《达达尼尔条约》

英国在达达尼尔海战中仓皇撤退，没有占到多少便宜，因此英国设法与奥斯曼帝国和解。奥斯曼帝国原本寄希望于与法国一道对抗沙皇俄国，以此为契机夺回被沙俄吞并的领土和权益。但事与愿违，土耳其人在与俄罗斯帝国的大战中没得到法国多少帮助，拿破仑也没能确保俄罗斯帝国遵守 1807 年的停火协议。因此，奥斯曼帝国

行军中的奥斯曼帝国军队。不远处可见伊斯坦布尔和博斯普鲁斯海峡

选择与英国妥协，接受了其和解建议。

1809 年 1 月 5 日，大英帝国全权代表罗伯特・埃德尔与奥斯曼帝国代表埃明・瓦希德・埃丰厚在达达尼尔海峡签订条约，这便是著名的《达达尼尔条约》。该条约的主要内容为：停止敌对行动，互相归还在战时被抢夺去的财产，以及关于领事裁判权、贸易航行、海关税则等规定。特别是该条约第 11 款宣称：根据“奥斯曼帝国古代惯例”，“任何国家的战舰在任何时候均不得进入君士坦丁堡水域，即达达尼尔海峡与黑海，今后各国在和平时期都应遵守这一惯例”。英国率先做出遵守这一惯例的承诺。

《达达尼尔条约》第一次把 1476 年土耳其对外国战舰关闭黑海海峡的禁令称为“奥斯曼帝国古代惯例”，并以遵守“奥斯曼帝国古代惯例”这样冠冕堂皇的说法，表达出英国不能允许土耳其海峡主权落入其他大国之手的意愿。从字面上看，英国在《达达尼尔条约》中正式承认了土耳其人对黑海海峡的主权，英国也由此成为第一个承认奥斯曼帝国 1476 年禁令的欧洲国家。但正如菲利普森和巴克斯顿在《博斯普鲁斯和达达尼尔问题》一书中所指出的，正是这一条约，通过英土双方约定的形式，“把土耳其帝国对海峡管理的规则变为具有国际条约性质的规定”。当土耳其人被迫承认和平时期其他国家战舰不得进入其海峡时，实际已经丧失了根据自己的意愿允许或禁止其他国家战舰进入海峡的权利，它对海峡的主权已经受到限制和约束。

1809 年英土签订的《达达尼尔条约》成为日后 1841 年《伦敦海峡公约》的基础，也是后来国际海峡制度的萌芽。

炮舰战争

（1807—1814）

在欧洲近代史上，丹麦与挪威曾经是一个国家。那是在 1524 年，丹麦与挪威组建为丹麦和挪威王国，该王国一直延续到 1814 年。

1807 年爆发的炮舰战争，就是丹麦和挪威王国与英国之间的战争，因为在战争中丹麦和挪威王国采取的策略是用小型炮舰对抗英国皇家海军正规的大军舰，所以史称炮舰战争。

丹麦海军的覆灭

丹麦曾经是波罗的海大国，有 7300 千米长的海岸线。丹麦人擅长航海，他们的航运业和海外贸易十分发达。在近代史上，曾经有一个较长的时期，丹麦和挪威王国的商船队数量仅次于英国，雄踞欧洲第二位。同时，丹麦和挪威王国还拥有一支规模可观的海军舰队。丹麦历史学家帕利·劳林在《丹麦王国史》里记载，18 世纪中叶，“丹麦的航运业获得了巨额利润，丹麦与挪威的地方城镇经历了一个异常繁荣兴盛的时期。在所有大洋上，继不列颠的旗帜后，最常见的就是丹麦与挪威的旗帜”。

这里说的不列颠的旗帜，来自英国皇家海军。

英国皇家海军是在英国原有的海军基础上建立起来的。1661 年 4 月，活力四射的查理二世继位，成为不列颠国王。他作为国王的一大作为，就是重建英国的海军，并赋予其“皇家海军”的称号。从此，英国皇家海军纵横四海，威名远扬，各大海洋上频繁出现不列颠的旗帜。

17、18 世纪，英国皇家海军战胜了西班牙无敌舰队和“海上马车夫”荷兰，又在与法国争夺海上霸权的过程中获胜，开始迈向“海上霸主”的地位。

这时，英国开始挑战丹麦和挪威王国。

1801 年，英国皇家海军上将帕克率领一支舰队开进丹麦领海。皇家海军向丹麦海军发起进攻，丹麦海军 476 人战死，丹麦舰队受到重创。

1807 年，丹麦海军遭受了更大的打击。

这年 9 月 1 日，英国对丹麦和挪威王国不宣而战。英国皇家海军上将霍雷肖·纳尔逊率领一支舰队进攻丹麦，炮舰战争爆发。

纳尔逊上将率领的这支舰队包括 25 艘战列舰、40 艘巡洋舰、若干艘小舰和 377 艘运输船，阵容强大。而丹麦和挪威王国并没有做好抵抗英军的准备。哥本哈根的防御堡垒虽然坚固，但为战斗而准备的枪炮却很少。英军兵力 3 万，而哥本哈根能上阵作战的兵力只有 1.2 万人，其中职业军人只有 5000 人，另 7000 人要么是民间警卫队员，要么是丹麦义勇军团成员。英军从哥本哈根的北面登陆，没有遇到有力的抵抗，便将哥本哈根团团包围起来。

从 9 月 2 日开始，英军连续 3 天炮击哥本哈根，炮弹如同暴雨一般在城里落地开花，丹麦和挪威王国的首都战火纷飞，硝烟四起。在炮击之下，圣母玛利亚教堂、哥本哈根大学和大片的居民住宅区都化为瓦砾。此战中，300 多座建筑物遭到毁灭性破坏，1600 多座建筑物受到严重的破坏。在抵抗英军的过程中，丹麦士兵 188 人战死，346 人受伤。在熊熊燃烧的战火中，哥本哈根 1600 多名市民丧生，1000 多人受伤。

为了减少伤亡，奉命守卫哥本哈根的佩曼将军不得不下令停止抵抗。佩曼将军派代表到英国军营进行谈判，英军向丹麦和挪威王国开出的停战条件是，必须无条件交出丹麦海军舰队。

面对强大的英国皇家海军，丹麦海军只好投降。西兰岛的海滨大道上，黑压压地挤满了人，在哥本哈根市民的默默注视下，英国皇家海军的军舰将丹麦和挪威王国舰队的舰船拖出军港。就这样，丹麦海军的 15 艘战列舰、10 艘巡洋舰、5 艘轻巡洋舰和 14 艘较小的船只都被运往英国。此情此景，令丹麦海军士兵伤心不已，欲哭无泪……

炮舰战争期间哥本哈根于 1807 年 9 月 2—5 日遭到英军轰击的场景。这场战争得名于丹麦和挪威王国在战争中采取的策略，即使用小型炮舰来对抗正规的英国海军

关于丹麦海军的覆灭，丹麦历史学家克努特·耶斯佩森在《丹麦史》里不无伤感地写道：“哥本哈根被炮火袭击几天之后投降，英军再次撤走，也带走了整个丹麦舰队。从那一刻起，丹麦就不再是有任何重要意义的波罗的海国家。必要的手段——舰队——没了，以后即使有也不再具有这等规模了。”

小炮舰对抗大军舰

虽然丹麦海军覆灭了，但英国对丹麦和挪威王国的战争还在继续。

没有了舰队，也没有时间重新建造战列舰与护卫舰，丹麦和挪威王国政府决定，以最快的速度大量建造小型炮舰，重新武装国家。丹麦和挪威王国要用小炮舰对抗英国皇家海军的大军舰，继续抵御英国的入侵。

一时间，建造小炮舰的材料源源不断地汇聚到哥本哈根造船厂，工人们加班加点工作，快速地建造小炮舰。其他地方的造船厂也一样。

当时，丹麦和挪威王国快速建造的小炮舰有 200 多艘。这些小炮舰分为两种样式，一种是由 76 名船员操纵、船头船尾各配备一门 18 或 24 磅加农炮的浅水敞舱艇，另一种是由 24 名船员操纵、配一门 24 磅加农炮的驳船。

为了动员更多的人加入抗击英国入侵的队伍中，丹麦和挪威王国政府采取了一项特殊政策，即允许几百个丹麦商船船长持有“捕拿与报复”特许证，同时还将他们的船用枪炮装备起来，以便在战时攻击敌方的商船或进行报复性掠夺。资料显示，这种“私人的”商船有 600 多艘，装备着 1000 多门加农炮。

小炮舰的特点是，吨位较小，装少数重炮，几乎无装甲防护，低干舷，低航速，主要在沿岸或内河中航行，并且以轰击岸上目标为主要任务。这种小炮舰可以在丹麦和挪威王国各处快速而又低成本地建造，具有战略优势；同时，小炮舰的机动性极强，特别是在静止及浅水海域也能瞄准小型目标，具有战术优势。

1808—1810 年，丹麦和挪威王国就是用这些小炮舰，成功地从英国人的船队中劫掠了不少货船，并且击败了英国海军的横帆双桅船。

在炮舰战争中，丹麦人设法使英国的航运业受到重大的损失，同时也的确获得了若干小战役的胜利，并缴获少量小军舰（九艘两桅船与几只较小的船艇）。但这还是不足以使战争的形势朝着利于丹麦和挪威王国的方向发展。

丹麦和挪威王国国王弗雷德里克六世骑马检阅军队的场景。弗雷德里克六世（1768 年 1 月 28 日—1839 年 12 月 3 日），丹麦国王（1808—1839 年在位）和挪威国王（1808—1814 年在位），克里斯蒂安七世之子

相比于大军舰，小炮舰的劣势也是非常明显的，一是不能进入波涛汹涌的远海作战，二是一旦被炮弹击中立刻就会沉没，三是不能有效对抗大型战舰。

由于小炮舰存在这三大劣势，故不能抗衡大型的护卫舰和风帆战列舰。在炮舰战争期间，英国凭借皇家海军装备精良的大军舰，一直控制着丹麦水域，并且在适合航海的季节，武装护卫英国的商贸船队通过厄勒海峡及大贝尔特海峡。

在这场战争中，丹麦和挪威王国受到了沉重的打击，因为其港口和海岸线被英国海军严密封锁，所有的进口货物都是偷偷地运到国内的。由于挪威本土无法种植庄稼，对于粮食严重依赖进口的挪威来说，当英国海军将港口和海岸线加以封锁之后，挪威许多地区出现了饥荒。

战争完全摧毁了丹麦的海上贸易，丹麦那些远在热带的小块殖民地差不多同母国失去了联系。丹麦的国民经济严重衰落，整个国家变得非常贫穷，几乎濒临破产。

还有一件糟糕的事情，瑞典以咄咄逼人的态势要与丹麦和挪威王国交战。处于内忧外患之中的丹麦和挪威王国，寄希望于法国这个盟友能够阻止瑞典的进攻。

卡尔十四世（1763 年 1 月 26 日—1844 年 3 月 8 日），本名让－巴蒂斯特·贝纳多特，曾任法兰西第一帝国元帅，后改名卡尔·约翰，成为瑞典国王卡尔十三世的义子、继承人，瑞典王国及挪威王国贝纳多特王朝开国君主（1818 年 2 月 5 日—1844 年 3 月 8 日在位）

出于各种考虑，拿破仑派了一支部队支援丹麦和挪威王国。这是一支由法国与西班牙两国士兵组成的部队，共有 2.3 万人。1804 年晋封为法国元帅的贝纳多特率领这支军队开进了日德兰。

按原定的作战计划，贝纳多特元帅是要率领部队渡海到西兰岛去的，然而英国皇家海军正封锁着大贝尔特海峡，导致拿破仑派来增援丹麦的军队执行不了原定的作战计划。

1810 年，瑞典王储查尔斯患病去世。瑞典国王卡尔十三世将贝纳多特收为养子，这位法国人让－巴蒂斯特·贝纳多特改名为卡尔·约翰。一夜之间，法国元帅贝纳多特成了瑞典王国的王储。

这件事很让人意外：瑞典人竟然选择了一位法国人做国王的继承人，而这位法国人竟然就是拿破仑手下的一员大将——贝纳多特元帅。

按照一般的逻辑，贝纳多特是拿破仑的手下，丹麦和挪威王国是拿破仑领导下的法国的盟友，如果贝纳多特成为瑞典的新国王，那么丹麦和挪威王国就与瑞典站在同一条战线上了。对于丹麦和挪威王国来说，这原本是一件化干戈为玉帛的大好事。

可是，一般的逻辑推理在这里失灵了。谁都没想到，贝纳多特成为瑞典王国的王储后，与俄国关系十分亲密，还拒绝执行拿破仑的大陆封锁政策。这是拿破仑不能容忍的，法国马上就出兵瑞典。这时候的贝纳多特已经站在瑞典王国的立场上思考问题了，为了瑞典的国家利益，他带领瑞典加入了反法同盟。而瑞典加入反法同盟，作为法国盟友的丹麦和挪威王国自然就成了瑞典的对手，这对正遭受英国封锁的丹麦和挪威王国来说，无异于雪上加霜。

1811 年 2 月 27 日，配备了包括步兵在内的约 1000 人的丹麦炮舰群，试图夺回安霍尔特岛。结果丹麦人夺岛失败，在遭受惨重损失后退回日德兰半岛。

1812 年 7 月 6 日，英国与丹麦和挪威王国展开了最后一场比较大的海战。在挪威海岸边，英国皇家海军的战舰击沉了丹麦最后一个炮舰群。

丹麦和挪威王国终究没能用小炮舰战胜英国的大军舰。

挪威“挪”至瑞典

法国元帅贝纳多特变身为瑞典王储卡尔·约翰后，很快成为全瑞典最受欢迎且最有权势的人。国王的老弱和议会的终结，使得瑞典王国的行政大权特别是外交事务，完全落入这位新王储的手中。

卡尔·约翰摄政期间（1818 年继位），一改瑞典的亲法政策，采取远交近攻策略，加入第六次反法同盟行列。作为反法同盟北路军团的总指挥，卡尔·约翰率军接连击败法军。

作为瑞典王国的实际掌门人，卡尔·约翰将占领挪威作为国家的重要政策。1813 年 10 月莱比锡会战后，他转而决定不惜一切代价削弱丹麦、拆分丹麦和挪威王国，进而占领挪威。同年 12 月，卡尔·约翰主动挑起战争，率军入侵丹麦。经受了 7 年炮舰战争磨难的丹麦，就像一个满身病痛的人，十分羸弱。对来自瑞典军队强有力的进攻，丹麦已是毫无抵抗之力了。

1814 年 1 月，丹麦和挪威王国宣布投降。丹麦和挪威王国被迫与瑞典王国签订了《基尔条约》。

《基尔条约》规定：丹麦将北海东南部的黑尔戈兰岛割让给英国，将整个挪威割让给瑞典。该条约允许丹麦保留原挪威本土外的三块领土：格陵兰、冰岛和法罗群岛。

丹麦无奈地接受了《基尔条约》，但挪威总督反对与瑞典合并，于同年 5 月自行宣告独立。卡尔·约翰规劝挪威总督接受条约，劝降无效后于 7 月 26 日挥师入侵挪威。面对强势的瑞典军队，挪威不得不于 8 月 14 日签订《莫斯条约》，同意与瑞典成立联合王国，服从瑞典的统治。

就这样，挪威被从丹麦和挪威王国里拎出来，“挪”到了瑞典王国。直到 1905 年，挪威才恢复了独立。

法西战争

（1808—1814）

军事天才拿破仑，可以说是一位极具争议的人物。有人将其视为法国大革命的捍卫者、传播者，也有人将其视为侵略者和刽子手。特别是在拿破仑将战火烧到欧洲其他地区之后，反对他的声音一浪高过一浪。法国政治家梯也尔曾经这样评价拿破仑："拿破仑长于指挥军队，善于治理被征服的地区。几年之后，这位伟大、聪明的人物疯狂了，使得一百万人的生命毁灭在战场上，激起整个欧洲来反对法国，二十年胜利的果实被剥夺一空。"而这一疯狂的开端，就是拿破仑对西班牙发动的侵略战争。拿破仑对西班牙的入侵，激起了当地人民的强烈反抗。这场战争拉开了拿破仑侵略扩张的帷幕，也成为帝国走向衰落的开端。

缪拉元帅进军马德里

拿破仑在奥斯特里茨战役中，一口气击败了欧洲大陆上三个最为强大的敌人：奥地利、普鲁士、俄罗斯，此时的拿破仑，站在了自己军事生涯的顶峰。这时，只有孤悬大西洋的大英帝国能对法国构成直接威胁。为了彻底打垮英国，拿破仑希望实行彻底断绝英国同欧陆联系的"大陆封锁政策"，从而迫使英国屈膝投降。

但是拿破仑有一块心病。法国的两个南方邻国，伊比利亚半岛上的西班牙和葡萄牙，并不和法国同心同德，如果不能有效地控制西班牙和葡萄牙两国漫长的海岸线，对英国的大陆封锁政策只不过是枉费心机。拿破仑早就想制服这两个国家，只是苦于东线作战腾不出手来。《提尔西特和约》一签订，拿破仑便认为时机已到，决心征服整个伊比利亚半岛，将西、葡两国纳入封锁英国的大陆体系。

1808 年春，已经占据葡萄牙的法国为彻底占领伊比利亚半岛，开始占据西班牙的各战略要点。3 月 20 日，缪拉元帅率法军进驻马德里，西班牙王国政府无力抵抗法国侵略军。5 月 2 日，马德里的民众率先反抗，爆发了著名的“五月事变”。3.5 万人涌上街头向法国人示威，有人甚至从窗户里向法军士兵开枪。法军动用武力镇压，造成 2000 名西班牙平民丧生，命令开枪的缪拉得到了拿破仑的赞许。拿破仑的兄长约瑟夫·波拿巴被封为西班牙国王，于 7 月迁入新首都马德里。

血腥的镇压并未使西班牙人就此屈服，“五月事变”拉开了西班牙人民反法运动的序幕。虽然西班牙人没有了自己的国王和政府，也缺乏统一的领导，但是这个具有强烈民族自豪感的国家还是敢于向当时的欧洲最强者发起挑战。散布于各地的装备粗劣的西班牙军队都在顽强抵抗，反抗法国占领军的武装斗争如燎原之火迅速蔓延。法军所到之处，都遭到西班牙人的顽强抵抗。法军从进入西班牙的最初一刻起，就遇到无数的几乎每天都要发生的反抗事件。

若阿尚·缪拉元帅（1767 年 3 月 25 日—1815 年 10 月 13 日），拿破仑一世的元帅（1804 年起），曾任贝尔格和克莱沃公爵（1806 年起），后成为那不勒斯国王（1808—1815 年在位），法国军事家，以是一位杰出的骑兵指挥官和勇武绝伦的战士而著称

有一次，法军进入一个乡村，乡村里空空荡荡，居民都藏到森林里去了，只有一位年轻的母亲带着一个孩子，还发现一些存粮。法军军官怀疑有人捣鬼，在让饥肠辘辘的士兵吃这些食物之前，先问这个女人，里面是否下了毒药。军官得到的回答是没有，但他

法国军队在西班牙战场遭遇激烈抵抗。该图描绘了双方发生战斗的场景

还不放心，命令她自己先吃一些，这位农妇毫不犹豫地吃了。军官还不满足，命令农妇拿这些粮食喂她的孩子，母亲马上执行了这一要求。于是一些法军士兵放心地吃了，可只过了短短几分钟，母亲、孩子和进食过的士兵都痛苦地死去了。这就是西班牙人对侵略者最强烈的仇恨和最极端的反抗。起初遇到这样的事情还使法军吃惊，但后来这就成了司空见惯的现象，只要到过西班牙战场，谁也不会对此感到惊奇，除了拿破仑。他对这场战争的性质根本不理解，西班牙人民的强烈反抗完全出乎拿破仑的意料。

最初，法军依靠优势兵力和装备，镇压了一些小规模的起义，并在北部的桑坦德击退了一支登陆的英国海军陆战队。但拿破仑很快就发现事情变得越来越棘手，西班牙人依靠天时、地利、人和的优势来对抗装备精良的法军。1808 年 7 月 20 日，杜邦率领 1.9 万名法军在马德里以南 257 千米的拜伦被迫向西班牙人投降，这是迄今为止拿破仑的军队在欧洲受到的最严重的挫败。拜伦大捷极大地鼓舞了西班牙人民反抗法国侵略者的斗志和信心，而庸碌无能的新国王约瑟夫本来就不愿意从安逸的那不勒斯到马德里受煎熬，他抵达首都的那天正好是法军惨败的次日，闻此噩耗，他又赶紧打点行装向北逃去，把马德里重新交还给了西班牙人。拿破仑只好从东欧抽调大批部队开赴西班牙，并意识到，此时一旦奥地利对法宣战，法国将不得不面临两线作战的境地。

朱诺兵败伊比利亚半岛

法军吃了败仗后开始变得小心谨慎，拿破仑决定：援兵未到之前，在西班牙的法军暂时采取防御战略，如果有可能，首要目标是收复马德里，其次是保持连接葡萄牙的交通线畅通，另外要守住靠近法国的西班牙边境地区，以确保退往法国道路的安全，等待大军抵达后再伺机反攻。拿破仑命令在德意志的第一、第五、第六军 3 个军及 3 个骑兵师火速向西班牙进发，同时还集结了一支配有各种火炮的攻城部队。

让 - 安多什·朱诺将军（1771 年 10 月 23 日—1813 年 7 月 29 日），阿布兰特什公爵，拿破仑一世时期法国将领，以勇敢善战著称

但是，英国的干涉使得拿破仑期望轻而易举地征服西班牙和葡萄牙的计划被彻底打乱，半岛战争的形势已经不以拿破仑的意志为转移了。1809 年 6 月，英国政府决定以伊比利亚半岛为突破口，派遣一支远征部队去阻止拿破仑的进一步扩张，一个重要人物就此登场。同年 8 月 1 日，陆军中将

阿瑟·韦尔斯利爵士率领一支12300人的英国远征军在葡萄牙海岸登陆，并向首都里斯本进军。

在葡萄牙登陆的英军，先后在罗里萨和维米耶罗两次击败了法国将领朱诺统率的葡萄牙军团。由于英国掌握着海上控制权，地面部队可以不断得到增援；相反，法军的陆上交通线并不畅通，友军相距遥远，朱诺的军团处境相当孤立。在这种情况下，为免重蹈杜邦军的覆辙，朱诺只好同英国协商停战，主动放弃葡萄牙。根据8月31日达成的《辛特拉协议》，朱诺的部队全部经由海路撤出葡萄牙，回到法国的大西洋港口城市拉罗谢尔。英军遂控制了整个葡萄牙，兵力也增至35000人，并改由陆军中将约翰·穆尔爵士指挥。穆尔接到命令，要与西班牙军队协同作战，以把法军彻底赶出西班牙。英国还同时从海上为西班牙和葡萄牙的抵抗力量提供武器援助。随着时间的推移，法军面临的对手越来越强大，轻率入侵他国的后果已经显现出来了。

约瑟夫兵败维多利亚

为了尽快结束西班牙战事，拿破仑决定再次“御驾亲征”。他在近卫军的簇拥下，离开巴黎，抵达西班牙北部城市维多利亚，开始直接指挥西班牙境内的法军。拿破仑决定先收复马德里，于是不停地向马德里进军。在法军炮火的威胁之下，无险可守的马德里守军于1809年12月4日投降。约瑟夫·波拿巴再次被扶上西班牙王位，但是西班牙人民始终没有屈服，一直坚持反法独立战争。为了牵制法国，英国也没有放弃对西班牙的支持。

当时西班牙老百姓不能容忍法国侵略，向拿破仑宣战，并请求英国支援。英国与法国对抗多年，因偏居英伦三岛，也希望在欧洲大陆建立抗法基地，遂于1808年派威灵顿公爵率军前来。威灵顿能在维多利亚建此大功，看来还要感谢拿破仑。1812

该图描绘了威灵顿公爵阿瑟·韦尔斯利指挥军队作战的场景。阿瑟·韦尔斯利（1769年5月1日—1852年9月14日），第一代威灵顿公爵，英国著名军事家、政治家，两次担任英国陆军司令，是第21位英国首相（1828年1月22日—1830年11月22日、1834年11月17日—12月9日在位），也是世界历史上唯一一位获得八国元帅军衔的将军

年，拿破仑率60万大军进攻俄国，俄国坚壁清野，法军几乎全军覆没。为了重新组建军队，拿破仑从西班牙调回几万兵力，以致减弱了法国在西班牙的实力。

如此好的机会，威灵顿不想放过。他当时已收复西班牙南部，占据了通向马德里的几处要塞，何不趁此机会，将北方的法国人也赶出西班牙？

为分散法国的兵力，威灵顿打算主力先按兵不动，让北部边境的西班牙游击队大规模骚扰法军。他们频繁活动在城市里，以及城市与城市之间。只要规模不大的小股法军出巡，多半便会被他们击毙。当地法军因此损失几千人，不敢随便出来活动。拿破仑见英军没有行动的迹象，就从马德里抽调4万军队前去平乱。马德里的守备一下子空虚起来。

该图描绘的是法西半岛战争中维多利亚战役的场景。维多利亚战役是 1813 年 6 月 21 日威灵顿公爵指挥英西联军在维多利亚击溃法国军队的一场战役。这场战役摧毁了拿破仑一世在伊比利亚半岛的势力。此役之后，威灵顿公爵晋升为英国陆军元帅

威灵顿趁机和西班牙将军隆戈一起，率领近 7 万英西联军直取马德里。国王约瑟夫措手不及，慌乱之下，只好带领宫廷大臣和亲眷，在皇家卫队的护卫下向北撤往维多利亚。维多利亚靠近西法边境，是一处三面环山的盆地，也驻有儒尔当元帅统率的 6 万多名法军。约瑟夫行至此处，才松了一口气。

威灵顿追到这里，并没急着找法国人厮杀。他先让隆戈率领西班牙军绕到盆地侧山后，以便翻山突袭法军背后。之后他才渡过维多利亚盆地入口处的埃布罗河。先前法军见威灵顿没追来，以为他有退缩之心，遂放松了这里的防守。这让威灵顿得以轻松渡河。

当时英军使用的子弹重于法军，杀伤力极强。威灵顿在布阵上，也特意扩大攻击面，加上西班牙军在背后夹击，法军溃不成军，退入维多利亚城。西班牙军已经占领山头，居高临下发射炮弹。法军像潮水一样，在街上涌来涌去，最终无力支撑，弃城向法西边境撤退。

英西联军穷追不舍，法军为逃命，用武器和辎重充塞道路，追击的英西联军为抢夺战利品放缓了追击，法军才得以逃出西班牙。约瑟夫则抛弃马车，只身骑马逃回法国。

威灵顿大获全胜，事后总结胜利的原因，除了感谢拿破仑，他还得庆幸因获得了西班牙军队的指挥权，才让战场的调度如此顺利。

他很早就提出，西班牙缺少有经验的将军，不如把英西联军交由他来统一调配。西班牙人原本不肯答应，两国虽是反法盟友，却在海上争霸多年，西班牙最终落败，如果这次不是法国相逼，英国也算仇人。

西英虽并肩作战很久，却往往各行其是。有一次，西军配合威灵顿防御法军，本已取得一些胜利，威灵顿请西军帮忙守住防线，他本人去追击法军。西军本已答应，但为抢功，竟临时改变主意，也去追击，以致防线出现缺口。法国援军乘虚反攻，英军阵脚大乱，损失六七千人。威灵顿气愤至极，但西军将领不是他的手下，有权自主行动，他也毫无办法。

这种情况出现转机是因为西班牙发生了内斗。当时，中央洪达（执政委员会）分为两派，自由派主张民主化改革，保守派希望保住大贵族和高级教士的权力。此时，西班牙全境已被法国占领，中央洪达躲在港口城市加的斯，靠英国的援助才得以保存。所以英国的支援越来越重要。

而自由派和保守派都希望英国支持己方，为讨好威灵顿使出浑身解数。自由派将威灵顿请到议会，奉入上座，并极力感谢英国的援助；保守派则把威灵顿梦寐以求的西班牙军队指挥权正式交到他手里。

费尔南多七世（1784年10月14日—1833年9月29日），西班牙国王（1808年3月—1808年5月在位，1813—1833年在位），西班牙国王卡洛斯四世之子

西班牙人为保卫家园，作战非常勇敢。有了威灵顿的调度后，威力大增。维多利亚战役前，威灵顿能扫清西班牙南部的法军，跟这一点也有很大关系。

维多利亚战役后，因约瑟夫和儒尔当元帅都逃回了法国，西班牙境内剩余的法军群龙无首，也逐渐退回本国。西班牙境内的法军，竟全部肃清。1813年，维多利亚战争后，拿破仑任命的西班牙国王约瑟夫·波拿巴因指挥不力，致使法军全部撤出西班牙，回到法国后被囚禁。维多利亚战役是法国自被俄国战败后的又一次大溃败，元气大伤，士气大受影响。四个月后，拿破仑又在莱比锡败给盟军部队，不久后就退位了。

1814年3月，费尔南多七世（又称斐迪南七世）在西班牙复位，半岛战争结束，西班牙最终迎来了抗法战争的胜利。

俄法战争

（1812）

鼎盛时期的拿破仑扮演着欧洲主宰者的角色，自己兼任意大利国王、莱茵联邦的“保护人”和瑞士联邦的仲裁者，兄弟们分别担任了西班牙、葡萄牙、那不勒斯、荷兰和威斯特法利亚的国王。拿破仑把法国的版图扩展到最大，1809 年年底，他占领的他国领土已相当于法国本国面积的 3 倍，统治的他国人口达到 7500 万人。然而拿破仑一生的功业，最终却在俄罗斯折戟沉沙、一败涂地。为什么拿破仑会走上侵略俄国的不归路？俄法战争又给整个世界带来了什么影响呢？

拿破仑计划速战速决

相继击败五次反法同盟、打遍欧洲无敌手的拿破仑，迎来了军事生涯的顶峰，随后拿破仑率领法国横行欧洲大陆。到 1811 年，拿破仑已将大半个欧洲揽入怀中，开始叫嚣着要灭掉俄国，做全欧洲的主人。此时，除了遥远的奥斯曼帝国和偏安一隅的英国，欧洲没有一个国家敢和法国正面较量。拿破仑将俄国看作英国在欧洲大陆上的最后一个依靠和法兰西帝国在欧洲大陆上的最后一个障碍。要最后打败英国，必须先击败俄国。他曾在战场上屡次战胜俄国人，因此对俄国人十分轻视，迫不及待地想征服这个辽阔的国家，以致还未成功征服西班牙，就准备对俄国动手了。

1812 年 6 月 24 日，拿破仑率 44 万大军向俄国进发，俄法战争爆发。拿破仑计划速战速决，乐观地以为只要在开阔地带同俄军主力进行一次决战，将其一举消灭，就可迫使沙皇接受他的条件，尽早结束战争，从而一跃成为欧洲大陆无可争议的至高无上的霸主。

战争开始后，法军长驱直入，挥师东进，很快打到了距离莫斯科 300 千米的斯摩棱斯克，拿破仑准备在这里同俄军主力进行决战。

斯摩棱斯克城位于第聂伯河畔，是通往莫斯科的必经之地，当时的人口约有 2 万人。8 月 16 日，法军前锋内伊军和达武军进抵斯摩棱斯克城对面的第聂伯河岸，

1812 年 8 月 18 日法军攻占斯摩棱斯克的场景

俄军早已严阵以待。拿破仑赶到后，立即下令攻城。斯摩棱斯克的城墙是用大块砖石砌成的，其坚固程度可想而知。结果法军被守军击退，伤亡惨重。但拿破仑不肯善罢甘休，次日，法军以 14 万之众继续发动猛攻。斯摩棱斯克城内的建筑多系木质结构，在法军大炮的轰击下很快便起火燃烧，战斗异常激烈，双方均遭受了严重的人员损失。

鉴于法军人多势众，俄军不愿硬拼到底，当天晚上便趁着茫茫夜色撤离了斯摩棱斯克，临走前将武器弹药库付之一炬。经过这场大战，法俄两军各伤亡 2 万人，战争进程并不如拿破仑预计的那样顺利，俄军作战十分勇猛，抗击侵略的决心非常坚定。法军不少官兵死于伤寒和肠胃病，给养不足的同时也造成法军军纪败坏、抢劫成风，以致经常受到俄国军民的袭扰。

面对如此尴尬的处境，拿破仑不得不做出一次困难的抉择：要么继续追击不断后撤的俄军，要么留驻斯摩棱斯克过冬，收兵回国他是绝对不会考虑的。选择前者，就意味着法军脆弱的补给线还要危险地向前延伸。从哥尼斯堡的前进基地算起，拿破仑的大军已经推进了 772.5 千米，若是再进军莫斯科，则还要向东前进 386.2 千米。选择后者，也并不一定就能改善法军当时的处境，仗打得时间长了，还会有新的难题出现，胜负更加不可预测。一些将帅认为继续东进不利，连原先最积极的东进派缪拉元帅，此时劲头也不那么足了。拿破仑下不了决心进行旷日持久的战争，想尽快地获取胜利以摆脱困境。赌徒心理使他决定孤注一掷，将这场凶多吉少的远征进行到底。拿破仑寄希望于占领莫斯科能迫使沙皇屈服就范，从而结束这场痛苦不堪的战争。

斯摩棱斯克之战的结果，也令沙皇亚历山大一世不满。他不愿看到军队一个劲儿地后撤，他要的是把法国人尽早赶出国土。两大高级将领巴克莱和巴格拉齐昂貌合神离，他们的争斗倾轧也使沙皇感到不安，于是巴克莱的总司令之职被撤。由于没有堪当重任的合适人选，亚历山大一世勉强决定重新起用老将库图佐夫。库图佐夫当时已 67 岁，看起来老迈迟钝，连马都不能骑了，实际上却是老而弥坚，眼光敏锐，很有策略。他知道拿破仑渴望尽快决战，便继续坚持战略退却保存实力的方针。俄军一直撤到了离莫斯科只有 120 千米的博罗迪诺村。这个村子坐落在从斯摩棱斯克通往莫斯科的大道上，是首都的咽喉所在，莫斯科河的一条支流奥卡河从其南面流过。

库图佐夫决定在此地先打一场防御战，再考虑下一步行动。俄军在奥卡河东岸的山丘上建起阵地，右翼有河流作为屏障，左翼有难以通行的森林掩护，阵地中央是一道低矮的山冈。俄军筑起一些多面棱堡作为防御支撑点，虽不能说固若金汤，但也易守难攻。库图佐夫将两支主力部队部署在这里，分别由巴克莱和巴格拉齐昂指挥，加上哥萨克骑兵，俄军总数约 13 万人，有大炮 640 门。巴克莱的部队构成俄军的右翼，库图佐夫认为法军会沿着新斯摩棱斯克大道前来，因而在这里部署了重兵，但中央和左翼阵地兵力相对薄弱，巴格拉齐昂的部队战线过长，易受攻击。

法军 16 万人沿着通往莫斯科的大道挺进。1812 年 9 月 5 日，缪拉的骑兵抵达博罗迪诺，随后赶来的达武军立刻展开强攻，拿下了俄军左翼主阵地前的一个重要棱堡，迫使巴格拉齐昂的部队退回主阵地上，其他各部法军也在当晚先后抵达战场。第二天，拿破仑对俄军阵地进行了一次仔细的战前侦察，他本想采取惯用的大迂回战术，推进到俄军的背后，但苦于兵力不足，且受到不利地形的制约。不过他看出了俄军中路和左翼较为薄弱的漏洞，遂命令达武和内伊指挥的第一、第三两军于次日上午向敌人中央阵地发起正面进攻，波兰亲王波尼亚托夫斯基的第五军受命沿老斯摩棱斯克大道迂回包抄敌军的最左翼，另由欧仁率领一支部队对俄军右翼发动佯攻，近卫军和第八军在中央留作战略预备队。法军人数稍占优势，但在其他方面并不比俄军好多少。两个多月的连续行军战斗已令法军疲惫不堪，严重的人员损失和补给短缺影响了士气，骑兵的处境尤为艰难，丧失了大量马匹，剩下的也羸弱不堪。相反，俄军骑兵却是兵强马壮。俄军在火炮的数量和质量上也占有一定优势。

9 月 7 日，拿破仑起得很早，并把指挥所移到那个被占领的棱堡里。由于感冒发烧，拿破仑在下令开战后，就很少直接参与指挥战斗。早晨 6 时，法军在用炮兵集中火力猛轰俄军的棱堡之后，发起大规模进攻，俄军也毫不退让地予以猛烈还击。炮战持续进行了数小时，整个战场硝烟弥漫，能见度下降，给两国军队的近战增加了困难。双方在博罗迪诺以南爆发了全线激战，在俄军左翼和中央防线上的战斗最为激烈。棱堡争夺战成了各兵种参加的大混战，俄军阵地几次易手，双方的炮兵令对方成千上万的人员丧生，骑兵互相冲杀，步兵刺刀相向，直杀得人仰马翻。

波尼亚托夫斯基试图迂回袭击俄军左翼巴格拉齐昂的部队，虽遭俄军阻击未能成功，却把俄军指挥官图奇科夫击毙，巴格拉齐昂也受了重伤。法军第一次正面进攻被俄军击退，伤亡巨大，但法军很快又发动了第二次大规模进攻，法国第八军也早早地投入了战场。战至正午，俄军左翼阵地上的棱堡终被锲而不舍的法军攻占。同时，

C
E
B
D

1812 年 9 月 7 日博罗迪诺战役中俄、法两国军队作战的场景。博罗迪诺战役是拿破仑侵入俄国的一次会战，这场战役对俄法 1812 年战争的整个进程有着重大影响，虽然没有直接导致战争进程发生根本性转折，但标志着拿破仑军队覆灭的开始

欧仁的部队在俄军右翼也取得了进展，夺取了博罗迪诺村，将巴克莱的部队赶过了奥卡河，法军进而渡河协助主力攻击俄军中央防线。俄军骑兵对法军左翼实施的反攻未能得手。下午，经过长时间的炮击，法军又对在中央阵地顽强抵抗的俄军发起一波接一波的强攻。这一次内伊和达武的军团实施联合行动。同先前的战斗一样，法俄双方的炮兵、骑兵和步兵都参加了战斗。进攻开始时，法军炮兵照例先对俄军实施猛轰，然后身穿艳丽服装的法国骑兵并肩排成一列列横队，整齐地朝俄军逼近，随即便转入与俄军骑兵刀光剑影的拼杀中。俄军炮兵亦不甘示弱，迅即开炮还击，实心弹、榴霰弹如雨点般射向排成一道道红蓝长墙的法国步兵纵队。战马在滑膛枪弹的呼啸声中纷纷倒毙，轰鸣的炮声也宣告了大批生命的终止。这是一天中的最后一场恶仗，其悲惨而血腥的场面堪比人间地狱。经过刺刀见红的白刃战，到了傍晚6时许，法军依靠士兵数量上的优势，终于攻克了俄军中央阵地上的主要支撑点谢苗诺夫斯卡科耶和勒热夫等棱堡。俄军虽然在激战中表现出极大的勇气，但在与法军骑兵、步兵和炮兵的殊死对决中，最终被击退，失败已成定局。

在博罗迪诺会战中，俄军战斗队形采用纵深配置，总纵深为3～4千米，步兵同骑兵和炮兵之间配合密切，保障了防御的坚固性。俄军各部队拥有较强的预备队，并建立有总预备队。

俄军退出主阵地后又准备重新部署，而法军第一线部队由于伤亡很大，无力乘胜追击全歼俄军。这时，拿破仑的元帅们要求拿破仑将作为预备队的近卫军投入最后的战斗，以彻底粉碎俄军的抵抗，但被拿破仑拒绝，他要保存这支最后的精锐部队，准备在夺取莫斯科时使用，所以不愿近卫军去冒险。跃跃欲试的法国近卫军只好一直按兵不动，结果使俄军在入夜后得以安然撤退。

博罗迪诺一战，双方的伤亡异常惨重，俄军损失4万余人，法军伤亡3万多人，法军缴获俄军40门大炮，俘获俄军千余人。双方都有不少高级将领英勇阵亡或负伤，俄军有22名，其中包括伤重不治的巴格拉齐昂，他于两周后死去，法军则多达38人。拿破仑虽然迫使俄军放弃了防御阵地，但消灭敌人有生力量的目标还是未能实现。后来他在回忆这场战役时曾说，博罗迪诺之战，法军表现了最大的勇气，却只获得了最小的胜利。

有意思的是，法俄双方都宣称获得了博罗迪诺会战的胜利，但他们又都不敢说这所谓的胜利是出自他们杰出的指挥艺术。尽管在博罗迪诺会战中法俄两军将士都打得勇猛无比，但是这场血腥的大厮杀充其量不过是一次互相猛攻的游戏，他们的统帅无论是拿破仑还是库图佐夫，都没有表现出应有的才干，后者多半是出于年老体衰的缘故，可是拿破仑的优柔寡断却反映出他的指挥能力已开始走下坡路了。

库图佐夫实行焦土政策

为了避免遭受更大的人员损失，博罗迪诺之战后，俄军决定放弃莫斯科，为了不把有用的东西留给侵略者，俄军将库存物资搬运一空，并把城内的消防设备破坏殆尽。1812 年 9 月 14 日下午，法军耀武扬威地开进了这座古都，拿破仑也于次日得意扬扬地进驻克里姆林宫，但他很快发现自己占据的几乎是一座空城。俄国并未因都城被占而求和，拿破仑的战略企图落空了。

弃城而走的俄国军民并不打算将这座令他们自豪的城市拱手让给侵略者，他们放火焚城，用这种极端的方式来表示他们不甘屈服抗击到底的决心。莫斯科燃起了熊熊大火，等到法军想扑救时为时已晚。由于缺少救火器材，法军面对凶猛的烈焰也无能为力，火势如脱缰之马，一直蔓延到克里姆林宫，拿破仑被迫迁往彼得罗夫宫。肆虐的大火一连烧了五六天，直到 9 月 20 日才自然熄灭，莫斯科城 3/4 的地区被毁，6000 余幢房屋化为灰烬。至此，昔日辉煌的莫斯科已是一座废城，没有什么战略价值可言，反倒成了法国人弃之可惜留之无用的沉重包袱。莫斯科的大火烧灭了拿破仑的希望，拿破仑望着大火绝望地喊道："烧掉自己的家园！多么野蛮！这是什么样的民族！什么样的民族啊！"

库图佐夫撤出莫斯科后，并没有走远，他将部队部署在莫斯科西南 160.9 千米处的卡卢加城，以保护重镇图拉，因那里有俄国最重要的兵工厂，而且离法军补给线上的要冲维亚兹马不到 144.8 千米。库图佐夫在卡卢加整编军队，兵力扩充，总人数逾 10 万人。他还专门派出一些小分队袭扰法军。俄国民众坚壁清野，并在俄罗斯、白俄罗斯和立陶宛的广袤地区自发组成游击队，有的游击队有几千人之众。他们烧毁法军的辎重，袭击小股法军，给法军的后方造成了极大的困扰。俄国人正在布下天罗地网，不可一世的拿破仑和他的军队已陷入俄国人民战争的汪洋大海之中。

1812 年 10 月 13 日开始降霜，俄国恐怖的严冬转眼就要到来。失去后勤保障的法军已成强弩之末，根本无力发动进攻。事已至此，拿破仑决定放弃莫斯科。10 月 19 日，撤离莫斯科的行动开始，法军此时尚有第一、第三、第四、第五、第八各军，加上近卫军和骑兵共约 10 万人、500 多门火炮。他们以八路纵队在宽敞的卡卢加大道上行军，直到夜幕降临之时还未全部走出莫斯科城门。走在最后的是莫蒂埃的近卫军，在撤出莫斯科之前拿破仑曾嘱咐要炸毁克里姆林宫，但他们并未认真执行此项命令，这座古老而伟大的建筑得以免遭毁灭。

就在这一天，库图佐夫在位于莫斯科西南约 72 千米处的塔鲁季诺突袭了缪拉的部队，缪拉措手不及，在损失了一些人员和火炮后被迫后撤。拿破仑的大军为便于补给，先是向未受战争破坏的莫斯科西南地区撤退，但在马洛亚罗斯拉维茨遭到了俄军的拦截。10 月 24 日一场厮杀过后，法军虽然占领了该地，却损失了 5000 人，大部分为欧仁亲王统率的意大利部队。库图佐夫随后向西撤去，对法军的退路仍是极大的威胁。拿破仑在遭到迎头痛击之后转而折向西北，以便经由维亚兹马和斯摩棱斯克走近路撤往波兰。

部队的大量减员使拿破仑不得不烧掉一些已不存在的部队的军旗，望着那一面面被烧掉的旗帜，拿破仑此时的心

俄军遭遇博罗迪诺战役失败之后，撤出莫斯科，并放火焚城。该图描绘了1812年9月14日拿破仑率领法国军队进入莫斯科的场景

法军从莫斯科撤退途中被俄军袭扰而致辎重毁坏、兵士伤亡的场景

境可想而知，那支曾经使整个欧洲都为之战栗的大军，事实上已经不存在了。就在几个月前，这支大军看上去还是那么强大和不可战胜。为了避免落入俄军之手，拿破仑从一名医生那里要来了一瓶毒性强烈的鸦片溶液，以防万一。既为了不给追击的俄军留下任何可用之物，也为了报复俄国人先前的坚壁清野行动，按照拿破仑的命令，撤退的法军将沿途一切能烧的东西都烧个精光，乡村、庄园，统统付之一炬。很快就没有什么东西可烧了，因为接下来所经过的地方，此前已被战火严重地破坏过。当法军走过博罗迪诺战场时，成千上万具俄国人和法国人的尸体还原封未动地留在那里，没有人去掩埋和触动，都腐烂了。这种凄惨的景象对士兵产生了非常大的消极影响，尤其是正处于退却状态中。他们觉得战争已经打败了，整支军队弥漫着一股失败主义情绪。拿破仑赶紧下令尽快离开这个可怕的地方。

俄建两座凯旋门

在莫斯科城遭到惨败之后，西撤的法军每天都要遭到哥萨克骑兵的袭扰，前锋、后卫、侧翼乃至主力纵队，一概不能幸免。凶猛的哥萨克人对掉队的法国人毫不留情。近十万法军将士饿得半死，再加上极度的疲劳和对死亡的恐惧，他们已经失去了往日的斗志。几支俄军都在向撤退中的拿破仑军队逼近。北侧翼，圣西尔的法军第六军已被保护圣彼得堡的维特斯坦逐出了德维纳河上的要塞波洛茨克。驻守斯摩棱斯克的维克多第九军奉命立即西进救援，但也被击退。在南翼，心怀异志的奥地利军队作战不力，10 月中旬已向华沙方向撤退。法国各支入侵部队之间位置隔绝，只好各自为战，拿破仑已无法实行集中统一的有效指挥。此后，拿破仑将其残部交给缪拉指挥，自己则由科兰古等几名近臣陪同，乘坐雪橇经华沙赶回巴黎。1812 年 12 月 18 日，他终于回到了阔别已久的杜伊勒里宫，但再也不是以胜利者的身份凯旋了。

1814 年，以俄国为首的反法联军打败了拿破仑，拿破仑被迫退位。沙皇亚历山大一世以“解放者”的身份骑着白马进入巴黎，算是报了法国入侵俄国的一箭之仇。为纪念 1812 年俄国军队大败拿破仑军队，沙皇命人在莫斯科市区、紧临胜利广场的库图佐夫大街上修建了一座高大宏伟的凯旋门。1814 年，为隆重迎接战胜拿破仑军队的俄军将士从西欧远征归来，根据沙皇指令，人们搭建了一个木质的凯旋门。1834 年，重建了一座石制的凯旋门。后经 1936 年、1966 年大的改造修饰，这两座凯旋门如今已成为莫斯科市重要的标志性建筑。

拿破仑远征俄国的失败表明，他的军事才能已开始衰竭，不过尚未走到尽头。冒失地远征俄国，是拿破仑在其军事生涯中犯下的致命的战略错误：他尚未解决西班牙的战事，就贸然踏上了征服俄国的征程；他错误地低估了沙皇亚历山大和不屈不挠的俄国军民的抵抗意志，俄国军民在保卫自己的土地时是异常的英勇顽强；他想尽早地歼灭俄军主力，却始终未能如愿；在博罗迪诺会战的关键时刻，他不肯投入近卫军进行决定性的一击；他对尽快结束俄国远征如此充满信心，以致他的军队完全没有做好冬季作战的准备；他惯于采用的那套就地取材的补给方法，在荒凉的俄国根本行不通；俄国冬季的风雪更是将法军折磨得痛苦不堪。这一连串的不幸和错误，注定了拿破仑冒险远征的失败命运。这一挫折不仅无可挽回，而且成为决定性的战略转折。拿破仑苦心经营的法兰西帝国从此由盛转衰，走上了覆亡的不归路。

德意志解放战争

（1813）

爆发于 1813 年的德意志解放战争，是德意志诸邦反对法国拿破仑统治、争取民族独立的战争。至 1813 年年底，整个德意志从拿破仑的统治下获得解放。德意志解放战争实现了德意志民族独立，为日后德意志的统一奠定了坚实的基础。

《陶罗根专约》

拿破仑远征俄国的惨败，标志着他苦心经营的法兰西帝国从此由盛转衰，也为被拿破仑征服的欧洲国家摆脱其控制迎来了难得的契机。拿破仑打败普鲁士后，使其成为法兰西的仆从国，这对普鲁士来说是奇耻大辱。拿破仑远征俄国的失败，使原本就和法国貌合神离的普鲁士率先倒戈。

1812 年，驻在波罗的海沿岸的普鲁士辅助军指挥官约克·冯·瓦滕堡将军在未获普鲁士国王同意的情况下与俄军统帅部在陶罗根（今陶拉盖，位于立陶宛境内）签订了《陶罗根专约》。根据协定的条款，普军撤退到东普鲁士，并自协定签字之日起，直到普鲁士政府决定同俄国结盟为止保持中立。

普鲁士国王腓特烈·威廉三世因惧怕拿破仑，便公开宣布反对瓦滕堡将军的行为，并撤销了他的指挥官职务。普鲁士人民却非常愿意接受这一协定，并开始了抗击拿破仑军队的游击战争，拒绝向拿破仑纳税。拿破仑军队中的德意志士兵开小差的现

腓特烈・威廉三世（1770 年 8 月 3 日—1840 年 6 月 7 日），普鲁士王国国王（1797 年 11 月 16 日—1840 年 6 月 7 日在位），率领普鲁士加入欧洲反法同盟，并在德意志解放战争中促使普鲁士从法兰西第一帝国的统治下独立

象十分普遍。随后民族解放运动席卷整个德国,《陶罗根专约》成为引爆德意志民族解放战争的导火线。

俄普联军协同作战

就在德意志人民群情高涨之时，惧怕人民广泛奋起斗争的德意志资产阶级和容克地主阶级阻碍了这一运动。然而，这时俄军已经越过普鲁士边界。1813 年 1 月 5 日，哥尼斯堡获得解放，2 月初，俄军占领了整个东普鲁士。2 月 5 日，东普鲁士地方议会不顾国王旨意，同意了关于建立后备军和国民军的法令。当俄军准备向德意志腹地进攻时，库图佐夫向敌后派遣了数支部队，以便发动当地居民积极开展反对占领者的斗争。在这些活动中，脱离普军转到俄军方面的几支志愿兵部队发挥了重大作用，其中表现最出色的是吕特佐夫少校的骑兵部队。俄军于 3 月 4 日解放柏林，瓦滕堡的部队不久即进入该城。3 月 18 日，俄军的几支部队在德意志起义者的协助下占领汉堡。这时，普军包围了斯德丁和施潘道（均位于柏林城外）的大批法驻防军。德意志诸王国中最大的普鲁士若是利用这个机会同俄国协同作战，实际上是能将德意志境内的法军击溃的。此时的普鲁士政府却在为将波兰领土并入普鲁士而努力，迟迟不与俄国结盟。民族解放运动的迅猛高涨，最终迫使腓特烈·威廉三世同俄国签订了盟约。

1813 年 2 月 28 日，普鲁士同俄国在位于华沙大公国境内的卡利什签订了同盟条约，双方同意共同对法国作战，普鲁士应恢复 1806 年的版图。3 月 17 日，普鲁士向法国宣战。在此期间，英俄已于 1812 年 7 月缔结了同盟条约，英国同瑞典于 1813 年 3 月 13 日缔结同盟条约，瑞典与普鲁士于同年 4 月 22 日签订同盟条约，并对法国宣战。至此，第六次反法联盟宣告成立。

第六次反法同盟联军组成后，立即向法军展开进攻，并夺取了萨克森首府德累斯顿。拿破仑率领新组建的法军举行反攻，于 5 月初重新攻占了德累斯顿。反法联军在遭受挫折后，遂向奥地利求援。此时，奥地利尚不愿直接参战，便由外交大臣梅特涅出面进行调停。1813 年 6 月 27 日，俄、普两国同奥地利签订了《赖亨巴赫协定》，

该图描绘的是普鲁士国王腓特烈·威廉三世和俄罗斯帝国皇帝亚历山大一世检阅俄普联军的场景。俄、普于 1813 年 2 月 28 日签订同盟条约，共同对法作战

向拿破仑提出停战条件：取消华沙大公国，由三国瓜分；将但泽归还给普鲁士，法国拆除其在普鲁士及华沙大公国境内的一切堡垒；将伊利里亚归还给奥地利。协定还规定，如果拿破仑拒绝接受议和条件，奥地利应以 15 万人的兵力参加对法国作战。

1813 年 6 月 28 日，梅特涅以调停人的身份前往德累斯顿，向拿破仑提出了实现和平的条件，遭到严词拒绝。奥地利遂于 8 月 10 日加入第六次反法联盟并向法国宣战。

莱比锡战役

1813 年 8 月，反法联军与法军在德累斯顿展开激战。此战役虽以法军的胜利而告终，但未能给予联军重创。联军的人力、物力资源远比法军丰富，从战略态势上看，对法国十分不利。德累斯顿附近地区由于遭受了严重的战火摧残，法军补给日益短

该图描绘的是 1813 年 8 月反法联军与法军在德累斯顿作战时的场景。德累斯顿战役是第六次反法同盟与法国作战期间的一次重要战役，战役发生在 1813 年 8 月 26—27 日的德国萨克森州首府德累斯顿地区

该图描绘的是 1813 年 10 月 18 日莱比锡战役的战斗场景。这场战役于 1813 年 10 月发生在萨克森境内的莱比锡附近，是拿破仑战争中最激烈的战役之一。莱比锡战役后，欧洲各国反抗拿破仑一世统治的斗争蓬勃发展

缺。这些不利因素，迫使拿破仑考虑从德累斯顿撤往供应状况稍好一些的莱比锡地区，这就意味着法军将不得不放弃血战得来的地盘。

正当拿破仑为下一步行动踌躇不定时，反法联军发起了新一轮攻势。此时，发动强大的钳形攻势包围法军的时机业已成熟。普鲁士名将布吕歇尔决定亲率6.5万人渡过易北河，挥师直指莱比锡。在他的右翼，瑞典王储贝纳多特也渡河南下，左翼奥地利的施瓦岑贝格再度从波希米亚山区杀出，法军随时面临被包围的危险。拿破仑的部下为此惊惶不安，拿破仑却还自欺欺人地斥责参谋长贝蒂埃说："一个人决不应为一点鸡毛蒜皮的事大惊小怪，决不能让妖魔鬼怪吓得丧魂落魄。一个人必须意志坚定，明察秋毫。"

到了10月6日，拿破仑终于意识到了事态的严重性。翌日，他携同萨克森国王和王后，离开了德累斯顿，但他仍拒绝承认正放弃萨克森首府，还特地留下圣西尔的第十四军和洛鲍的第一军，总计5万人防守该城。随后，拿破仑将大本营西撤64千米，然而他再也没能重返德累斯顿。过了几天，拿破仑又把大本营转移到莱比锡的北面。他主意多变，行踪不定：一会儿说要率主力北渡易北河，消灭布吕歇尔的西里西亚军团，一度甚至考虑放弃莱比锡，向北进军马格德堡和柏林；一会儿又改口说在打败布吕歇尔后要返回莱比锡。反法联军跟他玩起了猫捉老鼠的游戏，只要他出现，联军立刻撤退，避而不战，同时其他各部又乘机向前推进。忙乎了半天，法军还是在原地踏步，结果完全陷于被动。拿破仑自以为是，固执己见，总以为可以发动一系列攻势粉碎敌人，到头来却是作茧自缚，进退失据，战机到来却又错失。

到了 10 月 12 日，走投无路的拿破仑决定必须集中全部兵力于莱比锡进行一场决战，于是，缪拉奉命在莱比锡东南的山丘上阻击施瓦岑贝格，内伊则负责在东北方迎战布吕歇尔。到了这时，为了法军在德意志土地上的最后一战，拿破仑选择莱比锡作为战场是再糟不过的了。两个月前反法联军还处于极其分散的状态，如果那时拿破仑乘机发动一场坚决的进攻，可能还有获胜的机会，而现在已经太迟了。就在拿破仑不知所措的时候，反法联军继续从三个方向坚定地朝他逼近，围捕他的口袋开始扎紧。贝纳多特的北方军团已推进至易北河边的哈雷，切断了莱比锡和马格德堡的联系，但深知拿破仑厉害的他尤其小心，跟在布吕歇尔军队后面慢吞吞地前进。施瓦岑贝格对拿破仑也非常忌惮，行军速度极慢，17 天才走了 112.7 千米。他也不希望与拿破仑发生正面冲突，宁可绕圈子也不愿交战。只有布吕歇尔行动最积极，他知道现在联军三支主力已非常接近，若是能够同时向法军集中的地区发起进攻，有可能将其一举击溃。在他的鼓动下，沙皇决心一战，派出大量骑兵搜索敌军，结果在 10 月 14 日同法军缪拉的骑兵发生了此次战役中规模最大的骑兵遭遇战，但未分胜负。

此刻，19 万法军已被 30 万反法联军无情地围在了莱比锡周围一个狭小的圈子里动弹不得，昔日的雄狮现在成了一头困兽。当时的莱比锡有 3 万人口，是萨克森王国的一座繁华城市，位于几条河流交汇而成的一个低洼沼地的中央。从北、东、南三个方向会聚莱比锡的 7 条大道均已被反法联军封锁，法军只剩西南面的一条退路可走，路上还有一座石桥，跨过石桥便可越过埃尔夫特河的沼泽地，前往埃尔夫特。10 月 16 日，反法联军对落入陷阱的猎物开始最后的围捕行动。10 月中旬的莱比锡天气寒冷，薄雾蒙蒙，骤雨阵阵。上午 9 时，联军以三声炮响宣布攻击开始，接着双方开始了猛烈的炮击，一连轰了 5 个小时都未停止。在炮火的掩护下，施瓦岑贝格军队在南面的进攻取得进展，法军被逐出了几座村庄。拿破仑闻讯急忙赶去，集中大量炮火粉碎了敌军的进攻。随后缪拉率 1 万骑兵发起了一次蔚为壮观的冲击，试图扩大战果，但法国骑兵已是今不如昔，反被联军炮兵和骑兵的联合反击逐回，以致法军步兵也只

经历了 1813 年 10 月 18 日的战事之后，拿破仑一世决定从莱比锡撤军。莱比锡战役中拿破仑一世的战败，标志着法兰西第一帝国的崩溃

好一同退回。在莱比锡北面也是一场激战，结果布吕歇尔将马尔蒙驱逐出阵地，并缴获了 53 门火炮。鏖战一天，双方难分胜负，各伤亡了约 2 万人。

1813 年 10 月 18 日，战事再起，拂晓前拿破仑视察了整个战场。上午 7 时，联军以六路纵队发起攻击，法军虽顽强抵抗，但寡不敌众，渐渐地被迫退守莱比锡郊区。下午，雷尼耶军里的萨克森部队和符腾堡部队先后叛变，法军处境更加险恶。起初法国骑兵还以为这些德意志人是向前进攻，当他们从身边走过时还不禁向他们欢呼，却没想到他们竟然投到了敌军阵营里。法军炮兵也几乎把所有的炮弹都打光了。这一天，两军损失都在 2.5 万人左右，但法军失利已成定局。夜幕降临时分，拿破仑这才认清此地已不可再留，为避免全军覆没，被迫下令放弃继续作战，向西南方向撤退。守在德累斯顿的圣西尔也奉命自寻退路。命中注定，一年前的这一天恰好就是拿破仑决定自莫斯科撤退的日子，历史惊人地重演了。

拿破仑率残部夺路而逃，联军出于对拿破仑的忌惮，没敢穷追。10 月 30 日，败退的法军快接近法兰克福时，被弗雷德统率的 4 万巴伐利亚—奥地利联军拦住了去路，拿破仑不以为意，率兵直趋弗雷德，将其打得大败而逃，使之损失 9000 人以上。11 月 2 日，拿破仑抵达莱茵河畔的美因茨，留下马尔蒙指挥的三个军团作为后卫，自己返回巴黎。11 月 11 日，走投无路的圣西尔也在德累斯顿投降。

莱比锡一战，反法联军的死伤总数约为 5.4 万人，法军为 3.8 万人。但如果把俘虏、医院里的伤病员和逃跑者都计算在内，法军的损失还要翻一番。联军缴获的战利品十分可观，内有 28 面军旗、325 门火炮、900 辆弹药车、4 万支步枪。法国高级将领有 6 人战死、12 人负伤、36 人被俘。在拿破仑的一生中，这还是第一次在众目睽睽之下被敌人打得大败。一次决定性会战的胜利离他而去，这一次他是一点借口都找不到，既没有波兰的烂泥，也没有俄罗斯的严冬。虽然拿破仑忍受了耻辱，依然表现出其英雄本色，但莱比锡战役的惨败比之远征俄国失利而言更是一次致命打击，他的元气从此再也无法恢复。

莱比锡之战的结果，令欧洲大陆迸发出一片欢呼声。受到胜利的激励，反对拿破仑的运动在法国占领地区蓬勃展开。拿破仑试图建立一个大帝国，沿着昔日那些伟大的征服者的足迹前进，可是时代已经改变了，他的思路已经不符合他这个时代的精神。莱比锡之战表明，被他征服的欧洲各国再也不是一盘散沙，而是开始团结起来共同斗争。

滑铁卢战役

（1815）

拿破仑一生戎马倥偬，南征北战，打了不少胜仗。然而，1815年，上帝不再垂青于他，给他送来了一个足以令他蒙难的魔盒。

这个魔盒是在1815年6月18日打开的……

挥之不去的滑铁卢

在拿破仑第二次称帝后，欧洲各君主国组成了第七次反法同盟。反法同盟计划调集70万大军，分路进攻法国。最早集结的英、普、荷、比联军首先进驻比利时。

1815年6月18日，威灵顿公爵率领英、荷、比及汉诺威联军在滑铁卢附近摆开阵势，阻击法军。联军拥有6.7万人、150余门火炮，法军则有7.4万人、252门火炮。这天早上，拿破仑对身边的参谋人员说："我们获胜的机会至少是90%，而失败的可能性不到10%。"可见，拿破仑对打赢滑铁卢战役信心满满。当他骑马来到战场视察时，士兵们向他欢呼："皇帝万岁！"这更令他目空一切。

上午11时30分，法军率先开炮。在炮火的掩护下，热罗姆·波拿巴亲王率领一个师向联军发起进攻，拉开了滑铁卢战役的序幕。

由于过于自负，一向轻视英军及其指挥官，拿破仑一世对威灵顿公爵的战略战术缺乏深入的了解，甚至有点儿看不起他。同时，拿破仑对联军的作战能力也估计不

滑铁卢战役的战斗场景。这是法兰西第一帝国皇帝拿破仑·波拿巴的最后一战，是 1815 年 6 月 18 日法军与第七次反法同盟联军在布鲁塞尔以南的滑铁卢交战的著名战役。战败后拿破仑被放逐至圣赫勒拿岛，自此退出历史舞台

足。拿破仑没有想到，两军对阵之后法军迅即败北。而更令所有人没有想到的是，拿破仑竟会把整个进攻的指挥权交给米歇尔·内伊元帅。

内伊元帅的确作战勇敢，36 岁就晋升为元帅，是拿破仑旗下的三杰之一。可是他刚愎自用，反复无常，没有强烈的战术意识。在盲目的勇敢精神支配下，内伊一再率领英勇的法国纵队冲向山坡，迎着枪林弹雨攻击英军的步兵方阵，结果损失惨重，不得不后撤。

傍晚，布吕歇尔元帅率领普鲁士军队如约赶到战场，驰援威灵顿公爵。这一下联军的兵力占了优势，威灵顿公爵掌握了战场的主动权。联军乘势转入反攻，法军面临新的危险。

危急关头，拿破仑企图先击破威灵顿亲自指挥的英军，他命令内伊元帅率领 5000 名骑兵对严整的英军方阵发起一次次冲锋。法军骑兵的冲击的确锐不可当，但威灵顿公爵镇定自若。他指挥步兵以营为单位排成方阵抵挡法军，又指挥炮兵猛烈轰击法军的骑兵部队。结果成排的法国骑兵被炸得血肉横飞、惨不忍睹。勇敢的内伊犯了一个致命的错误，那就是一直单独使用步兵或骑兵发动攻击，从未试图让这两个兵种协同联合作战。

到晚上 7 时，普军集结兵力阻挡住

了法军的退路。这时，拿破仑只剩下预备队近卫军了。他派其中两个营去驱逐拦路的普军，把八个营交给内伊去突破威灵顿公爵的防线，以做最后的挣扎。克劳塞维茨在《战争论》中这样描述拿破仑的孤注一掷："波拿巴将自己最后的剩余兵力全都押在一举挣扎上，要挽回一场无可挽回的会战；他耗尽了最后每一分钱，然后像一名乞丐那样逃离战场，逃离帝国。"

正如克劳塞维茨说的那样，拿破仑的孤注一掷并没有挽回败局。在英普联军的全线反击下，拿破仑的近卫军被打得落花流水、四散而逃。拿破仑一声叹息，拍拍他的战马，消失在茫茫夜色之中。

拿破仑逃回巴黎后，于 6 月 22 日宣布退位，"百日王朝"覆灭。不久，他被流放到大西洋中的圣赫勒拿岛，自此退出历史舞台。

滑铁卢战役中，法军伤亡约 3 万人，被俘数千人，英、普、荷、比联军伤亡 2 万人左右。滑铁卢战役是拿破仑遭遇的最惨痛的一次败仗，产生了重要而深远的影响。从那以后，人们常常用"滑铁卢"来形容遭遇惨败。

拿破仑的军事遗产

作为 19 世纪法国伟大的军事家，拿破仑不仅为那个时代创下了成功的战役范例，也为后世留下了宝贵的军事遗产。

恩格斯专门研究过拿破仑战争，他撰写的《奥斯特里茨》一文对拿破仑指挥的奥斯特里茨战役做了精辟的分析。他这样写道："奥斯特里茨被公正地认为是拿破仑最伟大的胜利之一，它最为有力地证明了拿破仑无与伦比的军事天才。因为，尽管指挥失误无疑是同盟国失败的首要原因，但是他用以发现同盟国过失的洞察力、等待过失形成的忍耐力、实施歼灭性打击的决断能力和迅速摆脱失败困境的应变能力——这一切是用任何赞美之词来形容都不为过的。奥斯特里茨是战略上的奇迹，只要还有战争存在，它就不会被忘记。"

在《步兵战术及其物质基础》一文中，恩格斯这样写道："由拿破仑发展到最完善地步的新的作战方法，比旧的方法优越得多，以致在耶拿会战以后，旧的方法遭到无可挽回的彻底的破产。在这次会战中，动转不灵、运动迟缓、大部分根本不适于散兵作战的普鲁士线式队形，在法国散兵群的火力下简直瘫痪了。"

拿破仑·波拿巴（1769 年 8 月 15 日—1821 年 5 月 5 日），即拿破仑一世，法兰西第一共和国第一执政（1799—1804 年）、法兰西第一帝国皇帝（1804—1815 年）。拿破仑是 19 世纪法国伟大的军事家、政治家和法兰西第一帝国的缔造者

具体来说，拿破仑在战略战术、军队建设和选用优秀军事人才等方面既有不少创新，也有很多建树。

关于战略战术，拿破仑注重集中优势兵力、各个击破敌人，也注重多兵种协同作战。

拿破仑运用“集中优势兵力、各个击破敌人”这一战略战术打了很多胜仗，奥斯特里茨大捷就是典型战例。毛泽东在谈论历史上强大之军打败仗、弱小之军打胜仗时，也用拿破仑战争作案例，说拿破仑打的很多胜仗“都是先以自己局部的优势和主动，向敌人局部的劣势和被动，一战而胜，再及其余，各个击破，全局因而转成了优势，转成了主动”。

在拿破仑战争之前，欧洲一些国家的将帅有的善用步兵，有的善用骑兵，有的善用炮兵。拿破仑创造性地将步兵、骑兵与炮兵同时投入战场，指挥这三个兵种协同作战，让步兵、炮兵和骑兵各自发挥应有的作用。此外，拿破仑使炮兵变成独立、流动的单位，一改以往将炮兵分散支援步兵的传统作战方式。

关于军队建设，拿破仑注重改革征兵制度、完善指挥系统。

拿破仑注重改革征兵制度，将法国的雇佣兵役制改为义务兵役制，基本做到了兵役面前人人平等。拿破仑改造了法国大革命时建立的军队，建立了由步兵、骑兵和炮兵组成的师与军，并且组建了强大的预备队。

为了完善指挥系统，拿破仑在法国军队里建立了世界上第一个参谋机构，这就是1812年设立的参谋处。

法军的参谋处由参谋长领导，下设三个科：第一科主管军队编制和实力，组织部队移动和检阅，搜集制定军法，处理战俘和逃兵等事务；第二科主管部队装备；第三科主管侦察，制订作战计划，组织通信联络与内勤。随着参谋机构的设立，司令部的指挥系统更加完善，也更好地适应了近代战争的需要。

关于选用优秀军事人才，拿破仑注重选拔将帅，敢于起用新人。

拿破仑有一句名言：“一支由驯鹿统率的狮军，绝不可能再是狮军。”他认为，将帅杰出，军队才能强大。他特别注重选拔和任用优秀的军事人才，彻底破除传统的将帅讲究贵族出身的门阀观念，实行唯才是举，强调素质才能。他敢于起用新人，给年轻军官创造机会。资料显示，1805年由他晋封的18位元帅，多数在40岁以下，达武34岁便晋升为元帅。

拿破仑还有一句名言："不想当元帅的士兵不是好士兵。"他提倡人人争当将军和元帅。拿破仑设法激发士兵强烈的荣誉感，为士兵提供不断晋升的机会。为鼓舞士气，他也不惜用大量金银财物奖赏战斗勇敢立下战功的士兵。

可以说，拿破仑的军事思想与理论对近代军事科学的发展做出了巨大贡献。第二次世界大战三巨头之一的丘吉尔说："世界上没有人比拿破仑更伟大。"法国现任总统马克龙也对拿破仑高度赞扬："拿破仑是法兰西历史上的重要人物，他是设计师、战略家和立法者。"德国著名诗人歌德则为拿破仑写了一首传颂数百年的经典诗篇——《英雄的心中豪情万丈，向着王座毅然启航》。

比利时独立战争

（1830—1831）

打开欧洲地图，论国土面积，比利时是一个小国，可是从国际影响力看，比利时却是欧洲的一个重要国家。

当今的比利时是北大西洋公约组织和欧洲联盟的创始会员国之一。北约的总部与欧盟的总部都设在比利时的首都布鲁塞尔。欧盟主要机构中，欧盟委员会和欧盟部长理事会都设在布鲁塞尔，另一个重要机构欧洲议会也在布鲁塞尔设有分处（全体议会在法国斯特拉斯堡），所以，布鲁塞尔享有“欧洲首都”的美誉。

然而，190 年前，不要说在国际上，就是在欧洲，比利时也是没有存在感的。古代的比利时被罗马人、高卢人统治，中世纪的比利时被日耳曼人、勃艮第人和奥地利人统治。进入近代，比利时先是归属西班牙王国，后被法国吞并，1815 年维也纳会议后被并入尼德兰联合王国（又称荷兰王国）。直到 1830 年爆发的独立战争，比利时人才打出了存在感。

歌剧之夜

1830 年的欧洲，风云激荡，革命浪潮此起彼伏。这次的革命浪潮迅速波及比利时，从而爆发了独立战争。

这年 7 月 25 日，法国波旁复辟王朝的国王查理十世（1824—1830 年在位）颁布敕令：修改出版法，限制新闻自由、出版自由；解散议会；修改选举制度。这一敕令破坏了法国《1814年宪章》的精神，劳动群众和自由资产者对此十分气愤。当天下午，反对派主要报刊的编辑和记者在《国民报》编辑部集会，起草抗议书。他们拒绝解散议会，宣布现政府已失去合法性。27日，几千名工人和手工业者走上街头，与军警发生冲突。

路易·菲利普一世（1773年10月6日—1850年8月26日），法国奥尔良王朝唯一的君主，法国国王（1830年8月9日—1848年2月24日在位）

28日黎明，法国人民开始起义。工人、手工业者、大学生和国民自卫军筑起街垒，夺取武器，攻占市政厅，群众的抗议活动演变成真正的武装革命。29日，起义者控制了巴黎，外省发动的起义也取得了胜利。起义群众及其领导者要求宣布成立共和国。声势浩大的人民起义令查理十世十分恐惧，他不得不收回敕令。30日，雅克·拉菲特召集60名议员开会，会议决定委任奥尔良公爵路易·菲利普为摄政官。31日，路易·菲利普手举三色旗出现在王宫的阳台上，接受摄政官称号。8月7日，路易·菲利普即位，建立了金融资产阶级统治的君主立宪政体奥尔良王朝，这便是法国历史上的“七月王朝”。

法国人民“七月革命”的胜利激发了比利时人民的革命行动。一个月后，比利时也掀起了革命的浪潮。

同年8月25日，为了庆祝荷兰国王威廉一世58岁寿诞，布鲁塞尔皇家剧院隆重举行国王生日晚会，演出经典歌剧。皇家剧院被装点一新，洋溢着喜庆的气氛。有些贵族出于对国王的尊敬，盛装出席歌剧晚会。

然而，有很多观众做出了相反的举动。他们出于对荷兰统治比利时的强烈不满，借威廉一世生日之机表达这种不满的情绪。他们在歌剧演出不到一半的时候纷纷退场，由于动静比较大，以至于剧院出现了骚乱。

这些退出剧院的人聚集在剧院门口前的大街上。有人发表演说，历数荷兰对比

该图描绘的是奥兰治亲王即后来的威廉一世率领部队与法军作战的场景。威廉一世（1772 年 8 月 24 日—1840 年 12 月 12 日），全名威廉·弗雷德里克，第一任尼德兰国王（1815—1840 年在位）兼卢森堡大公

利时统治的种种劣行：

国家官方语言仅有荷兰语，而比利时人通用法语和佛兰芒语；

荷兰政府在 1819 年规定，只有懂荷兰语的人才可以报考公务员；

政府及军队的高层官员完全由荷兰人出任；

在议会中，荷兰与比利时的代表数量相等，但比利时人口有 350 万人，而荷兰人口仅有 200 万人；

比利时的报纸受到新闻检查；

比利时人必须平均分担荷兰人的外债（在拿破仑战争时为筹措军费，荷兰大肆向英国借债）；

荷兰主要以新教徒为主，而比利时人绝大多数为天主教徒，但荷兰政府没有保证比利时人的天主教利益和受教育的权益；

荷兰政府侧重于发展商业和渔业，采取重商主义自由贸易的经济政策，而比利时工业较为发达，荷兰政府的经济政策每每对比利时的本土工业造成损害；

……

参加集会的人们群情激奋，抗议荷兰处处限制比利时，抗议荷兰人对比利时人的种种不公。随后，人们从剧院门口出发，进行了浩浩荡荡的游行。布鲁塞尔那些被荷兰压迫的工人纷纷加入游行队伍，他们在大街上高喊爱国口号，宣泄内心的委屈与愤怒，表达对威廉一世这位“商人国王”的强烈不满。

继而，比利时人以起义的方式争取国家的独立。

历史记下了这个“歌剧之夜”，这个迎来黎明的曙光、开启了比利时新时代的不眠之夜。

街头血战

比利时人民的起义让荷兰国王威廉一世感到震惊。他马上召唤儿子威廉王子，命令其带领军队镇压布鲁塞尔的起义。

威廉王子感觉这次起义不一般，用镇压的方式难以解决比利时的问题。他便向国王进言：“父王，据我所知，比利时人不满于政府久矣。以儿臣之见，不如实行南北行政分离。”

国王一听王子的话就很生气，愤愤地说道：“什么？实行南北行政分离？那岂不是让比利时独立了吗？”

威廉一世也对统治南方感到痛苦不堪，他曾说过：“当我只管理北方时，比我现在做南北两方的国王快乐百倍。”作为新教徒，他的确一点都不喜欢深受天主教传统和法国文化影响的比利时品位，正如他的南方子民也很不喜欢他这个荷兰卡尔文教派的“商人国王”。

然而，作为荷兰联合王国的国王，威廉一世又很不情愿让比利时独立出去。所以，国王没有采纳威廉王子提出的南北行政分离的建议，仍然坚持要对比利时人的起

该图描绘的是威廉王子即后来的威廉二世率军与法军作战的场景。威廉二世（1792 年 12 月 6 日—1849 年 3 月 17 日），全名威廉・弗雷德里克・乔治・洛德韦克，第二任尼德兰国王（1840—1849 年在位）兼卢森堡大公

义进行武力镇压。

为了加强力量，威廉一世同时派出他的两个儿子——威廉王子和弗雷德里克王子去镇压比利时的起义。

身负父王使命的两位王子，率军急匆匆来到布鲁塞尔。两兄弟分别努力完成国王交办的任务：威廉王子负责与起义的代表进行谈判，弗雷德里克王子则指挥军队平息街头的骚乱。

应该说，威廉王子既有头脑也很勇敢。1830 年 9 月 1 日，威廉王子冒着风险独自前往谈判地点。在谈判桌上，他代表王室劝起义代表放弃武力，协商解决问题。起义代表见威廉王子温和而诚恳，便对他说："殿下，正如您所知道的，比利时早已对荷兰政府有各种不满。现在，解决危机的唯一可行办法就是实行南北行政分离。”

威廉王子心想，这不正是自己向国王提的那个建议吗？于是，威廉王子就向国王禀报了谈判的结果。威廉一世一听，又是南北行政分离，他拒绝了比利时人提出的这个要求，仍然坚持要用武力镇压起义，恢复比利时的秩序。

弗雷德里克王子只好执行国王的命令，指挥8000名荷兰军人镇压起义。一时间，战火不仅在布鲁塞尔，也在马斯特里赫特和安特卫普等地燃烧起来。

布鲁塞尔的起义者展开了英勇的城市保卫战。他们或用阵地战的方式，或用游击战的方式抗击荷兰军队。荷兰军队或用火炮轰击起义者的营垒，或用长枪扫射起义者。一时间，布鲁塞尔的街头硝烟弥漫，腥风血雨。一连数日，双方在街头血战，都有伤亡。

从1830年9月23日连续战斗到26日，起义军英勇顽强，浴血奋战，打败了荷兰军队，保卫了布鲁塞尔。在马斯特里赫特和安特卫普等地，荷兰军队也遭遇了失败，比利时人民赢得了独立战争的胜利。

欢呼独立

1830年9月26日，比利时成立了临时政府。10月4日，比利时宣布独立。11月，比利时全国代表大会召开，为新国家制定宪法。宪法规定，比利时是一个君主立宪制国家。

同年12月20日，欧洲五大国的英国、法国、奥地利、普鲁士与俄罗斯在伦敦召开会议，讨论比利时独立的问题。法国表示支持比利时独立。这时，英国、奥地利、普鲁士与俄罗斯都不约而同地想到了拿破仑战争。尤其是英国人，他们担心法国会吞并一个独立的比利时。于是，英、奥、普、俄都表示支持荷兰。英国人乐见法国被孤立了。不过，当时这几个国家国内都有棘手的事情要处理，以至于没有一个国家为荷兰提供军事援助，荷兰只好休战。

比利时独立后需要有一位自己的国王。选谁做国王呢？由于比利时有几大家族在为争王位而内斗，无论哪个家族的人做了国王都会引起新的动乱，于是只好到国外挑选合适的人选。当然，荷兰人首先被排除了，比利时国会拒绝考虑任何来自荷兰统治集团奥兰治—拿骚家族的候选人。法国国王的儿子上了候选人名单，可是遭到了英

利奥波德一世（1790年12月16日—1865年12月10日），萨克森－科堡－萨尔菲德公爵，比利时第一位国王（1831年7月21日—1865年12月10日在位），开创了比利时萨克森－科堡－哥达王朝

国的反对，因为英国人深知，比利时深受天主教传统和法国文化的影响，如果法国国王的儿子当上了比利时国王，那就意味着比利时将会被法国控制，甚至有可能被法国吞并，这可是英国人很不愿意看到的。于是，英国建议比利时请德意志萨克森—科堡的利奥波德担任国王。

虽然法国反对比利时请德意志人担任国王，但是比利时国会经过一番权衡之后，还是决定请德意志萨克森－科堡的利奥波德担任国王。1831 年 4 月 22 日，比利时代表团来到德国，正式向利奥波德提供王位。

利奥波德是德意志萨克森－科堡－萨尔菲德公爵，如果用现在的话来说，这个人简直是神一般的存在。资料显示，6 岁的利奥波德竟然当上了上校，1815 年他 25 岁时，晋升为德意志陆军元帅，名副其实的少帅啊。1830 年，希腊推选利奥波德为其国王，但他没有接受这个王位。现在，比利时又来请他做国王，天下这么多好事都让利奥波德遇上了。对于比利时的国王宝座，利奥波德没有立刻动心，而是在考虑了数天后才答应。

1831 年 7 月 17 日，利奥波德动身前往比利时。当他乘坐的马车行进在布鲁塞尔的大街上时，热情的市民们夹道欢迎他。

7 月 21 日，利奥波德把右手按在比利时宪法上，庄严地宣誓就职。就这样，利奥波德成为比利时王国的第一位国王，即利奥波德一世，从此开启了比利时萨克森－科堡－哥达王朝。

这一天，无论是布鲁塞尔还是安特卫普，市民们都在欢呼，整个比利时犹如欢乐的海洋。比利时人民通过艰苦的斗争为自己赢得了自由，比利时从此摆脱了外国的统治，开启了独立发展的新时代。对于比利时人来说，7 月 21 日是一个神圣的日子，这一天自然成了比利时的国庆节。以后每到这一天，比利时人民就会集会，纪念为赢得独立战争的胜利而牺牲的英雄们，欢庆比利时王国的独立。

我们从比利时王国的国徽也可以看出，国徽形象而又生动地体现了比利时人民的革命精神和比利时王国的国家特征：国徽中心的图案是一头站立在黑色盾徽上的雄狮，这头狮子被称为“比利时狮”，是比利时王国的国家象征。雄狮后面交叉的金色君王节杖，象征着皇室的威严和国王的权力。盾徽周围是首任国王利奥波德装饰华丽的勋章绶带，两侧各有一头举着国旗的狮子。国徽的顶端，则是一顶华美的皇冠。国徽顶端的 9 面旗帜分别代表比利时王国的 9 个省（实际是 10 个省）。国徽底部的红色缎带上，用法语书写着民族格言：“团结就是力量。”

意大利独立战争

（1848—1870）

作为欧洲两大文明发祥地之一，意大利既是欧洲文化的摇篮，也是欧洲文艺复兴的发源地。作为一个国家，意大利是欧洲的历史文化古国。

历史上的意大利，国家强大时（千年罗马帝国时期），其疆域横跨亚、欧、非三大洲；国家弱小时，外族入侵，四分五裂，国中有国（或有多个王国，或有多个城市共和国）。意大利还有一个有别于其他国家之处，那就是，象征着世界天主教中心的教皇国从成立至今一直存在于意大利的国土上。

为了争取民族独立和国家统一，意大利人民经历了几个世纪的英勇斗争。1848 年 1 月，西西里岛巴勒莫人民起义的枪声响起，拉开了意大利民族独立与国家统一战争的序幕。

独立统一三阶段

意大利民族独立与国家统一战争经过了三个阶段，历时 23 年。

第一阶段（1848—1849 年）

1848 年 1 月，西西里首府巴勒莫人民率先举行起义，意大利独立战争的序幕徐徐拉开。

该图描绘的是 1849 年 6 月 8 日法军、奥地利军和西班牙军围攻罗马城的战斗场景。该战役是意大利独立战争第一阶段的一场战争，罗马共和国军多次挫败各国的军事干涉。不久罗马失陷，法军进入罗马

之后，伦巴第、威尼斯、米兰、撒丁与托斯卡纳等邦国和地区也爆发了反抗奥地利统治的起义，并纷纷宣布成立共和国。

但是，战争进行到 4 月底时，罗马教皇呼吁停止反奥战争，并从前线撤回了教皇国的军队，从而阻止了独立战争的进程。各邦国的封建君主趁机反扑，屠杀爱国者。奥地利军队也因此获得了喘息之机，开始对起义军进行反攻。

同年 7 月下旬，奥军约 7 万人在拉德茨基将军的指挥下，在库斯托扎与撒丁王国军队 4.3 万人决战。撒军大败，损失约 9000 人。8 月 9 日，双方签订停战协定，撒丁王国将伦巴第、威尼斯、帕尔马和摩德纳等地割让给奥地利。

反奥战争的失败激起了各阶层人民的愤慨，以朱塞佩·马志尼为首的资产阶级共和派再次起义。马志尼是“意大利建国三杰”之一，另两位是撒丁王国的首相加富尔和被誉为“现代游击战之父”的朱塞佩·加里波第。8 月 11 日和 23 日，威尼斯和托斯卡纳人民相继建立资产阶级共和国。11 月 15 日，罗马城爆发大规模起义，1849

年 2 月，罗马宣布成立共和国，建立了以马志尼等三人为执政官的共和政府。

面对意大利强劲的独立浪潮，罗马教皇向欧洲天主教国家发出了求援的信号，法国、奥地利、西班牙这些以天主教为国教的国家马上回应，他们共同制订了联合干涉罗马共和国的计划。1849 年 4 月，法国、奥地利、西班牙的军队联合进攻罗马共和国。法军 1 万人向罗马城进逼，奥军侵占博洛尼亚，西军逼近罗马南部，对罗马形成围攻态势。意大利民族英雄加里波第勇敢地冲上前线，率共和国军多次挫败敌军的进攻，阻滞敌军推进，终于使罗马共和国转危为安。

然而两个月后，法军发起了总攻，共和国军损失惨重。7 月 1 日，议会决定停止战斗，撤出罗马；3 日，法军开进罗马城，帮助教皇恢复了政权。8 月 22 日，奥地利军队重新占领了威尼斯。

第二阶段（1859—1861 年）

奥地利并不满足于重新占领威尼斯，于 1859 年 4 月又向撒丁宣战。4 月 29 日，奥军约 17 万人越过提契诺河进入皮埃蒙特，撒丁的军队奋起抵抗，意大利开始了第二阶段的独立战争。

这时，另有所图的法国却开始支援意大利。5 月，法国皇帝拿破仑三世亲自指挥法军 11.6 万人，与撒军在亚历山德里亚和阿斯蒂・蒙弗拉特地域会合。6 月，撒法联军先后在蒙特皮洛和马真塔击败奥军，迫其退守明乔河一线。为了鼓舞士气，奥地利皇帝弗兰茨・约瑟夫御驾亲征。6 月 24 日，撒法联军与奥军各投入约 16 万人，在维罗纳附近的索尔费里诺决战。奥军再次失败，损失 2.2 万人。

对奥战争的胜利推动了意大利民族解放运动，人民起义的浪潮席卷意大利北部和中部。托斯卡纳、帕尔马、摩德纳和教皇国等邦国先后爆发起义，意欲推翻君主政权。加里波第率“阿尔卑斯猎人兵团”在敌后开展游击战，伺机打击奥军。

拿破仑三世没想到意大利的民族解放运动发展得这么迅猛。7 月 11 日，法国单独同奥地利缔结停战协定，奥地利同意将伦巴第交由法国转让给撒丁，但仍霸占威尼斯，并从法国得到了恢复托斯卡纳等邦之君主政权的保证。11 月 10 日，撒丁迫于法国的压力与奥地利签订和约，承认法奥协定条款。对此，意大利人民愤慨不已，中部各邦的人民纷纷开展武装斗争，抵制君主政权复辟，推进国家统一。

1860 年 4 月，加里波第率红衫军增援西西里起义军。7 月，西西里全岛解放。

意大利独立战争第二阶段的蒙特皮洛战役场景。撒法联军对奥地利军队作战，奥地利战败

刚刚击败并征服那不勒斯王国的加里波第将军与撒丁王国国王维克多·伊曼纽尔二世之间历史性握手的场景。此后不久，维克多·伊曼纽尔二世被新成立的意大利议会推举为意大利第一任国王

8 月，加里波第挥师北上，直取那不勒斯。

1861 年 3 月，意大利王国宣布成立。至此，除了威尼斯仍由奥地利统治、罗马仍处于教皇统治之下外，意大利基本实现了统一。

第三阶段（1866—1870 年）

为了从奥地利手里收复威尼斯，同时也为了获得普鲁士 1.2 亿马克的援助，意大利于 1866 年 4 月同普鲁士结成意普反奥联盟。1866 年 6 月 17 日，普奥战争爆发。6 月 20 日，意大利对奥宣战，开始了独立战争的第三阶段。

意军主力 12 万人在明乔河一线对奥军实施正面进攻。因指挥有误，意军惨败，

意大利独立战争第三阶段战事爆发，意大利同普鲁士结盟，共同对奥地利作战。该图描绘了 1866 年库斯托扎战役战事间歇期间意军休整的场景

损失 8000 余人，余部只好越过米兰平原向西撤退。奥军虽然获胜，但因对普军作战失利而无力追击意军。7 月 20 日，意大利海军在利萨（利萨岛，今克罗地亚维斯岛）海战中也遭失败。只有加里波第指挥的志愿军在亚平宁山区连战连胜，一举解放了南蒂罗尔。可是，意大利政府迫于普鲁士俾斯麦政府的压力，命令加里波第撤军，致使南蒂罗尔再度被奥军占领。后来，奥军在普奥战争中失败，直接影响了意奥战争的结局。1866 年 10 月 3 日，意奥签订《维也纳和约》，威尼斯归并意大利。

也是在 10 月，加里波第率军打败一支教皇部队，攻占蒙特罗通多要塞。拿破仑三世为阻止加里波第进攻罗马，派远征军经海路在奇维塔韦基亚登陆，于 10 月 26 日进驻罗马。11 月 3 日，加里波第率部行进至门塔纳，遭到法军和教皇军队阻击。

由于法军装备了新式步枪，火力密集，加里波第的部队遭受重创，进军罗马的行动受阻。

1870 年 7 月，普法战争爆发，拿破仑三世被迫撤回驻罗马的法军。9 月 2 日，法军在色当之战中大败。意大利王国政府不再担心法国的干涉，遂派 6 万大军日夜兼程赶往罗马城。9 月 20 日，政府军和加里波第部同时开进罗马。罗马教皇庇护九世感觉大势已去，被迫下令停止抵抗，教皇国宣告失败。

1871 年 1 月，意大利王国首都由佛罗伦萨迁至罗马。从此，意大利结束了几个世纪遭受异族压迫和封建割据的局面，实现了国家统一。

需要指出的是，虽然意大利独立战争是在资产阶级自由派贵族领导下进行的，但以加里波第、马志尼等为代表的资产阶级民主派亦发挥了重要作用。

“现代游击战之父”

游击战是一种战法。这种战法遵循五项基本原则，即合理选择作战地点、快速部署兵力、合理分配兵力、合理选择作战时机、战斗结束迅速撤退。

如果研究中国战争史就会发现，游击战在中国有着悠久的历史。“游击”一词始见于西汉初年，汉高祖设置游击将军，把游击部队称为“游兵”“游骑”“游军”。《史记·彭越列传》载：“汉王三年，彭越常往来为汉游兵，击楚，绝其后粮于梁地。”

在井冈山斗争时期，毛泽东与朱德两位军事家成功运用游击战打败了国民党军队的多次进攻。后来，毛泽东将游击战的战术打法概括为十六个字：敌进我退，敌驻我扰，敌疲我打，敌退我追。这便是著名的“游击战十六字诀”。

一部欧洲战争史，游击战是其中一项重要的内容。在 1337—1453 年的百年战争中，法国人民运用游击战进行了长期的抗英斗争。在 1808—1814 年法西战争和 1812 年俄法战争中，西班牙人民与俄罗斯人民都成功运用过游击战。这些游击战有力地配合了正规战，对战胜侵略者发挥了重大作用。

在意大利民族独立战争中，朱塞佩·加里波第献身于意大利民族独立与国家统一事业，被誉为“意大利统一的宝剑”，与马志尼、加富尔并称为“意大利建国三杰”。他进行了一系列军事实践活动，领导了许多战役，在运用游击战战胜外国侵略军方面有着丰富的经验，被誉为“现代游击战之父”。

加里波第率红衫军入城，受到当地居民的热烈欢迎

第一次意大利独立战争时期莫拉佐内战役场景。1848 年 5 月 20 日，加里波第率 1000 余名义勇军与数倍于己的奥地利军队在莫拉佐内进行了一次战斗，最终，加里波第因寡不敌众而退至阿罗纳

加里波第 1807 年 7 月 4 日出生于撒丁王国古城尼斯的一个富裕家庭，父亲乔瓦尼·加里波第是一位船长，母亲罗萨·雷蒙迪是普通居民。从幼年开始，加里波第就勤奋好学。他酷爱罗马帝国史，喜欢冒险和狩猎。青年加里波第广泛接触平民百姓，

了解他们热爱自由和渴望祖国独立的愿望，同时受到他们爱国主义情怀的感染。他苦于祖国处于分裂割据状态并受异族统治，到处寻求救国救民之路，联络志同道合的革命者，投身到为意大利民族独立与国家统一而奋斗的神圣事业中。

1833年，26岁的加里波第认识了秘密革命组织“青年意大利”的创立者朱塞佩·马志尼。马志尼向他详细介绍了自己统一意大利与建立共和制的纲领，这对政治上尚未成熟的爱国者加里波第产生了极大的影响。

同年12月，马志尼派加里波第前往热那亚，策划海军起义，推翻撒丁王国的君主政体。然而起义计划被奥地利总督截获，加里波第被迫流亡到南美洲避难。撒丁军警虽然没抓到加里波第，但仍然将他缺席判处死刑。加里波第从这次革命实践的失败中认识到，这种小规模的、准备不充分和缺乏强有力领导的起义是徒劳无益的。

两年后，加里波第抵达巴西，受到意大利移民的热烈欢迎。当时，巴西南部的里奥格兰德州在意大利革命党人赞贝卡里指导下宣布独立，建立起共和国。对此，加里波第给予了热情支持。他指挥“马志尼号”炮船为起义军效力，后又接管了帕图斯湖上的一个据点。

1839年4月，加里波第率14名战士在巴西的里奥格兰德开展游击战，击退了10倍于己之敌军的进攻，赢得巨大声望。后来，里奥格兰德共和国出了问题，加里波第被迫流亡乌拉圭。起初，由意大利侨民组成的意大利军团表现欠佳，乌拉圭当局就请加里波第指挥这支军队。加里波第走马上任后对军团进行了彻底改组，重新设计了黑色军旗，上绣正在喷发的维苏威火山图案，以激发战士们为自由而战的决心。军团战士穿统一的红制服，当地居民亲切地称意大利军团为“红衫军”，这便是后来意大利红衫军团的雏形。

1846 年 2 月 8 日，加里波第与阿根廷大将乌尔圭扎在圣安东尼奥展开一场大战。当时，意大利军团被阿军包围，加里波第镇静自若，命意大利军团隐匿在一片废墟里固守。乌尔圭扎命令戈麦斯上校：必须活捉加里波第。戈麦斯上校亲率 1500 名骑兵和 300 名步兵从正面攻击，加里波第利用有利地形展开游击战。意大利军团在缺水少粮的情况下从早晨血战到傍晚，毙敌无数。戈麦斯不仅没能活捉加里波第，反而损兵折将、一败涂地，只好趁着夜色逃之夭夭。

此后，从南美到欧洲，加里波第声名远扬。

1847 年，加里波第带着在南美积累的游击战经验回到祖国，投身于意大利的民族独立战争。

当时，撒丁国王卡尔·阿尔贝特对奥地利宣战。缺乏政治经验的加里波第误认为阿尔贝特是一位真正的革命者，便宣誓向他效忠，以军团士兵为骨干，招募志愿者组成了一支 1000 人的军队。

加里波第率军向米兰出发，到芒扎时队伍已扩充到 3700 人。这时，由奥地利老将冯·拉德茨基元帅指挥的奥军向米兰发动进攻，攻占了米兰。本来就没有决心作战的阿尔贝特惊慌失措，竟私下向奥军乞降。消息传来，军团出现了动摇，一些士兵离开了，但加里波第仍然意气风发，拒绝了马志尼让他退兵的要求，决定展开游击战。

8 月 15 日，加里波第率剩下的 1000 人来到位于意大利与瑞士边境处的卢伊诺，以突然袭击的方式歼灭了一个奥军猎兵营，俘敌 400 人。加里波第的游击战术很快就令拉德茨基深感头痛，他不得不从第 2 军和南方战线调来 6 个旅共 1.9 万人围剿加里波第。26 日，只剩大约 800 人的军团在位于瑞士边界的莫拉佐内被 5000 名奥军包围。加里波第亲自断后，率军且战且退，来到瑞士的阿尼奥时只剩下 30 人。

1848 年，罗马人民发动大起义，推翻了教皇庇护九世的统治，罗马共和国诞生。庇护九世向欧洲天主教国家求援，法国、奥地利、西班牙等国派兵进攻罗马。在罗马共和国告急之时，加里波第从南方赶来增援。1849 年 4 月 30 日，5000 名法军直扑罗马西北的佩尔图萨大门。防守此门的加里波第手下只有 2500 人，但他巧妙部署，以步兵占据据点，以炮兵控制贾尼科罗高地，击退了法军的进攻。

这时，西西里国王费迪南多率军 1.2 万人又从南方压来。共和国政府急调加里波第反击，勇猛的意大利军团不顾疲劳，连夜向罗马以南快速进发。为了迷惑混入城内的敌方间谍，加里波第巧施瞒天过海之计。他先把出发地点选在波波洛广场，让敌人误以为他们要去远征法国；然后又迂回前进，不断改变行军方向。与敌人接近时，加里波第派两连骑兵占领制高点。结果不到 3 个小时战斗就结束了，敌军 6000 人被击溃。

费迪南多二世（1810 年 1 月 12 日—1859 年 3 月 22 日），全名费迪南多·卡洛，西西里王国第三任国王（1830—1859 年在位）

善于打游击战的加里波第连战连胜，声名日隆。马克思和恩格斯对加里波第在罗马保卫战中表现出来的卓越军事才能给予高度的评价，称他是“罗马的英雄”。由于加里波第在南美与欧洲都有游击战的壮举，所以他又被称为“两个世界的英雄”。

经过 23 年的独立战争，意大利不仅获得了民族独立，国家也基本统一了。从 1870 年至今，意大利的国土上仍然有两个小国存在，一个是圣马力诺，另一个是梵蒂冈城国，意大利依然是国中有国。

普丹战争

（1864）

1871年1月18日，普鲁士国王威廉一世在各邦国王公大臣的簇拥下，于凡尔赛宫的镜厅举行加冕仪式。这一天意味着分裂了千年之久的德意志终于完成了统一。关于德意志统一的起点，还要从这样一场“以大欺小的热身战争”说起。

铁血宰相的统一之路

1815年拿破仑在滑铁卢战役中惨败，被迫第二次退位。欧洲各国列强在奥地利首都维也纳召开国际会议，重新确定欧洲秩序，并瓜分拿破仑帝国崩溃后留下来的庞大遗产。与会列强并不愿意看到一个统一强大的德意志，一个分裂的德意志无疑更有利于列强从德意志的土地上渔利分赃。故德意志只是成立了一个名为德意志邦联的松散组织，包括1个帝国、5个王国、1个选帝侯国、7个大公国、9个公国、10个侯国、1个伯爵领地和4个自由市，共计38个成员。

19世纪的德意志地区，一方面，经济联系日益密切，为日后的统一奠定了经济基础；另一方面，民族主义运动高涨，这种不断强化的对统一国家和民族的文化认同，又为统一奠定了心理基础，德意志统一越来越成为德意志民族的共识。

当时有两个德意志大国具备统一的实力，一个是普鲁士，另一个是奥地利。但此时的奥地利内部四分五裂，在席卷欧洲的1848年革命中，奥地利更是沦为“重灾区”，资产阶级民主派和少数民族谋求民族独立的斗争混杂在一起，奥地利几乎遍地烽火，就连首都维也纳也爆发了革命。1848 年之后的奥地利既没有力量也没有意愿统一德国，而野心勃勃、国力又蒸蒸日上的普鲁士自然就成了渴望统一的全体德意志人的希望之所在。

目标已经确定，接着就是路线问题了。以何种方式实现德国统一，当时有两条路线：一条是“议会道路”，即主张通过发展议会政治，以自由主义改革创造出有利于统一的国内外环境，以民主宪政的方式自下而上地实现民族统一；另一条是“战争道路”，即主张依靠武力来实现统一，其代表人物就是大名鼎鼎的俾斯麦。他对慢吞吞且充满空想色彩的“议会道路”嗤之以鼻。1862 年 9 月 30 日，出任首相后仅仅一个星期，他就在议会发表演说：“当代的重大问题不是通过演说与多数议决所能解决的——这正是 1848 年和 1849 年所犯的错误，而是要用铁和血来解决。”这就是所谓的“铁血政策”，俾斯麦也因此被称为“铁血宰相”。但如果你认为俾斯麦只是一个“战争狂人”的话，那就大错特错了。俾斯麦作为资深政治家，他深知“战争是政治的延续”的道理，他最擅长的是利用欧洲大国之间的矛盾和冲突，进而纵横捭阖，实现自身国家利益最大化。他一直在寻觅一个出手的时机。终于，北方的小国丹麦，给了俾斯麦一个难得的机会。

到底归谁——一道 19 世纪的欧洲难题

石勒苏益格—荷尔斯泰因，是丹麦南部的两个属国。原本是两个独立的公国。南部荷尔斯泰因的居民以德意志人为主，北部石勒苏益格的居民则以丹麦人为主，但这一地区深受德意志文化的影响。这两块地方曾是德意志的前身——神圣罗马帝国的领土，但自近代以来却被丹麦管辖。两个小邦的归属权问题，于是成了一笔糊涂账。对此，英国资深政治家帕麦斯顿勋爵曾指出：“在全欧洲，还在不久之前，只有三个人了解石勒苏益格—荷尔斯泰因问题——阿尔伯特亲王（英国维多利亚女王的丈夫）、一位丹麦老人和我。但是很不幸，阿尔伯特亲王不久前过世了，年老的丹麦人进了疯人院，而我呢？却完全忘掉那里的问题究竟何在。”

1848 年，丹麦当局颁布了新宪法，将石勒苏益格、荷尔斯泰因及邻近的劳茵斯贝格这三个公国并入丹麦王国。结果，引发了一场暴动，随之而来的是普鲁士的军事干涉。1852 年 5 月，在伦敦签订的一项国际条约再次确认了三公国战前的地位：根据王朝原则，它们被归还给丹麦国王，但条约明确禁止三公国并入丹麦。这当然没有在根本上解决问题。

1863 年 3 月，丹麦国王弗雷德里克七世（又译腓特烈七世）再次进行将石勒苏益格与荷尔斯泰因并入丹麦的尝试，颁布了一部实际上等于并吞石勒苏益格、荷尔斯泰因的宪法。在新宪法中列明了这么一条对德意志人的民族情感起刺激作用的条例："石勒苏益格是丹麦版图上不可分割之一部"，当地的德意志人拒绝向丹麦国王宣誓效忠，转而向德意志邦联议会求援。

德意志邦联议会与各邦的民族主义者也认为这是一个"民族荣誉"的问题，要求用武力将两公国从丹麦手中解放出来，成为德意志的领土。各类舆论宣传机器开足马力对丹麦新宪法进行猛烈抨击，各种政治力量纷纷呼吁用战争解决问题。一时间，民族主义浪潮席卷整个德意志邦联，被民族主义情绪裹挟的各地民众纷纷举行抗议活动，反对丹麦的非法兼并行为，要求德意志邦联进行直接军事干涉。

丹麦国王弗雷德里克七世身穿制服，坐在宝座上接受朝臣觐见的场景。弗雷德里克七世（1808 年 10 月 6 日—1863 年 11 月 15 日），丹麦国王（1848—1863 年在位），是奥尔登堡王朝最后一个丹麦君主，也是最后一个统治丹麦的专制君主

俾斯麦从石勒苏益格和荷尔斯泰因的争端中看到了机会。这位“铁血宰相”想利用德意志民众的民族主义热情，将这两块地方并入普鲁士王国。从而迈出普鲁士统一德意志的第一步。

“一箭双雕”的战争

按照俾斯麦的如意算盘，通过一场战争夺取石勒苏益格和荷尔斯泰因可谓“一石二鸟”。一是可以借此提升普鲁士在德意志地区中的威望，让普鲁士“扮演起德意志兄弟们的希望”这一角色；二是可以向“财神”们，即掌握着预算大权的议员们施压，为战争寻求财政支持。

当然，俾斯麦也很清楚，如果普鲁士打算单枪匹马地攻打丹麦，必会引起众怒，前有欧洲列强攻击，后有宿敌奥地利这只“黄雀”——就像1848年发生的那样。因此，俾斯麦采取小心翼翼、步步为营的策略，用他的话说就是:“我今天在外交政策上的方法同我过去打水鸟时使用的方法一样。在我用脚小心试探以前，我绝不把重心放在草丛上。”

在确认英、法、俄等欧洲列强的中立保证之后，俾斯麦唯一需要担心的是同属德意志邦联的奥地利能否支持自己。当时，面对被石勒苏益格和荷尔斯泰因问题点燃的德意志民族主义烈火，使得向来自诩为德意志地区盟主的奥地利帝国顿时陷入两难境地。一方面，奥地利是一个民族构成十分复杂的中欧国家，作为统治阶层的德意志人，在奥地利的人口构成中却占绝对少数，正是如此维也纳不敢明确支持德意志民族主义者在两公国争端中的要求，害怕因此引发本国非德意志人聚居区“照猫画猫”，效仿他们脱离奥地利而寻求独立。另一方面，奥地利担心，如果不支持普鲁士的话，会被视为漠视德意志民族感情，将大大降低奥地利在德意志邦联中的影响力，而高涨的民族复仇情绪，则会推动普鲁士成为德意志邦联的盟主。

对此，奥地利皇帝弗兰茨·约瑟夫当然清楚，如果单独由普鲁士来解决石勒苏益格和荷尔斯泰因问题，普鲁士无疑会成为整个德意志的霸主。而正是看到了奥地利的两难窘境，俾斯麦开始施展威逼利诱的政治手腕。他先是对维也纳宣称，为了维护德意志民族的利益，普鲁士愿意独自承担所谓的“解放两侯国”的任务。但俾斯麦心里清楚，对此“德意志盟主”奥地利绝不会同意。于是，俾斯麦紧接着向奥地利示好：“奥地利与普鲁士结盟，联合对丹麦开战。而且石勒苏益格和荷尔斯泰因这两个公国的前途，只能通过普奥两国协商来解决。”对这个明显有利于普鲁士的结盟建议，失去外交主动权的奥地利只能任由普鲁士摆布。最后不得不接受了这个让自己吃亏的结盟建议，所以有人讥讽奥地利说“维也纳的内阁设在柏林的威廉街（普鲁士首相官邸、外交部所在地）”。

俾斯麦的最后通牒

到了1863年年底，俾斯麦的外交计划已大功告成：“柏林指挥维也纳的行动，而法国也来巴结我们。我们的讲话在伦敦与圣彼得堡都很有分量，这是近二十年来不曾有过的事。”1864年1月17日下午，普奥两国在柏林威廉街正式签订了同盟协议。此前一天，普奥两国联合向丹麦国王克里斯蒂安九世发出最后通牒，限丹麦48小时内宣布刚刚公布的新宪法无效。

卡尔十五世（1826年5月31日—1872年9月18日），瑞典和挪威国王（1859—1872年在位），卡尔十四世之孙、奥斯卡一世之子

48小时太短了，撤销也是极不可能的。“有理由怀疑，俾斯麦其实并不希望丹麦接受最后通牒，他反而希望一场战争。反正，丹麦人已经被彻底孤立，被丹麦人寄予厚望的英国政府也拒绝提供任何援助。”至于丹麦的“斯堪的纳维亚兄弟”瑞典国王卡尔十五世，尽管承诺派出援军，但瑞典（包括挪威）人只是在“画大饼”。“在斯堪的纳维亚的多次盛大宴会上发表了许多漂亮的演说以后，在诗人们创作了无数吉祥的诗篇以后，瑞典却并未付诸行动。丹麦希望落空，仍孤立无援。”

重新找到战场的感觉

1864 年 2 月 1 日，普奥联军侵入石勒苏益格，战争爆发了。令人意想不到的是，丹麦人击退了普鲁士军队两次小规模的进攻，“素来给人留下严谨守纪刻板印象的普鲁士小伙子，走上前线时竟因厌战而在车站哗变。警察们费了九牛二虎之力才将这场反战暴动平息，将这些新兵塞进车厢里送上前线。”

在战场上，普鲁士军队表现出的战斗力甚至比不上奥地利人，以至于俾斯麦痛心疾首地说道：“我们简直是在招人耻笑！”但从另一个角度来讲，普鲁士人的确需要在丹麦这个“软柿子”身上练练手，以重新找到战场的感觉。对此，恩格斯曾评价道：“普鲁士在这场战争中还抱着一个附带的目的，就是把它从 1850 年起按新原则训练并在 1860 年改组和加强的军队在敌人面前试验一番。”

到了 1864 年的春天，作战经验日益丰富的普鲁士的军队，开始节节胜利。距离开战不过三周时间，普奥联军已经深入日德兰半岛，4 月中旬，普奥两国军队已控制了丹麦的所有军事阵地。4 月 18 日爆发的迪伯尔战役，丹麦军队又一次遭到惨败，伤亡总计达 4486 人，其中阵亡大约有 1700 人。

普、奥、丹三国间进行的战争，是继克里米亚战争之后又一场发生在欧洲的多边混战。鉴于战事的扩大会动摇欧洲大陆的战略平衡，进而威胁到英国利益。英国决定出面调停，促使交战双方早日停战。5 月 12 日，在英国的斡旋下，普、奥、丹三国派代表坐到了谈判桌旁，开始进行停战谈判。丹麦方面一度推出数个妥协方案，但由于普、奥两国坚持丹麦必须无条件放弃石勒苏益格和荷尔施泰因，谈判无果而终。军事上失败，外交上孤立，山穷水尽的丹麦被迫于 1864 年 10 月 30 日签订《维也纳和约》,《和约》规定：“丹麦正式放弃石勒苏益格、荷尔斯泰因和劳茵斯贝格三公国，将其交给普奥两国处置。这意味着丹麦统治的面积减少了 40%，人口也从 260 万人减少到 160 万人。”

通过这场“热身战争”，普鲁士在统一德意志的路上迈出了实际的第一步。然而，围绕石勒苏益格—荷尔斯泰因地区管理权的分配及德意志事务主导权的明争暗斗，又使普鲁士、奥地利间出现新的摩擦。俾斯麦处心积虑设置的圈套，将普奥这对并肩作战的盟友，带到了兄弟阋墙的路口，并最终让它们在后来的战场上重新相遇。

迪伯尔战役中普鲁士军官指挥炮兵发射炮弹的场景。普丹战争是由石勒苏益格—荷尔斯泰因引起的一场战争。1864 年，普奥联军与丹麦军队交战，后丹麦战败

普奥战争

（1866）

1866 年 7 月，普鲁士军队和奥地利军队在今天捷克境内的萨多瓦村展开决战，史称“萨多瓦战役”，此战普军大胜。就在普鲁士全军上下群情激昂、准备攻入维也纳之际，普鲁士首相俾斯麦，却要求立刻与奥地利缔结停战协定，甚至不惜以辞职相威胁。为什么俾斯麦放弃唾手可得的进一步胜利，而选择了“见好就收”呢？

“没有谜底的谜语”：普丹战争之后神奇分赃

1864 年，普奥联军毫无悬念地取得了对丹麦的胜利。丹麦被迫求和，同意放弃在荷尔斯泰因和石勒苏益格的全部权利。

丹麦被迫放弃荷尔斯泰因和石勒苏益格之后，普、奥两国在如何分配这两个地区的问题上爆发了激烈的争吵，最后双方于 1865 年签订了《加斯泰因条约》，对胜利果实做出了极为奇怪的安排，《条约》规定：荷尔斯泰因和石勒苏益格为普奥共有，但分别管理，奥地利管理南面的荷尔斯泰因，普鲁士管理北面的石勒苏益格。这就导致普鲁士控制的石勒苏益格与普鲁士本土隔开了，中间隔着一个由奥地利管辖的荷尔斯泰因。而奥地利同样与由它管辖的荷尔斯泰因中间隔着普鲁士的石勒苏益格。这“犬牙交错”式的安排，无疑会给双方的管理都带来极大的不便和混乱，奥地利对俾斯麦执意这样安排也感到困惑不解，称这是“猜不透的迷魂阵”。

一名普鲁士士兵在一名奥地利士兵的袖子上打结，这是在履行1865年签订的《加斯泰因条约》中的规定

然而谜底就在故弄玄虚的俾斯麦那里。俾斯麦知道要想实现完全由普鲁士主导下的德意志统一，就必须打败奥地利，彻底消除其在德意志诸小邦国中的影响力，并把奥地利排除在德意志统一进程之外。他处心积虑设计的《加斯泰因条约》就是为了给普、奥两国制造争端，以便寻找发动战争的借口。恩格斯曾对此评论道："和约规定两个公国交给奥地利和普鲁士共管；因此，就形成一种纯粹暂时的局面，这种局面不能不使冲突接二连三发生，使俾斯麦完全能够随心所欲地对奥地利进行严重打击。"多年以后，提及这一幕俾斯麦还津津有味地回忆道："石勒苏益格-荷尔斯泰因是我的最大的外交成就。"

俾斯麦深知，他谋划的对奥地利的战争能否取胜的关键"不是在战场上，而在于外交"。与丹麦不同，奥地利是具有很强地区影响力的大国，对奥地利的战争又会涉及欧洲心脏地带的战略平衡，可谓“牵一发而动全身”。奥地利的皇室哈布斯堡家族曾长期占据神圣罗马帝国的皇位，对德意志诸小邦国的影响力更在普鲁士之上。如果不彻底打败奥地利，进而把奥地利的影响力从德意志地区消除，那些依附于奥地利的小邦国就不会心甘情愿地归顺普鲁士，所以普鲁士必须打败奥地利，它的存在“本身就是对普鲁士统一德意志事业的妨碍”。按照俾斯麦的话说就是：“德意志命运的难解之结，不能用执行双雄并列政策这种温和方式解开，而只能用剑斩开。”但又不能打垮奥地利。

三线作战

作为善于折冲樽俎的外交大师，俾斯麦深知，想在欧洲中心动武，必须取得英、法、俄的支持，至少是不干涉。在一系列高超的外交运作下，俾斯麦已经完成了彻底孤立奥地利的战略部署。英、法、俄这三个欧洲大国都将保持中立。此时的奥地利对悄然发生的变化，竟浑然不觉。完成外交运作后的俾斯麦决定对昔日的盟友动手了，他故意制造事端，有意恶化与奥地利的关系，切入点当然就是他两年前故意安排下的荷尔斯泰因。

1865 年的最后两个月俾斯麦就开始故意制造摩擦。随着普鲁士和奥地利在荷尔斯泰因地区的摩擦不断升级，1866 年 6 月 17 日，忍无可忍的奥地利向普鲁士宣战，次日普鲁士向奥地利宣战，20 日意大利向奥地利宣战，普奥战争全面爆发。

战事在三条战线上同时进行。北线是普鲁士对支持奥地利的诸小邦国，其中以汉诺威为主，但 6 月 27 日汉诺威军队的主力即被击败，汉诺威被迫投降，北方战事结束。西南战线意大利对奥地利的战事显得无足轻重，暂且不表。真正决定战争胜负的是普奥两军直接对阵的东南战线。

俾斯麦对于这场自己策划和发动的战争并无必胜的把握，他骑马站在山头观看数十万人在山脚下厮杀。后来他在回忆录中说自己当时感觉像在玩扑克牌，把不属于自己的 100 万塔勒（普鲁士货币单位，德意志帝国成立后，马克代替塔勒成为货币单位）孤注一掷。甚至还有传言，说他随身携带了一瓶毒药，万一普军在这场“不得人心”的战争中失败，他就不打算活了。

萨多瓦战役中普鲁士军队的作战场景。萨多瓦战役是 1866 年普奥战争的决定性战役，普鲁士在此战役中取胜。三周后，双方签订《布拉格和约》

萨多瓦战役

1866 年 7 月 3 日，普、奥两军在波希米亚（今捷克境内）的萨多瓦村附近展开决战。

早上 7 时开始，奥军 250 门先进的线膛炮将高爆弹倾泻在普军阵地上。战前几天，奥军以逸待劳，在高地选取优势炮位，好让普军陷入奥军优势炮火覆盖之下。早上 9 时，奥军重点攻击普军第 7 师驻扎的一片小森林，到中午时分，把普军逼到森林边缘，第 7 师减员超过 2000 人，连指挥官冯・弗朗赛齐少将都负了轻伤。一旦左翼被突破，普军战线就可能溃败。

在后方两千米处的指挥所里，威廉一世绝望地向总参谋长毛奇叫喊：“我们输了！”国王在本次战争开始前将全部军队的战时指挥权都交给了毛奇，现在他却后悔了。站在一旁的俾斯麦似乎也感觉到失败的可能性，他虽然不顾一切地挑起这场战争，虽然可以在议会上大喊“铁与血”，但对于纯粹的军事问题，身为外行的俾斯麦只能一言不发。66 岁的毛奇并没有慌张，在形势最严峻的中午时分，毛奇向威廉一世保证：“今天陛下不仅会赢得战斗，还会赢得整个战争！”为何毛奇会如此自信呢？是因为他充分做到了“知己知彼”，即充分衡量了敌我双方的军备与战术情况，找到了一条非常适合普军的作战策略：大规模包抄作战。所谓大规模包抄作战，就是将军队在数百千米的范围内分为数队，然后分进合击，实现合围。

7 月 3 日 12 时 30 分，战局开始出现逆转。普鲁士第二军团沿着易北河杀来，从侧面攻击奥军右翼。由于奥军已倾巢出动进攻普鲁士第一军团，右翼防务空虚，普鲁士第二军团 10 万人的到达让他们难以招架，不到一个小时的时间，奥地利一个军就损失超过 6000 人。震惊的奥地利军官迷惑不解：“上帝！他们是从哪里冒出来的？”毛奇不慌不忙地向国王汇报：“这是一场完胜，现在维也纳要臣服于陛下了。”

下午 4 时 30 分前后，普军的易北河军团也抵达前线，他们从另一侧包抄奥军左翼，彻底宣告了奥军在萨多瓦战役的失败。据统计：此战，奥军 2.4 万人死伤或失踪，近 2 万人被俘，而普军仅有不足 1 万人死伤或失踪，伤亡比例比起过去的很多战役都小了许多。

见好就收的铁血宰相

克劳塞维茨所著作的《战争论》指出：“战争无非是政治通过另一种手段的继续。”战场上的胜利固然重要，但那是毛奇将军的事情；能否转为政治成果，这才是政治家俾斯麦的工作。俾斯麦随后一系列令人拍案叫绝的操作，真正将军事胜利转化为实实在在的政治成果。“铁血宰相”的称号给人一种俾斯麦是个战争狂人的印象，其实并非如此。俾斯麦纯粹只是把武力当作实现其政治目的的工具，他擅长的是国内政治的运作和外交场上的纵横捭阖。同时他也深知，武力的使用有其限度，不能为了动武而动武，这一点在普鲁士和奥地利的战争中体现得淋漓尽致。

威廉一世（1797年3月22日—1888年3月9日），全名威廉·弗里德里希·路德维希，普鲁士王国国王（1861年1月2日—1888年3月9日在位）、德意志帝国第一位皇帝（1871年1月18日—1888年3月9日在位），被其孙威廉二世尊为威廉大帝

普鲁士取得萨多瓦战役的胜利后，全军上下振奋，在战前一再犹豫不决的国王威廉一世一扫往日的优柔寡断，慷慨激昂地谈论起像“拿破仑式的凯旋进入维也纳”。当时全军都要求乘胜追击，攻入维也纳，迫使奥地利多割地多赔款。只有俾斯麦仍然保持着他那铁一般的冷静，坚决反对攻入维也纳，并要求立即与奥地利签订宽容的和约。

整个普鲁士只有俾斯麦明白他们为什么要打这一仗，在阐述发动战争的理由时，俾斯麦说道：“我们应当履行的不是法官的职责，而是执行普鲁士的政策；奥地利反对我们的斗争并不比我们反对奥地利的斗争更应受到惩罚；我们的任务是创造在普鲁士王国领导下的德意志民族的统一或者为之开辟道路。”

俾斯麦知道法国绝对不能容忍进一步削弱奥地利而坐视普鲁士的崛起，一旦战事蔓延，则法国必定干涉，届时普鲁士必将陷入两面夹击、腹背受敌的险境；俾斯麦预见到：“法国将会是德意志统一的最大障碍，要完成德意志的统一，则必与法国一战，那时一个中立的奥地利对普鲁士来说将是极为重要的。”俾斯麦苦口婆心地劝说已被胜利冲昏头脑的国王和将军们：“假如奥地利遭受严重的损失，那么它可能成为法国或我们任何一个敌人的盟友……尽可能防止给奥地利造成倍感受辱的回忆。普鲁士军队胜利地进入帝国首都，这当然会给我们的将士留下令人愉快的回忆，但从我们的政策来看这并无必要……但使奥地利的自尊心受损伤只会给我们以后的关系增添困难。”

被胜利冲昏头脑的将军们根本无法理解俾斯麦的深谋远虑，他们怒斥俾斯麦是在拱手让出“普鲁士的利剑所得的胜利果实”，仍然坚持要攻入维也纳。俾斯麦的声色俱厉和苦口婆心并没有说服威廉一世和他的将军们，几乎陷入绝望的俾斯麦提出，如果不能按照他的要求停止进军并立即与奥地利签订宽容的和约，他就辞去首相的职务。

得知普军仅仅在七周内就彻底打败了奥军，法国皇帝拿破仑三世极为震惊，这完全出乎他的意料。现在他不但不能从普奥的争斗中渔利，而且还将面对一个更为强大的普鲁士。为了避免奥地利进一步被削弱，拿破仑三世立即宣布调停普奥之争。奥地利随即宣布接受法国的调停，而普王威廉一世在俾斯麦以辞职相要挟下也不得不同意接受调停。

1866 年 8 月 23 日，按照俾斯麦提出的条件，普鲁士与奥地利签订了《布拉格和约》。根据和约，奥地利退出德意志邦联，旧邦联解散；奥地利承认普鲁士有权建立北德意志联邦，荷尔斯泰因及在战争中帮助奥地利的汉诺威、拿骚、法兰克福市划归普鲁士。至此，德意志统一已大部分完成。多民族的奥地利被排挤出德意志。对战败的奥地利来说，《布拉格和约》是相当宽容的，这就为以后奥地利在普法战争中保持中立奠定了基础。

铁路 + 电报

普奥战争就其规模而言并不算大，但新兴的交通通讯手段的出现，改变了传统

赫尔穆特·卡尔·贝恩哈特·冯·毛奇（1800 年 10 月 26 日—1891 年 4 月 24 日），又称老毛奇，普鲁士元帅和德意志帝国总参谋长，德国著名军事家、军事理论家

1866 年普奥战争中的普鲁士士兵

的战争形态。在战争技术和形态上，普鲁士引发了 19 世纪中期的新一轮的“世界军事变革”。在普奥战争中出现的彻底改变此后战争形态格局的新技术因素中，“最重要的就是铁路，其次是后膛装填的撞针枪和电报。”

在毛奇看来，铁路和电报的运用，使得部队的远程机动和多路协同成为可能。在普奥战争之前，毛奇就将铁路和电报纳入部队的日常训练体系之中，这使得普鲁士军队较早地将新型交通通讯手段投入战争准备当中。战争爆发后，得益于铁路运输，“1866 年 5 月 7 日普鲁士开始动员，6 月 22 日就已攻入奥地利境内。”反观奥地利，“4 月 27 日即开始战前动员，即使战场在自己国内也只能把 23.8 万军队投入作战，最重要的原因就是奥地利只有一条铁路通往战场。”普鲁士则依靠发达的铁路运输，在短时间内将“25.5 万军队和 800 门大炮迅速送往了前线，并依靠铁路为前线提供后勤补给物资”，从而形成了一个普军虽然在整体上兵力不占优势，但却在局部形成优势的局面，最终使得普鲁士在萨多瓦的决战中取得了决定性胜利。

1870—1871

普法战争

（1870—1871）

1919 年，巴黎和会上，法国总统普恩加莱在主持开幕式时说道：“48 年前的今天，德意志帝国就在这个大厅里诞生，由于它生于不义，必将死于耻辱！”那么，48 年前的那一幕，又是如何上演的呢？为何而起，又为何关乎德、法两国乃至欧洲和整个世界的命运呢？

埃姆斯密电

一封被篡改的电报，成为引发战争的导火线。事件的始作俑者，普鲁士首相俾斯麦得意扬扬地宣称，这封电报将起到“红布对高卢牛的作用”。为什么一封电报会成为引爆战争的导火线呢？

在相继打败了丹麦和奥地利之后，普鲁士主导德意志统一的进程不断加速，此时，只剩下最后一个也是最强大的一个障碍，那就是法国。得知奥地利被普鲁士打败后，巴黎一片哀号。法国政治家梯也尔哀叹道：“奥地利的失败意味着法国 400 年来遭到的最大灾难，即从此失去了一张阻止德意志统一的王牌！”要阻止普鲁士统一德意志，法国只能亲自赤膊上阵了。

1867 年 3 月，仅仅在普鲁士打败奥地利半年后，法国首相就公开表示德意志“分成三块儿”对法国有利。拿破仑三世更是露骨地说：“只有俾斯麦尊重现状，我才能保证和平。如果他把南德意志诸邦拉入北德意志联邦，我们的大炮就会自动发射。”

普鲁士深知，在实现德意志统一之路上，普法必有一战。普鲁士的如意算盘是，不打第一枪，在完成备战的前提下，引诱法国率先开战，这样既可以解决战争合法性的问题，同时又能借机彻底打败法国，最终实现德意志的统一。那么去哪儿寻找一个引诱法国率先动手的机会呢？终于，天助普鲁士，机会来了。

真正导致普法开战的是西班牙王位的继承问题。1868 年 9 月西班牙爆发革命，女王伊莎贝拉二世被推翻，出逃法国。为平衡国内各派利益，西班牙新政府决定选择一个外国人来担任西班牙国王。新政府最终选定霍亨索伦家族的利奥波德亲王作为西班牙王位的继承人。这个决定引发了法国的强烈不满。霍亨索伦家族是普鲁士的王室，而西班牙位于法国南方，当时普法关系已经非常紧张了，如果西班牙的王位由一个霍亨索伦家族的人继承，势必会使法国陷入西、普两国两面夹击的不利处境。法国外交大臣安托万·格拉蒙宣称，法国决不容忍“一个外国把自己的一名亲王捧上查理五世（西班牙最强盛时代的君主）的王位，从而破坏欧洲列强目前的平衡而使我们吃亏，危害法国的利益和荣誉”。法国舆论也一片沸腾，一致认定这是普鲁士的阴谋，强烈要求政府对普鲁士实行强硬政策。

拿破仑三世（1808 年 4 月 20 日—1873 年 1 月 9 日），即夏尔－路易－拿破仑·波拿巴或路易－拿破仑·波拿巴，法兰西第二共和国唯一一位总统（1848 年 12 月 10 日—1852 年 12 月 2 日在位）和法兰西第二帝国唯一一位皇帝（1852 年 12 月 2 日—1870 年 9 月 4 日在位），是法国历史上第一位民选总统和最后一位君主

虽然俾斯麦出于与法国开战的目的请求普鲁士国王威廉一世接受西班牙的邀请，但当时西班牙国内局势尚不稳定，威廉一世担心普鲁士由此陷入西班牙革命和内战，所以对西班牙的邀请并不热心。在受到法国的压力后，威廉一世随即同意放弃由霍亨索伦家族成员继承西班牙王位，紧接着利奥波德亲王的父亲也代表利奥波德亲王发表声明，宣布放弃西班牙王位。

拿破仑三世没有想到普鲁士竟

普法战争（1870—1871 年）时期普鲁士王国国王威廉一世（后来的德意志帝国皇帝）及将军们的半身像

然如此痛快地接受了自己的条件，自信心顿时膨胀，决定乘胜追击，进一步扩大战果。1870 年 7 月 12 日，就在利奥波德亲王的父亲宣布利奥波德亲王放弃西班牙王位的当天，拿破仑三世召集御前会议，与会者极度陶醉于法国的外交胜利，居然一致决定此事不能就此罢休，一定要趁机狠狠羞辱普鲁士一番。陆军大臣勒伯弗狂妄地宣称："我们的军队一切准备就绪，一直到最后一个士兵的鞋套上的最后一个纽扣。"

7 月 13 日，法国驻普鲁士大使贝内代蒂奉命再次紧急求见当时在埃姆斯温泉疗养的威廉一世，向他转达了巴黎的指示：普鲁士国王必须保证在将来永远不支持霍亨索伦家族成员登上西班牙王位。贝内代蒂还根据拿破仑三世的指示特意选择了带有侮辱性的强硬措辞。威廉一世当然不能接受这种带有最后通牒意味的要求，况且在他看来普鲁士已经满足了法国的要求，再做出这样的保证不但毫无必要，而且显然有辱霍亨索伦家族的声望。威廉一世还是用尽量委婉的外交辞令来应付贝内代蒂，贝内代蒂却是非常执着，反反复复纠缠不休。威廉一世不胜其烦，只好说："大使先生，我已无更多的话要讲了，请允许我告辞。"

当晚，不死心的贝内代蒂又要求觐见，但被威廉一世的侍从武官挡驾。侍从武官向贝内代蒂转告威廉一世的话，说这件事已经结束，现在已经没有什么更多要说的了。贝内代蒂只得悻悻离去。威廉一世认为这件事到此已经结束，随即电告了远在柏林的俾斯麦。

俾斯麦一心指望利奥波德亲王能够继承西班牙的王位，并希望由此挑起与法国的战争，威廉一世的退缩让他大失所望。接到威廉一世的电报后，俾斯麦觉得机会又来了，他问老毛奇普军是否做好了战争准备。在得到肯定的答复后，胆大妄为的俾斯麦擅自篡改了威廉一世的电文，将威廉一世与贝内代蒂的交涉描述为一场针锋相对、互相折辱的交锋，并在最后说："国王陛下拒绝以后再接见法国大使，并且吩咐值日副官转告法国大使说，国王陛下再也没什么可说的了。"听俾斯麦念了篡改后的电文后，老毛奇说："原来听起来是退却的信号，现在是回答挑战的号角。"俾斯麦则洋洋得意地说，这封电报一经公开将起到"红布对高卢牛的作用"。

神秘的斯芬克斯

果然，这封被称为"埃姆斯密电"的电文公开后，法国上下群情激奋，深感受辱的法国人狂热地叫嚣开战，法国的《马赛报》等报纸号召："打到柏林去！"而普鲁士人的民族主义情绪也被深深地激发出来，在柏林的大街上狂喊："打到巴黎去！"受民族情绪感染，号称"杜伊勒里宫的狐狸"和"神秘的斯芬克斯"的法国皇帝拿破仑三世马上决定开战。1870 年 7 月 19 日，法国向普鲁士宣战，普法战争正式爆发。

拿破仑三世虽然意气风发，他手下的将领也豪气冲天，无奈却统统能力低下。虽然法国陆军大臣吹嘘说"我们的军队一切准备就绪"，但实际上法军根本就没有做好开战的准备，将军们甚至连一张普法边境的地图都找不到。开战两周后，法军才动员了 26 万人，而普鲁士则动员了 45 万大军。

1870 年 8 月 1 日，法皇路易·波拿巴亲率大军出征。8 月 2 日，普法战争正式打响。由于普鲁士对这次战争早已精心筹划，有充分的准备，所以当天就给闯进普鲁士境内的法军以迎头痛击。在遭到普鲁士军队的数次打击后，法军退至色当。而普鲁士军队的总参谋长毛奇看到法军移师色当后，一边观察地图，一边得意扬扬地说：“现在我们把他们关在一个老鼠笼子里了。”此时的法军士气受挫，补给也极为缺乏，所存口粮不足 20 万份，虽有一列火车装运了 80 万份口粮，但因遭到普军炮火的袭击，尚未卸下就奉命退回到米齐里斯。事实上，也只有法军统帅麦克马洪一个人认为法军可以在色当立足。站在高处，色当城好像一只托盘摆在人们的面前，几座巨大的建筑物和教堂都显得特别醒目，可以看清它的街道，以及法军的营地。毛奇不相信法军统帅麦克马洪会在这样不利的形势之下甘心接受会战，他认为法军会趁着黑夜，撤出色当，退到米齐里斯。可是麦克马洪留了下来。

9 月 1 日凌晨，大雾弥漫在色当的上空，像帷幕一样遮住了一切，四处静悄悄的。在这迷迷蒙蒙的世界中，一切似乎是那么祥和安逸，仿佛一切都不会发生。然而，就在这大雾底下，一场大战就要发生了。雾气刚一消散，普鲁士军队的 700 门大炮

1870 年 9 月 1 日色当战役中的作战场景。普法战争时期的色当战役，是世界近代史上的一次著名战役。该战役的结果导致法兰西第二帝国的灭亡和德意志帝国的建立

一齐向法军阵地开火。轰隆隆的炮声震耳欲聋，炮弹像雨点一样落到色当城里，炽烈的大火在城市各处燃烧。

在普军强烈炮火的攻击下，法军损失惨重，遍地堆积着满是血污的尸体，弥漫在空气中的是烧焦了的尸体的味道。仅半天的时间，法军就死伤近 2.5 万人。麦克马

色当战役战场形势图。该地图以巴黎为中心，通过铁路将法国各大城市连接起来。色当战役中法国战败，拿破仑三世流亡国外

洪在巡视战况时，被弹片击中，受了重伤，于是他把指挥权交给了杜克罗特。杜克罗特立即采取行动，他对手下说："我已经奉命代理总司令，我们不能再丧失一分钟的时间了，我们应该立即撤出色当。"他的参谋长建议说，应该先向皇帝报告，杜克罗特却向他怒吼道："不要再提皇帝了，就是他使我们陷入这种窘境之中。"可是还没等他实施自己的计划，就又出来一个总司令替代了他。

原来早在 8 月 30 日，戴温普芬受巴黎执政的巴里柯指派来到色当，任第五军军长，怀中还揣着接替麦克马洪任总司令的急件，但他始终未公开此命令。当他听说杜克罗特代理总司令并下令撤退时，不禁大怒。他从口袋中抽出巴里柯的授权状，宣布自己是总司令，并通知了杜克罗特，下令停止撤退，并向皇帝报告说：两个小时之内就能把敌人赶入默兹河。然而普军的炮火十分猛烈，几乎从地平线上的每一点上都有炮弹射来，弹片横飞，血肉四溅，失去主人的马在四处乱窜。尽管法军总司令三易其人，但士兵们还在顽强抵抗着，几次想杀出一条血路，冲出包围，但都没有成功。只有一个名叫格里费博的军官率领一小队人马奋勇冲杀，一直冲到普军预备队的位置，并高呼着“皇帝万岁”。普军指挥官为他们的英勇行为所震撼，命令停止射击，放他们过去，并向他们敬礼。

下午 1 时 30 分，戴温普芬向皇帝送上了下面的签呈：“陛下，我决定实行突围，而不愿意在色当城中做俘虏，我要求陛下加入您的军人之中，于是他们可以获得为您打开退路的荣誉，而更加奋勇冲锋。”正在色当城中的路易·波拿巴，接到这个报告后，把它放在一边，连看也没看。此时的他已决心自己接管最高指挥权，并打算立即向普军投降。下午 3 时前后，路易·波拿巴在色当中央的塔楼升起白旗，向普军投降。至此，普法战争的结局再无悬念，法国彻底战败了。

色当战役失败后拿破仑三世向威廉一世投降时的场景

德意志得以统一

皇帝本人的投降意味着普军大获全胜，但令俾斯麦感到棘手的是，现在他不知道该同哪个政府缔结和约了，因为拿破仑三世本人被俘的消息传到巴黎后，法国的心脏立刻躁动了起来。欧仁妮皇后不乏嘲讽意味地说："为什么他不自杀？"而抗议者很快包围了皇宫和行政机构。9月4日，共和主义者的领袖莱昂·甘必大在巴黎市政厅宣布成立国防政府，国民议会的议员们推举巴黎卫戍司令朱尔·特罗胥为总统，领导全国继续抵抗普鲁士。

重新找到对手的普军继续推进，粉碎了法国南北各路军队的抵抗，并于9月18日开始对巴黎围城后，由左翼的社会主义者、右翼的保守共和党人、希望恢复波旁王朝的正统派保王党和拿破仑三世的残余党羽组成的临时政府就越发接近崩溃：国民议会在普军完成合围前便从巴黎逃到了波尔多，甘必大于10月7日乘热气球逃离重重围困中的巴黎，特罗胥则在指挥了多次失败的突围后于1871年1月22日辞职。1月28日，新成立的法国国防政府与普鲁士签订停战协定，普法战争结束。

色当大捷后，德意志的民族主义情绪更加高涨，而法国的战败也已成定局。在相继失去奥地利和法国的保护后，南德意志诸邦知道再也无法保持独立。1870年11月25日，普鲁士先后与巴伐利亚、巴登、符腾堡及黑森—达姆施塔特四个南德意志邦签订了联合条约。至此，除奥地利外，所有的德意志邦国全都加入了"德意志联邦"，这个联邦的名称叫作"德意志帝国"。

1871年1月18日，普鲁士国王威廉一世在各邦国王公大臣的簇拥下，于凡尔赛宫的镜厅举行加冕仪式。这天，普鲁士和德意志诸邦的军队在凡尔赛宫举行了盛大的阅兵仪式，将军、贵族和大臣们皆聚集于昔日法国国王最珍爱的镜厅里，向威廉一世举起佩剑示意，随后俾斯麦宣读了德意志帝国成立的宣言，威廉一世为新成立的德意志帝国的皇帝，俾斯麦则出任帝国宰相。镜厅里的所有人高呼三遍"威廉皇帝陛下"，室外列队的士兵也报以阵阵的欢呼。

这一幕对于胜利者而言，意味着分裂了千年之久的德意志终于实现了统一。对于失败者而言，则意味着法兰西民族遭遇了奇耻大辱，从而为下一次的德法大战埋下了伏笔。这就是本章开头提到的，法国总统在主持凡尔赛和会开幕式时所说的"它（德意志帝国）生于不义"的缘由。

留下一个后患

普法战争结束后，德意志实现了统一，从此欧洲地缘政治的格局被彻底改变。长期保持欧洲大陆霸权的法国被严重削弱，不再具备左右欧洲局势的能力，相反其自身安全还受到德国的严重威胁。法国从此不得不依赖与英、俄两国的外交来维护自身的安全，并实现自己复仇的心愿。由于统一后的德国国力远远超过欧洲大陆的任何一个国家，故德国成为欧洲各国政治、经济，尤其是外交政策制定时需首先要考虑的因素。

德意志完成统一之后，一个充满浓厚的专制主义和军国主义色彩的帝国，出现在了世界的政治舞台上。用美国历史学家保罗・肯尼迪的话说：“（德意志帝国）是一个将西方民主国家现代工业力量，同东方帝国专制独裁的决策特点结合在一起的大国。”相对于法国较为温和的霸权，军国主义盛行的德国更富侵略性，一个当时流传甚广的比喻是，“从此欧洲少了一个女管家，来了一个男主人”。随着德国国力的增强，它侵略扩张的野心与日俱增，总是躁动不安，喜欢去撩惹四方，以至于被其他国家称为欧洲大陆上的“问题儿童”，成为日后两次世界大战的战争策源地。

意土战争

（1911—1912）

1911 年，随着两大帝国主义阵营的形成，大战的阴霾正在笼罩世界。谁都没有料到，两个处于世界中心边缘的国家，却率先跳出来打了一仗。这场看似波澜不惊的战争，却最终引发了可怕的蝴蝶效应，增加了“欧洲火药桶”擦枪走火的风险，为第一次世界大战的爆发埋下了伏笔。这场意外，就是快被今人遗忘的意土战争。“参战的双方都不是可以左右世界大局的强势国家，但他们却以各种手段让自己相信，他们真的很强。”这场被称为“一战前奏曲”的局部战争，改变了两个参战国的命运，同时又随着新式武器——飞机的参战，把人类战争带入了一个海陆空立体战争的新纪元。

为的黎波里而战

意土战争，亦称的黎波里塔尼亚战争或利比亚战争，是 20 世纪初意大利为夺取奥斯曼帝国北非属地的黎波里塔尼亚和昔兰尼加（今利比亚）而发动的一场战争。

的黎波里，今天是利比亚的港口城市，位于地中海南岸，与意大利的西西里岛隔海相望，战略位置相当重要。伴随着奥斯曼帝国的衰落，欧洲帝国主义列强觊觎其庞大的殖民地遗产，掀起了一场瓜分帝国遗产的热潮。作为帝国主义的后起之秀，意大利自然不能放过这一宰割奥斯曼帝国的机会，与意大利隔海相望的原奥斯曼帝国的

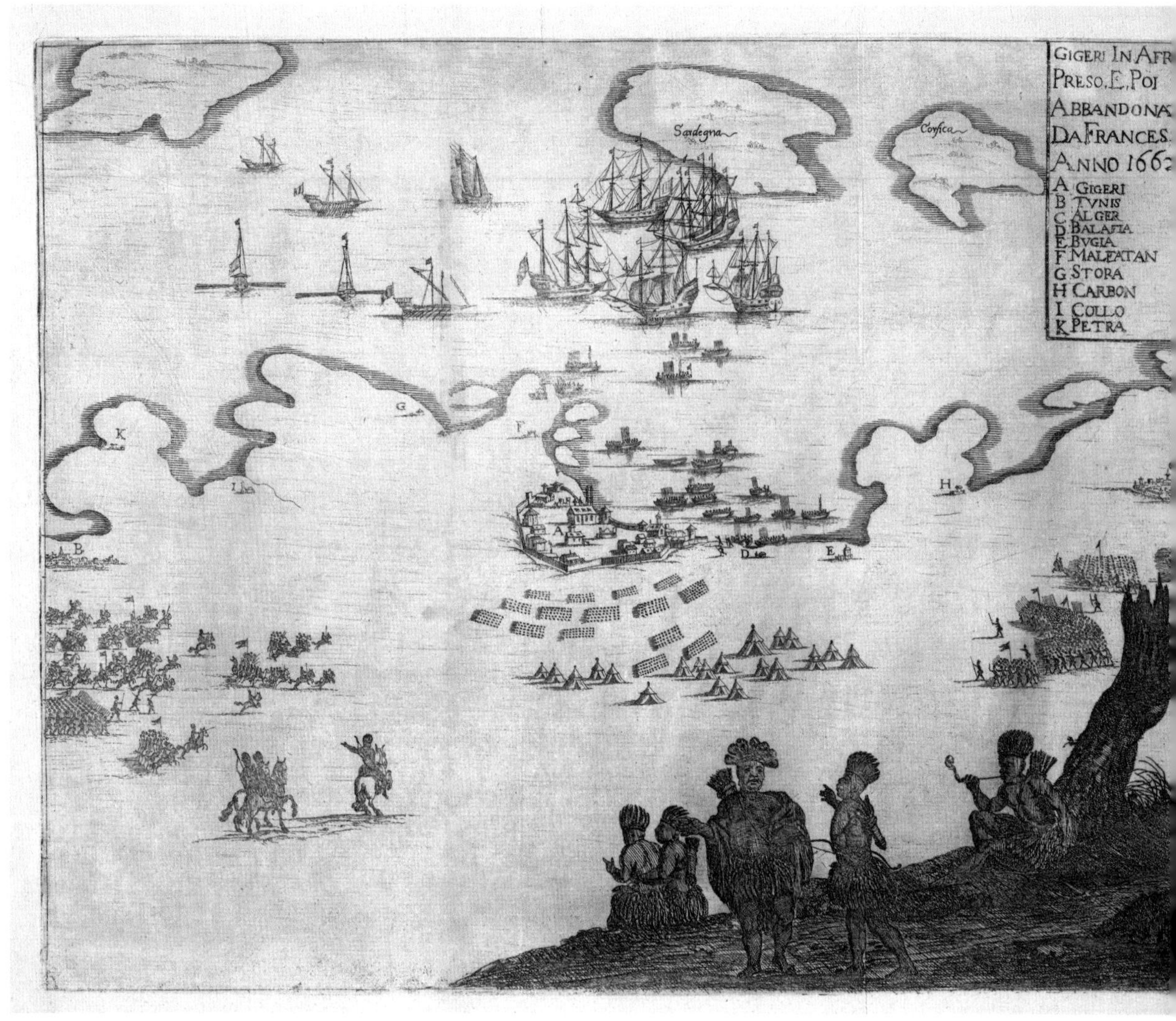

画有北非海岸线的鸟瞰图。图中可看到在地中海中行进的船只和军队，北非对面为撒丁岛和科西嘉岛等

北非殖民地，就成了送到意大利嘴边的一块肥肉。长期以来，意大利通过各种途径和方式对北非的的黎波里进行渗透。意大利政府把的黎波里塔尼亚称为“我们的特许地”，并通过外交途径，使自己占有的黎波里塔尼亚的野心得到列强的默认。

在 1900 年法国和意大利关于两国在北非划分势力范围的换文中，法国驻意大利大使巴雷尔称：“由于 1899 年 3 月 21 日专约把的黎波里省排除在专约所批准的势力划分范围之外，从而为法国的势力范围和的黎波里塔尼亚及昔兰尼加部分标定了界线。

共和国政府不想越过这条界线。”意大利外交大臣在给巴雷尔的照会中称，如果摩洛哥政治状况或领土状况发生变化，“意大利将根据对等的原则，有权扩大其对的黎波里塔尼亚及昔兰尼加部分的影响”。

在1909年意、俄签订的《拉科尼吉协定》第5条中，双方约定“意大利对俄国在海峡问题上的利益，俄国对意大利在的黎波里塔尼亚和昔兰尼加的利益，彼此友好对待”。

意大利把战争强加给土耳其后，后者希望得到国际声援。但欧洲列强中英、法、俄或者同意大利早有默契，或者是因为土耳其在波斯尼亚危机中已经站在协约国的对立面，加上此时在应付摩洛哥危机时英、法关系紧张，故欧洲列强都没有给土耳其援助，并且劝说土耳其对意大利的侵略屈服。德国和奥匈帝国与意大利是盟友，自然不会对意大利施加压力。这样，意大利的军事占领行动，就得到了英、德、法等列强的默许。对此，英国历史学家泰勒曾评论道：“三国同盟早就同意它在的黎波里可以自由行动；俄国人在拉科尼吉也已做出过同样的承诺。法国人在1900年所做的承诺则是有条件的：只有在法国拿到了摩洛哥以后，意大利才可以行动。这个时机现在已经来到了。”

在这样的国际环境下，意大利的侵略行动开始变得有恃无恐。1911年9月28日，意大利向土耳其发出最后通牒，“意大利政府由于被迫关心自己的尊严和利益，决定对的黎波里塔尼亚和昔兰尼加实行军事占领”，要求土耳其政府采取措施“防止对于意大利军队的任何抵抗行为”。9月29日，意大利找了一个不能称为理由的理由向土耳其宣战，并入侵的黎波里，意土战争爆发。尽管意大利发动这场战争没有任何借口，却没有任何一个大国向意大利提出抗议。

开启飞机参战的序幕

1911年9月29日，意军5万多人首先从海上向的黎波里、胡姆斯等城市进行炮击。土耳其在该地区防守兵力很弱，只有一个师，7000多人，而且士兵多来自土耳其内地，不愿在遥远的异乡作战。10月4日夜，意军登陆部队1600多人未遇激烈抵抗便占领了的黎波里和胡姆斯。11日，意大利远征军3.5万人开始在的黎波里登陆，击退了当地为数不多的守军，占领了图卜鲁格和德尔纳。19日，意军舰队掩护一个步兵师在班加西登陆，经两天激战，意军占领了该城。由于战争开始后意军封锁了战区海岸线，英国又不允许土军通过埃及向北非增援。至10月底，意军已控制的黎波里

Panorama dimostrativo della Battaglia del 26 Ottobre 1911.
1° Novembre
IL TRICOLORE ITALIANO IN TRIPOLITA
DIARIO ILLUSTRATO DELLA GUERRA IT
FORTE SULTANIA
40°
FANTERIA
84
FANTERIA
POZZI DI BUMELLIANA
BATTERIA 21° ARTIGLIERIA

CIRENAICA
-TURCA
FOGLIO N.
(Il foglio N. 1 - giunto alla Quinta Edizione - illustra la cart
del Mediterraneo, Adriatico e Mar Egeo - TRIPOLITANIA
CIRENAICA e confini colle posizioni occupate dall'Italia.
In corso di stampa il foglio N. 3 di somma importanza
LA GRANDE BATTAGLIA
del giorno 26 ottobre
nell'oasi di Tripoli
15.000 Turco-Arabi con cavalleria ed artiglieria mossero contro tutta la linea dei nostri avamposti che sommavano a circa 6000 e 3000 di riserva. La battaglia, vinta brillantemente dagli Italiani, durò 4 ore e fu accanita specialmente nei pressi di Sciara el Sciat, Hemmi, Sidi Messra e Bumelliana ove l'84°, l'82° e il 40° fanteria dovettero far fronte al grosso dei nemici e caricarlo più volte alla baionetta. La nostra fanteria fu coadiuvata efficacemente dai soldati del reggimento Lodi, dalle batterie di sbarco e dalle batterie del 21° Artiglieria che aprirono sul nemico un fuoco infernale.
L'11° Bersaglieri che si era coperto di gloria nella battaglia del 23 e messo all'ordine del giorno, diede nuova prova d'intrepido valore sbaragliando il nemico che s'annidava nei boschi fra Sciara ed Hemmi. I bersaglieri furono benissimo aiutati dalle mitragliatrici e dall'Artiglieria da fortezza.
Il nemico ebbe 2000 morti, 4000 feriti e numerosi prigionieri. I nostri ebbero 374 morti e 158 feriti fra le due giornate del 23 e del 26.
Le bandierine tricolori indicano la linea dei nostri avamposti e quelle rosse le posizioni occupate dal nemico. La strada segnata con bandiere rosse è quella che conduce a Gharian probabile quartiere Generale dei Turco-Arabi.
È aperto l'abbonamento ai primi 10 numeri dei "Tricolore Italiano" per L. 1.10 in tutta Italia (Estero L. 2).
Inviando invece L. 2 (Estero L. 3) gli Abbonati riceveranno inoltre 2 splendide Oleografie da salotto (formato cm. 40×55) raffiguranti: Il Bombardamento di Bengasi e La Battaglia di Sciara-Sciat.
Mandare Cartolina Vaglia allo Stabilimento d'Arti Grafiche L. TEODORO e FRIGE' - MILANO, Via G. B. Bertini.
FORTE HAMEDIA
BATTERIE DA FORTEZZA
SCIARA EL SCIAT
MITRAGLIATRICI
11° BERSAGLIERI
HENNI
HAMURA
SIDI MESSRI
BATTERIA DA SBARCO

意土战争北非战场形势图。该地图清晰地展现了1911年9—11月北非战场意大利、奥斯曼帝国双方的作战态势

20 世纪初，飞机已被应用于战争中

MPAGNE

塔尼亚和昔兰尼加的一些主要海滨城市。

这次战争发生时，土耳其还没有飞机，而意大利约有20架军用飞机和32名飞行员，隶属于意大利陆军，编为第一飞机连。该战意大利陆军动用了9架飞机和11名飞行员参战。这些飞机先装箱并于1911年10月15日海运到的黎波里海湾。23日6时19分至7时20分，连长皮亚扎上尉驾驶一架“布莱里奥XI”飞机飞往的黎波里与阿齐济耶之间土军阵地上空进行了一个多小时的侦察。25日，副连长莫伊佐驾驶“纽波特”飞机侦察时，机翼被3颗来复枪子弹击伤，这是飞机首次遭敌地面火力杀伤。11月1日，加沃蒂少尉驾驶“鸽”式飞机在北非塔吉拉绿洲和艾因扎拉地区向土军阵地投下4枚各重2千克的“西佩利”式榴弹，实施了历史上首次空中轰炸。陆续开启了飞机参战的序幕。

11月15日，意大利宣布兼并的黎波里塔尼亚和昔兰尼加，并恢复该地区的旧名利比亚。此时战争尚未结束，土军还没有投降讲和，阿拉伯居民奋起反抗侵略者和占领者。随后，意军攻占了南斯波拉泽斯群岛，并从海上炮击贝鲁特和土耳其其他港口城市。

土耳其面临着意大利的巨大军事压力，又得不到国际上的支持，只得委曲求全，满足意大利的要求。1912年10月15日，意、土两国在洛桑外港乌希缔结了一项秘密预备和约。鉴于战争还没有结束，土耳其在满足意大利要求方面仍有某些保留。1912年10月巴尔干战争爆发后，土耳其感到内外交困，不得不对意大利做出进一步妥协。

《乌希条约》

1912年10月18日，意、土两国在瑞士洛桑附近的乌希签署《洛桑条约》(又称《乌希条约》)，结束了它们之间“存在的战争状态”。条约共11条，主要内容：第一条，两国政府保证在签订本条约后立即采取停止战争行动必要步骤。特派专员应被派往现场，确保迅速实施这些步骤。第二条，两国政府保证在签订本条约后立即发布命令召回各自的军官、军队和文职人员。第三、第四条，交换战俘和人质，全部实行大赦。此外，两国政府恢复战前状态，缔结通商条约及意大利每年付给土耳其一笔债款等。条约的要害是，土耳其承认了意大利对的黎波里塔尼亚和昔兰尼加的兼并，意大利通过战争占领土耳其部分领土的目的已经达到。

尽管意大利夺取了奥斯曼帝国在北非的殖民地，但广大的被占领区的人民并没有停止反抗，正如列宁在《意土战争结局》中所指出的："尽管签订了'和约'，战争实际上还将继续下去，因为远离海岸的处在非洲大陆内部的阿拉伯部落没有屈服。"意军在占领区到处受到打击，处境十分困难。第一次世界大战中，北非进一步扩大了抗意战果，最终迫使意殖民当局同起义者进行谈判。1943 年第二次世界大战期间，随着意大利法西斯的垮台，在同盟国军队的协助下，北非人民终于赶走了意大利军队，赢得了民族独立。

意土战争是第一次世界大战爆发前的几场局部战争之一，战争规模虽然不大，其影响却极为深远。土耳其在与意大利的战争中惨败，丢掉了如今利比亚一带的全部属地。土耳其的腐朽无能在这场战争中表现得更加淋漓尽致，这就严重刺激了巴尔干诸国彻底摆脱土耳其统治并获取更大领土的野心，此后，"被土意战争鼓舞起来的斯拉夫人，则在萨拉热窝刺杀了奥匈帝国皇储费迪南大公，由此整个欧洲和他们的海外属地，全都被拖入了残酷的第一次世界大战"。

意大利借奥斯曼帝国日趋衰败和有利的国际环境，发动了这场战争，占领了的黎波里塔尼亚和昔兰尼加，并将两地合并为一个殖民地，称利比亚，实现了它多年来在北非建立领地的野心。

意土战争中，意大利航空队在的黎波里的成功初步显示了飞机的威力，预示了现代战争的战略、战术将发生革命性变化，从而引起世界各国军方的瞩目和效仿，并极大地促进了军事航空业的发展。至 1913 年年初，航空大国真正的航空部队已初步组建起来，并建立了各种规模的飞机制造厂，开始了军用飞机的研制历程。英国皇家飞机制造厂生产的"BE · 2"型飞机，便是军方对飞机的兴趣日趋浓厚的产物。1912 年的巴尔干战争，希腊、保加利亚、塞尔维亚、土耳其等国纷纷从法国和意大利购买飞机和雇用飞行员参战。自此人们认识到，不应把飞机仅仅看成一种用途有限的辅助武器，而应该把飞机看作战争大家族中除陆军和海军以外的第三位"兄弟"。意土战争开创了飞机参战的新纪元。

巴尔干战争

（1912—1913）

巴尔干地区位于欧亚两洲接壤处，是欧洲的下腹部，扼黑海、地中海的咽喉，地理位置十分重要。同时，这里民族成份复杂，宗教多样。自古以来，这里就是欧洲的火药桶。从作战样式、战争后果等角度来看，20 世纪初期爆发的两次巴尔干战争，都被视为第一次世界大战的前奏曲。那么，这两场战争是如何爆发的？为什么巴尔干战争会被视为第一次世界大战的前奏曲？

四国反土同盟

奥斯曼帝国在意土战争中惨败，加速了巴尔干国家保加利亚、塞尔维亚、希腊和门的内哥罗（今黑山共和国）建立反土联盟的进程。奥斯曼帝国的统治给巴尔干人民造成了深重的灾难。随着帝国的衰弱，巴尔干各族人民争取民族解放与独立的运动蓬勃开展。保加利亚、塞尔维亚、希腊等建立了独立王国，积极推动建立反土同盟，然而在针对的主要目标国和如何瓜分奥斯曼帝国遗产及同俄国的关系等问题上，同盟各国存在着矛盾与分歧。

对于俄国而言，巴尔干同盟的建立以及斯拉夫人展开的斗争给它带来了不小的风险。鉴于俄国军队尚未恢复元气及完成改编，如果巴尔干同盟发动对土战争，奥匈和德国进行干预，俄国将必然卷入对它不利的战争。

在巴尔干同盟的建立过程中，保加利亚和塞尔维亚的结盟占有极为重要的地位，发挥着关键性作用。两国于 1912 年 2 月 29 日在索非亚签署了《保加利亚王国和塞尔维亚王国友好同盟条约》。条约称两国的“利益是共同的，命运是相似的，决心用共同的力量团结一致捍卫这些利益并努力使其取得圆满成果”。从保塞友好同盟条约、条约附件、军事专约内容可以看出：其一，双方准备随时同奥斯曼帝国开战，主要针对奥匈帝国和德国；其二，双方就瓜分战利品达成妥协；其三，俄国被授予最终裁定权。

保加利亚同时和希腊举行谈判，1912 年 5 月 16 日在索非亚签署了《保加利亚和希腊同盟条约》，9 月 22 日两国在索非亚签署了《保加利亚和希腊军事专约》。专约规定，缔约双方之任何一方卷入战争，另一方给予一切支援。保加利亚提供 30 万人的军队，希腊出动 12 万人的部队。1912 年 9 月，门的内哥罗以口头协议的方式加入《保加利亚王国和塞尔维亚王国友好同盟条约》。至此，保加利亚、塞尔维亚、希腊和门的内哥罗通过条约形成了巴尔干同盟。四国都在积极准备对奥斯曼帝国的战争。巴尔干战争迫在眉睫，一触即发。

大国博弈

在 20 世纪之前，巴尔干的局势虽然也很不平静，但总的来说是俄国处于攻势。它总是在不断地煽风点火，借机扩大其在巴尔干半岛的势力范围，而奥匈帝国更多考虑的是维持现状，维持奥斯曼帝国在巴尔干的统治，以遏制泛斯拉夫主义。俄国在 1905 年的日俄战争中惨败，国内矛盾加剧，在列宁的领导下爆发了革命。革命虽被沙皇政府残酷镇压，但内外交困、国力大衰的俄国无力再在巴尔干半岛进行扩张，遂转而主张维持现状。而这时奥匈帝国则在德国的支持下想趁机扩张，并消灭泛斯拉夫民族主义情绪最为强烈的塞尔维亚，以彻底解决国内南部斯拉夫人的民族问题。

巴尔干同盟带有明显的对抗奥斯曼帝国和奥匈帝国的性质。奥匈帝国也在竭力拼凑包括奥斯曼帝国、保加利亚和罗马尼亚的联盟，但未能得逞。俄国则在支持民族解放的旗号下，谋求在巴尔干地区的霸权。它对巴尔干同盟的建立起了重要的推动作用，也获取了协调同盟及解决它们之间矛盾和分歧的权力。巴尔干同盟在积极备战，俄国则拼命制造战争的气氛。

1912 年第一次巴尔干战争中塞尔维亚军队进攻奥斯曼帝国军队的场景

1912 年第一次巴尔干战争中保加利亚军队进攻奥斯曼帝国军队的场景

1912 年 10 月 8 日，巴尔干同盟中最小最弱的门的内哥罗首先向奥斯曼帝国宣战。10 月 13 日，塞尔维亚、保加利亚和希腊向奥斯曼帝国提交最后通牒，要求奥斯曼帝国允许马其顿和色雷斯实行自治，被奥斯曼帝国拒绝。10 月 17 日，塞尔维亚和保加利亚向奥斯曼帝国宣战，次日希腊也向奥斯曼帝国宣战，第一次巴尔干战争爆发。

腐朽无能的奥斯曼帝国军队连战连败，同盟军进展迅猛，尤其是保加利亚军队攻势极为凌厉，至 10 月底保军兵锋距伊斯坦布尔仅有 40 千米。奥斯曼帝国在巴尔干半岛的领土丧失殆尽，仅剩下伊斯坦布尔附近的弹丸之地。

奥斯曼帝国没有能力自保，只得再次乞求大国协调。1912 年 12 月 3 日，奥斯曼帝国照会列强请求各国调停巴尔干战事。1912 年 12 月 25 日，奥斯曼帝国与巴尔干同盟在伦敦展开谈判，与此同时，列强也开始进行斡旋。俄国竭力支持巴尔干同盟，企图再次削弱奥斯曼帝国，扩大自己在巴尔干的势力范围。奥匈帝国则在德国的支持下坚决抵制巴尔干同盟提出的各种领土要求，以遏制俄国势力的扩张。其中关于阿尔巴尼亚及奥斯曼帝国欧洲新边界划分的问题成为两国斗争的焦点。

经过五个多月的讨价还价，与会各国签订了《伦敦条约》。条约规定奥斯曼帝国将其埃内兹至米迪埃一线以西的全部欧洲大陆领土，包括爱琴海中的克里特岛割让给巴尔干同盟各国，阿尔巴尼亚的问题交由德、法、奥匈、英、意、俄六大国处理。

奥斯曼帝国撕毁《伦敦条约》

第一次巴尔干战争以奥斯曼帝国的完败结束，巴尔干同盟各国都有收获，其中保加利亚所获领土最多，获取了马其顿和色雷斯的大部分，成了第一次巴尔干战争最大的赢家。

塞尔维亚所获领土大多在阿尔巴尼亚境内，但德奥两国坚决反对塞尔维亚的领土扩张，意大利也不愿意看到塞尔维亚扩张到亚得里亚海，六大国最终决定让阿尔巴尼亚独立。塞尔维亚在战争中几乎什么都没有捞到，心有不甘，又不敢违抗六大国，于是向收获最丰的保加利亚提出瓜分胜利果实的建议，要求保加利亚把占领的马其顿分出一块儿给它。

希腊自认为在战争中所得甚少，与付出严重不对等，也要求保加利亚把马其顿南部和色雷斯西部划给它；就连门的内哥罗也向保加利亚提出了领土要求；甚至连根本就没有参战的罗马尼亚，也向保加利亚这个暴发户提出把富庶的南多布罗加地区割让给它，理由竟是它在战争中保持了中立，没有在背后捅保加利亚一刀。

面对这些分赃要求，愤怒的保加利亚一概予以拒绝。奥匈帝国看到巴尔干同盟因内部分赃不均有瓦解的迹象，遂大肆煽风点火，表示坚决支持保加利亚。保加利亚因其军队在第一次巴尔干战争中表现神勇而自信满满，加上奥匈帝国的支持，遂决定以武力教训塞尔维亚和希腊。1913 年 6 月 29 日，保加利亚军队突然进攻驻扎在马其顿的塞尔维亚和希腊军队，第二次巴尔干战争爆发。

此时距结束第一次巴尔干战争的《伦敦条约》签订不过仅仅一个月而已。第一次巴尔干战争还可以解释为各国追求民族解放的斗争，第二次则完全是分赃不均的自相残杀了。列宁就曾这样深刻评价第二次巴尔干战争："既不会有自由，也不会有团结，既不会有经济繁荣，也不会有独立和平。"

保加利亚人万万没有想到的是，其军队的攻势很快就被塞尔维亚、希腊和门的内哥罗的联军所遏制，进攻失利的保军被迫转入防御。罗马尼亚和奥斯曼帝国一看保军失利，顿觉有机可乘，遂也向保加利亚宣战。就这样，第二次巴尔干战争演变为一场所有巴尔干国家群殴保加利亚的粗俗闹剧，甚至连奥斯曼帝国都成了塞尔维亚的友军！国际局势变化之快让人目瞪口呆。

保加利亚此时已陷入四面受敌的困境，连战连败。奥匈帝国本打算兑现支持保加利亚的承诺，积极准备参战，企图借机一举消灭塞尔维亚。德国却认为奥匈帝国此时参战极有可能引发大战，德国尚未做好准备。得不到德国支持的奥匈帝国只好选择放弃，眼睁睁地看着保加利亚被围攻。德国的态度何以会有如此之大的转变？这就与威廉二世轻浮的性格有关了。

该图描绘的是1913年第二次巴尔干战争中保加利亚军队与塞尔维亚、希腊、门的内哥罗、罗马尼亚、奥斯曼帝国军队作战的场景

在奥匈帝国吞并波黑的危机中，德国以极其强硬的态度迫使俄国屈服，虽然赢得了外交的重大胜利，德国的决策层事后却有些后悔，认为为了奥匈帝国冒如此大的风险不值得。此时德国的决策层也察觉到了奥匈帝国“绑架”德国的企图，开始对奥匈帝国在巴尔干的扩张保持警惕。危机过后不久，德国宰相毕洛夫就对威廉二世说：

“不要重复波斯尼亚的事情。”因此德国这一次没有支持奥匈帝国。本来这是德国决策层的一次理性回归，德国在巴尔干并没有任何实际利益，为了奥匈帝国而冒着与俄国开战的危险实在不值得。可惜的是威廉二世的理性并没有保持下去，奥匈帝国和塞尔维亚的矛盾最终还是把德国拖进了第一次世界大战。

得不到德国支持的奥匈帝国只好偃旗息鼓，得不到奥匈帝国支持的保加利亚就只好求和了。1913 年 8 月 10 日，保加利亚与塞尔维亚、希腊、罗马尼亚、门的内哥罗签订《布加勒斯特条约》。根据条约，马其顿几乎完全被希腊和塞尔维亚瓜分，罗马尼亚则得到保加利亚的粮仓——南多布罗加；同年 9 月 29 日，奥斯曼帝国与保加利亚签订《君士坦丁堡条约》，从保加利亚手中夺回了阿德里安堡。就这样，保加利亚不但丢掉了在第一次巴尔干战争中夺取的几乎全部胜利果实，还丧失了自己的部分领土。恼怒至极的保加利亚对塞尔维亚等国恨得咬牙切齿，最终决定在第一次世界大战中加入德、奥一方共同打击塞尔维亚，夺回失去的领土。

向阵地战过渡

巴尔干战争导致欧洲矛盾进一步激化，加速了第一次世界大战的爆发。巴尔干各国在战后矛盾也进一步加深，为大国继续干涉和控制巴尔干提供了可乘之机，为世界性战争爆发埋下了导火线。巴尔干战争之后，各国加紧军备竞赛，大量征集兵员，研制和生产各种新式兵器，军费大幅度增加。到第一次世界大战前夕，德、奥两国军事预算达 140 亿马克，协约国军事预算也达 47.6 亿马克。两大军事集团各自召开军事会议，讨论制订作战计划，力图先发制人。德国总参谋长毛奇曾经说：“我们已经准备好了，对于我们，战争越快越好。”世界大战大有一触即发之势。

在巴尔干战争中，火炮的射程和射速均有提高，机枪数量增加，飞机除进行空中侦察外，还用以实施轰炸，装甲车和无线电等军事技术装备大量使用，这一切促使陆军改用疏开战斗队形，同时为了隐蔽而利用地褶和壕沟，还要保护部队免遭空袭；军队在前线数百千米地段上展开，防御强度的增加使机动作战更加困难，种种因素使作战方式转向阵地战的趋向愈加明显。这些都对以后的战争产生了重大影响。

第一次世界大战

（1914—1918）

当人类处在“百年未有之大变局”时，人们都不禁要回首上一个百年。100 多年前，正在经历第二次工业革命洗礼的西方民众，怀着希望和憧憬的心情，聆听进入 20 世纪的钟声。性格乐观和富有浪漫气息的法国人在《费加罗报》上写道：“20 世纪带给我们的将是科学进入社会和私人生活，科学将赋予我们行为的准则。它将是一种光辉灿烂的前景……我们希望哺育了我们的 19 世纪，把那愚蠢的仇恨、无意义的争斗和可笑的诽谤统统带走，抛进世纪的无底深渊。”这是多么美好的祝愿啊。然而就在 20 世纪进入第二个十年的时候，一场人类有史以来前所未有的“最大规模的血腥杀戮和残暴摧毁”的世界大战，却把骄傲的欧洲人，拖进了万劫不复的深渊。

从 1914 年 8 月 4 日英德宣战，全面爆发算起，到 1918 年 11 月 11 日，德国在法国贡比涅的福煦元帅卧车上向协约国签署停战协定为止，第一次世界大战历时 4 年又 3 个月。全球有 35 个国家和地区共 15 亿人口（约占当时世界人口的 2/3）卷入战争。战争行动的中心在欧洲大陆，波及亚洲、非洲和大西洋、北海、地中海及太平洋等广大海域，是一场名副其实的世界大战。双方动员参战的军队有 6540 多万人，军人和平民累计伤亡 2100 多万人，直接经济损失达 2700 亿美元。显然，第一次世界大战的枪炮声给 20 世纪初的人们心头蒙上了难以抹去的阴影。在经历了残酷的战争之后，人们不断地思索：第一次世界大战为何爆发？这场规模空前的世界大战又给人类带来了哪些影响？

“强权集团”之间的较量

1815年维也纳会议后，欧洲形成了以“均势体系”为代表的国际秩序，即维也纳体系。这样一种国际秩序的特点，体现为在英国的仲裁下，欧洲大陆几个强国的力量基本平衡。19世纪80年代之后，德意志帝国崛起，并推行旨在“建立全球霸权”的“世界政策”。这种微妙的平衡状态被打破了。

由于在第二次工业革命中的迅速发展，德国与各主要资本主义国家经济实力的对比产生了显著的变化。据统计，“1870—1913年，各国工业生产占世界工业生产总额的比重，英国从30%下降到14%，法国从10%下降到6%，德国则从13%上升到16%，跃居欧洲之首，世界第二”，年轻的德国成功实现了“逆袭”。

19世纪后期，世界主要资本主义强国进入帝国主义阶段。列宁指出，帝国主义是发展到垄断与金融资本统治时期的资本主义，资本输出已经具有了突出的意义，这一特征为大国争霸提供了前所未有的动力和内容。也就是说，它们不仅要争夺市场和原料产地，还要独占这些资源。在19世纪末20世纪初，随着帝国主义全球殖民化体系的建立，世界已基本被瓜分完毕，后起的帝国主义国家希望从老牌帝国主义国家的利益体系中夺取份额，从而导致了它们的矛盾日益激化。

德国人认为，尽管他们在经济和军事实力上超过其他欧洲大国，却在瓜分世界时被甩在后面。英国的殖民地遍布全球，法国在非洲和亚洲中南半岛获得大片殖民地，沙俄向巴尔干、中亚和远东进行了扩张，德国却没有得到其认为应有的果实。德国想要的东西很多，其他欧洲大国却不肯放弃。有德国政治家宣称：“德国过去曾有那样的时期，把土地让给一个邻国，而自己只剩下纯粹在理论上主宰着的天空，可是这种时期已经一去不复返了。我们也要为自己要求在阳光下的地盘。”其他欧洲国家，特别是英国却认为：“德国是步拿破仑的后尘企图主宰欧洲，必须予以挫败。”于是一场旨在重新瓜分世界和争夺霸权的大战就开始酝酿了。

在德国争夺世界霸权的过程中，不可避免地要挑战英国的霸主地位，因此英德矛盾快速激化。为了在国际争霸舞台上增强自身的力量，“组织以自己为核心的同盟和军事集团”，往往是列强在国际争霸舞台上所惯用的方式。1879年，德国为孤立法国，限制沙俄在巴尔干地区扩张，与奥匈帝国订立军事盟约。1882年，法国与意大利在北非扩张中发生矛盾，德国拉拢意大利。同年5月20日，德国、奥匈帝国、意大利三国在维也纳签订同盟条约，同盟国集团由此形成。

三国同盟的建立，促使法、俄两国接近。1892 年，法、俄订立军事协定。面对咄咄逼人的德国，英国开始放弃传统的“光荣孤立”政策，转而与俄、法结盟，共同对付德国。1904 年，英、法签订协定。1907 年，英、俄签订协定，协约国集团也逐步形成。两大集团纷纷扩军备战，给 20 世纪初的世界蒙上了战争的阴云，战争的气息随着双方矛盾升级而越来越浓。

施里芬计划

随着两大军事集团的形成，大战的阴霾笼罩在欧洲上空。面对可能到来的战争，各大军事集团开始着手制订战争计划，其中最为经典的当属德国的施里芬计划。

德国是一个位于欧洲大陆中部的国家，在地缘政治上容易陷入被东西夹击的境地。随着同盟国和协约国两大军事集团的形成，德国面临法俄两国东西夹击的险恶处境，加之英国与法俄的接近，德国的战略处境变得极为险恶。1891—1906 年，时任德军总参谋长的施里芬在这种极为不利的战略态势下制订了著名的施里芬计划。这一计划的精髓可以用两个关键词来概括，即“速决战”和“时间差”。

施里芬认为，和英法俄相比，德国毕竟资源有限，一旦战争变为持久战、消耗战，对德国就极其不利，因此，必须速战速决，“如果不能在短时间内结束战争，那么德国的战败只不过是迟早的事情”。

施里芬计划的制订基于两个大胆的推测。

一是俄军“在开战 6 ~ 8 周后才能完成动员”。利用俄军动员的这个时间差，德军的主力挥师猛攻法国，彻底歼灭法军主力，迫使法国投降，而在东线布置少量兵力，在奥匈帝国的协助下牵制俄军即可。待到法国投降后，德军主力再利用发达的铁路系统迅速掉头东进，一举歼灭战斗力极其低下的俄军，从而迫使俄国投降。英国虽然海军强大但其陆军战斗力并不强，“英国一向都是靠别国的陆军来为它在欧洲大陆火中取栗的”，只要法、俄投降了，英国也只好与德国谈和了。战争将以德国的最终胜利而结束，而战争持续的时间将在 3 个月左右，这是德国完全承受得起的。

二是施里芬判断法国开战后必定会全力进攻阿尔萨斯及洛林地区，以图收复失

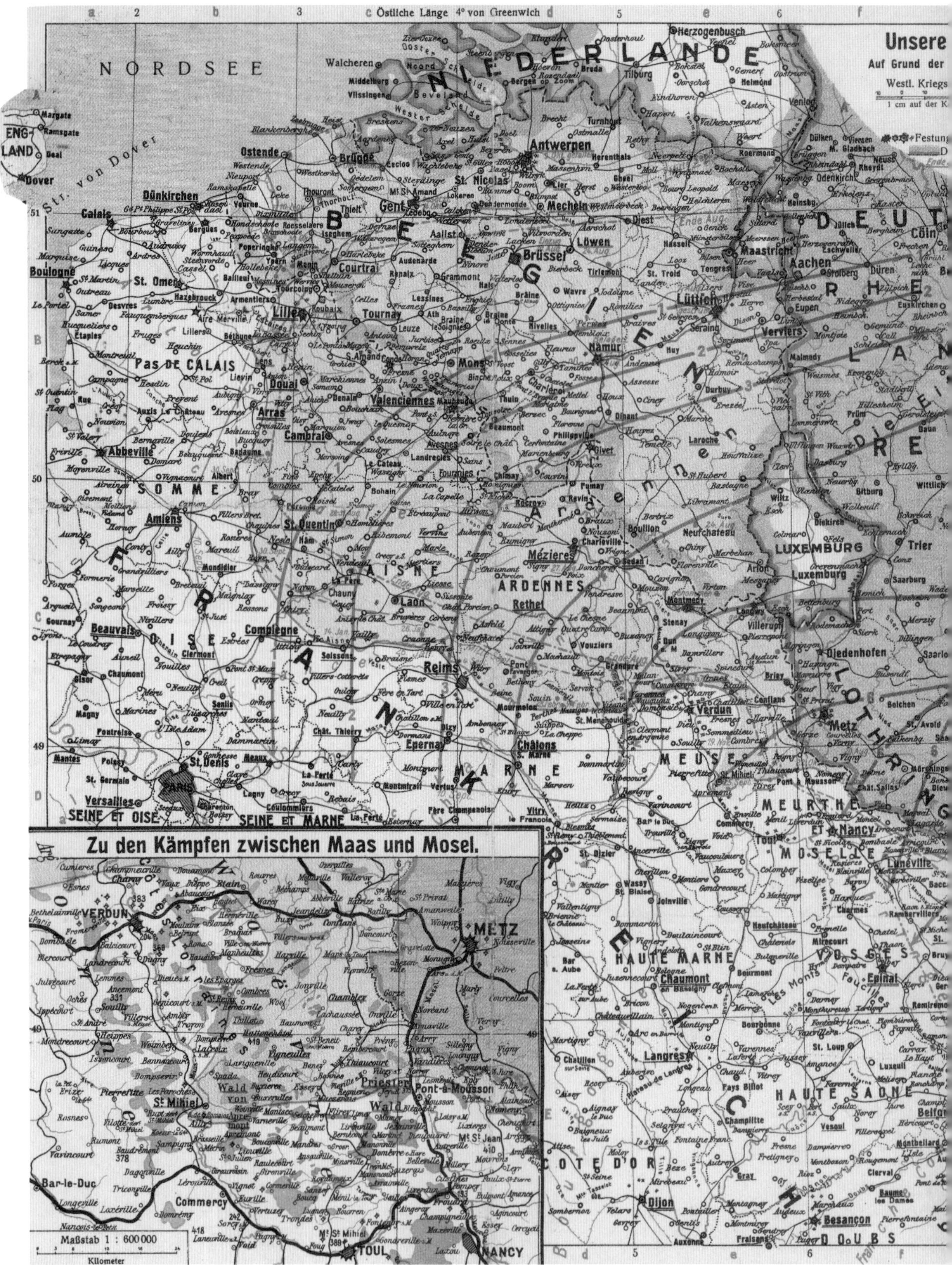

第一次世界大战 1915 年 5 月西线和东线的战况地图。东线，德国已向俄属波兰推进，并逐步占领立陶宛，几乎抵至里加；西线，比利时已沦陷。该图被誉为“德国施里芬计划的地图呈现”

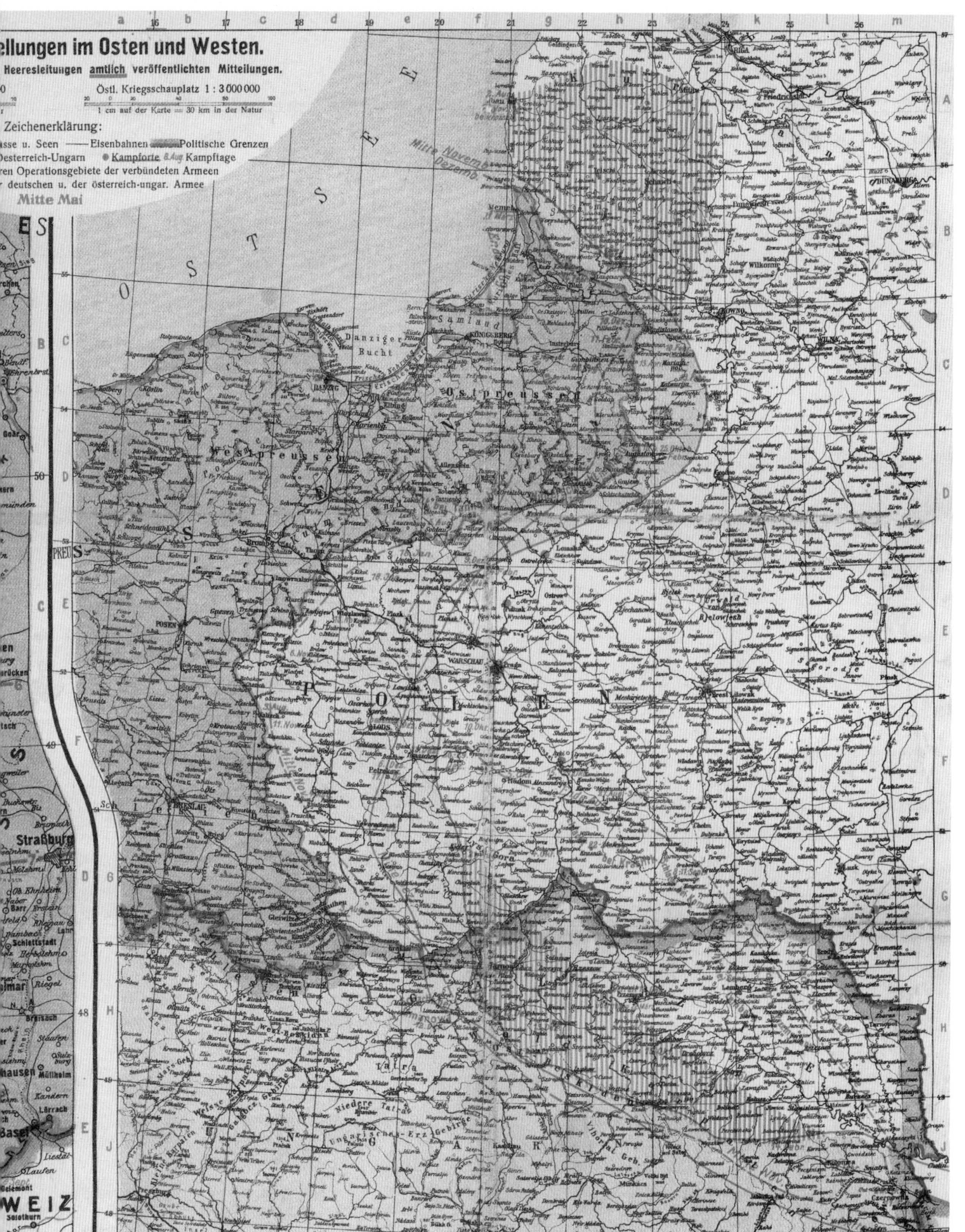
ellungen im Osten und Westen.
Heeresleitungen amtlich veröffentlichten Mitteilungen.
Östl. Kriegsschauplatz 1 : 3 000 000
1 cm auf der Karte = 30 km in der Natur
Zeichenerklärung:
isse u. Seen
Eisenbahnen
Politische Grenzen
Oesterreich-Ungarn
Kampforte
8. Aug
Kampftage
ren Operationsgebiete der verbündeten Armeen
deutschen u. der österreich-ungar. Armee
Mitte Mai
O S T S E E
Danziger Bucht
Samland
KÖNIGSBERG
DANZIG
Ostpreussen
Westpreussen
POSEN
WARSCHAU
P O L E N
LODS
BRESLAU
Tatra
Niedere Tatra
Ungarisches-Erz-Gebirge
RIGA
WILNA
KOWNO
Straßburg
Basel
Östliche Länge von Greenwich

地、鼓舞士气。而这一地区地势险要，易守难攻，德军只需安排少量部队即可抵御法军的进攻。主力则长途奔袭一马平川的卢森堡、荷兰和比利时，从法军基本不设防的法比边境（比利时是中立国）迂回进攻法国，从而出其不意地打败法国。

无论是施里芬计划，还是欧洲其他国家的战争计划，都没有进行“持久战争”的认识和准备，都同样设想速战速决。德国的施里芬断言:“战争将从春天开始，不迟于秋日落叶时就该结束。”法国的福煦强调:“法德战争将是一场打起来激烈而迅速的战争。”俄国的军事领导人也同样认为:“战争将持续数月，不超过一年。”然而，第一次世界大战的爆发，使各个交战大国这种短期速决的战争计划全部破产了。

欧洲火药桶：巴尔干半岛

“欧洲火药桶”——人们在议论第一次世界大战前的国际局势时，常常会用这样一个形象性的词语来形容巴尔干半岛。

这一地区原来隶属于奥斯曼帝国。奥斯曼帝国在16世纪鼎盛时期，版图横跨欧亚非三洲。随着这个军事封建帝国走向衰落，一方面，其统治下的各地区民族解放运动风起云涌，特别是奥斯曼帝国所属的东欧民族主义运动兴起。另一方面，欧洲各大列强也趁机瓜分奥斯曼帝国的遗产。

进入19世纪后，英国夺取了北非的埃及和地中海的塞浦路斯岛；法国占领了北非的阿尔及利亚和突尼斯；沙俄侵吞了西亚的格鲁吉亚、阿塞拜疆和亚美尼亚。此时，巴尔干地区的民族主义运动诞生了一系列独立国家。其中较强的塞尔维亚，民族主义势力最盛，形成所谓“大塞尔维亚主义”运动，企图将巴尔干半岛各地区的塞族人居住区，整合为统一的塞尔维亚国家。由于巴尔干地区存在众多民族成份，又长期受到奥斯曼帝国统治者的奴役，矛盾争端迭起，给欧洲列强的介入造成了可乘之机。

20世纪初欧洲两个对抗的军事集团形成后，列强为争夺巴尔干和地中海地区，爆发了一系列国际危机与局部战争。特别是其中的巴尔干战争，使得巴尔干诸国分成两个阵营：一方是塞尔维亚、希腊和罗马尼亚，站在这个阵营后面的是沙俄，而沙俄的后面又有与之结成同盟的英、法；另一方是保加利亚（后来土耳其站到保加利亚一边），它的后面是奥匈帝国，而奥匈帝国的后面则是与之结成同盟的德国。

巴尔干地区错综复杂的民族矛盾，同已形成两大强权集团的欧洲列强争霸矛盾，深深地纠缠在一起，这一地区成为当时欧洲大陆矛盾最集中、协约国和同盟国两大强权集团争夺最激烈的热点。这种矛盾错综复杂的局面，使得这一地区一旦发生冲突，就可能成为引爆整个欧洲乃至世界大战的导火线。因此，这一地区也就成了引爆世界大战的“欧洲火药桶”。

火药桶上的火星：萨拉热窝事件

就在大战一触即发的敏感时刻，偏偏有人火上浇油。萨拉热窝的那声枪响，引爆了整个火药桶。

1914 年 6 月 28 日上午 10 时，一趟豪华专列缓缓驶进萨拉热窝车站。乘坐这列专车的，是奥地利的皇太子弗兰茨·斐迪南大公和他的妻子。斐迪南是在刚结束一次军事演习后到萨拉热窝巡视的。那时，奥地利已和匈牙利合并为奥匈帝国，并在 6 年前用武力并吞了波斯尼亚。斐迪南是个极端的军国主义分子，他还想把邻近波斯尼亚的塞尔维亚也纳入帝国的版图。他亲自指挥的这次军事演习，就是以塞尔维亚为假想敌的。

斐迪南夫妇到萨拉热窝巡视，这是一个被后人视为“在干柴堆上玩火”的举动。当时的塞尔维亚充满着强烈的民族复仇情绪，斐迪南大公夫妇的行为，在他们眼中意味着蓄意挑衅，这激起了塞尔维亚民族主义者的极大愤怒。塞尔维亚民族主义组织“黑手党”，立即制订了暗杀计划，准备在斐迪南巡视萨拉热窝的那天干掉他，以打击奥匈侵略者的嚣张气焰。

当天走下火车的斐迪南大公夫妇，从从容容地登上前来迎接的敞篷汽车，驶离火车站，前往萨拉热窝市政厅。

这是一个温暖、晴朗的星期天，恰巧又是当地人的传统节日维多万节，街道上充满节日气氛，挤满了熙熙攘攘的人群。7 个塞尔维亚的暗杀者，便混在拥挤的人群中。

不一会儿，皇室车队驶上了位于市中心的楚穆尔亚桥。眼见目标出现，一名暗杀者瞄准斐迪南的羽毛头盔，把炸弹猛地掷了过去。司机见状，立即加快车速。结果，炸弹落在了折叠的帆布车篷上，再弹回到地上，在第三辆汽车的前面爆炸了。

1914 年塞尔维亚军队越过河流、向奥匈帝国军队进攻的场景。第一次世界大战中，在巴尔干地区的南线战场，塞尔维亚军队与奥匈帝国军队进行了艰苦卓绝的斗争

“轰”的一声，炸弹炸裂了那辆车的前轮胎，但斐迪南大公夫妇并未受伤。

斐迪南大公装作不甚介意的样子说：“这个家伙有精神病，让我们继续按计划进行！”车队继续行驶。就在斐迪南大公的汽车行驶到离第二名暗杀者不到两米远的位置时，暗杀者拔出一支小手枪，“砰”“砰”连发了两枪。第一颗子弹射进了斐迪南的脖子，第二颗子弹洞穿了他夫人的腹部。6 月 28 日上午 11 时，夫妻俩双双死去。行刺大公夫妇的刺客是一名年仅 19 岁的塞尔维亚民族主义者，名叫普林齐普。这就是历史上著名的“萨拉热窝事件”。

萨拉热窝的一声枪响，就像推倒了多米诺骨牌一样，引发了一系列的连锁反应。奥匈帝国决心利用这一事件，发动对塞尔维亚的战争。1914 年 7 月 28 日，奥匈帝国向塞尔维亚宣战，7 月 30 日，支持塞尔维亚的俄国宣布动员，德国要求俄国停止动员，遭拒绝后也宣布动员，并于 8 月 1 日向俄国宣战，接着同一天法国也宣布动员，于是 8 月 3 日德国向法国宣战，8 月 4 日英国向德国宣战。萨拉热窝的枪声，成了引爆“欧洲火药桶”的火星，并在不到 40 天的时间内，演变成一场持续 4 年多的世界大战。

东线西线齐开战

第一次世界大战爆发以后，随着欧洲参战国的增加，在欧洲形成了西线、东线和南线三条战线，其中西线和东线是这次战争的主要战线。

欧洲三条战线及其对峙形势

西线	比利时、法国北部和德法边境	英法军队—德军
东线	波罗的海南岸至罗马尼亚	俄军—德、奥匈军队
南线	巴尔干地区	塞尔维亚军队—奥匈军队

战争一开始，德军就根据战前制订的施里芬计划，首先在西线集中兵力，先占领比利时，然后向法国发起进攻。1914 年 8 月，德军攻入法国，兵锋直指首都巴黎。一部分德军进攻速度过快，法军总司令霞飞抓住机会，趁德军立足未稳，及时调动英法联军展开反击。这年 9 月 5 日，双方共投入 152 万人在马恩河地区展开大战，最后德军被迫撤退。马恩河战役是本次大战中的第一次大规模战役，德军的失败宣告了其“速战速决”战略的破产，德国不得不面对东西两线作战的局面。当时的德国总参谋长小毛奇悲观地对德皇说道：“陛下，我们输掉了战争。”1914 年年底，西线进入相持阶段。

在东线，俄军并未像德国预料的那样用 6 ～ 8 周的时间完成战争动员，而是在尚未完成总动员的情况下，出人意料地在大战刚刚爆发的 8 月，攻入东普鲁士等地，迫使德国在东西两线同时作战。这完全打乱了德国的战争部署，德国被迫从西线抽调兵力到东线，这样就削弱了德国在西线的力量。虽然德军在随后的反攻中击败了俄军，进入俄国境内。但同时俄军也打败了奥军，深入奥地利境内，双方开始形成对峙局面。至此，东西两线的战事转入了持久的阵地战。

1915 年，德国、奥匈帝国把进攻重点放在东线，想一举击溃俄国，结束东线战斗。但是，俄军未被彻底打垮。德国的计划再次落空。

交战双方都把 1916 年看成关键性的一年，都想给对方以致命的打击，赢得战争。这一年，战争的重心重新回到西线。战争变得更加激烈、更加残酷。在西线战场发生了两次大规模战役，即凡尔登战役和索姆河战役；在海上战场，发生了英、德海军间最大规模的交锋——日德兰海战。

1916 年 2 月，德国发动了凡尔登战役。凡尔登是法国著名的要塞，是通往巴黎的门户和法军防线的中枢。德军准备把凡尔登作为“碾碎法军的磨盘”，迫使法国退出战争。

为攻克凡尔登，德军集中炮火猛烈轰击，先后投入 46 个师的兵力，出动了飞机和飞艇，甚至冒天下之大不韪，使用了毒气弹。据当时法国贝当将军回忆：“德军试图造成一个任何部队都无法坚守的死亡区，钢铁碎片、霰弹片和毒气向我们所在的

第一次世界大战马恩河战役战场形势图。在该地图上，法国和英国军官正在视察军队，天空中有双翼飞机飞过

树林、堑壕和掩蔽部铺天盖地袭来，简直在消灭一切。”法军在总司令霞飞元帅指挥下，调兵遣将，顽强抵抗，逐渐摆脱了被动局面。之后，法军开始反攻，收复了大部分失地。德国歼灭法军主力、迫使法国投降的计划宣告失败。凡尔登战役前后持续 10 个月，是第一次世界大战中具有决定性意义的一战，法军因此站稳了脚跟，德军士气开始衰落。此役双方伤亡总人数超过 70 万人，因而被称为“凡尔登绞肉机”。

为了牵制德军，支援凡尔登，1916 年 6 月下旬，英法联军在法国北部发动了索姆河战役。这次战役是第一次世界大战中规模最大的战役，双方投入的兵力超过 150 个师。由于德军的防守十分顽强，英法军队每天推进的速度并不快，且伤亡惨重，最多时一天之内有几万名英法士兵死伤。在索姆河战役中，英国首次使用了新武器——坦克，德军大为惊恐。“在战前英军共投入 59 辆坦克，但由于机械故障，只有 32 辆到

达出发地域。这 32 辆中只有 23 辆能够出发，其中又有 5 辆在攻击时陷入泥潭不能自拔，最后只有 18 辆真正参战。”

当德军看到这 18 辆巨大的钢铁怪物冒着黑烟一路轰鸣着向自己扑来时都吓傻了，他们根本不知道这是什么。这些怪物一边前进一边开炮，并不断地用机枪扫射。士兵眼睁睁地看着战友被打死打伤，却一点儿办法都没有，疯狂的机枪扫射对它根本不起任何作用。这些钢铁怪物一路轰鸣着碾过铁丝网，跨过堑壕，对堑壕内的德军进行扫射。德军彻底崩溃了，他们四处逃窜，或者干脆举手投降，英军轻而易举地就夺取了一条堑壕。还有一辆坦克未放一枪就夺取了一个村庄，德军全被吓跑了。这一天英军向前推进了 5 千米，这在以往是要耗费几千吨炮弹、牺牲数万名士兵才能取得的战果。战后一名德军军官在给上级提交的报告中这样描述坦克的作用：“在最近这次战斗中，敌人使用了一种新型作战武器，这种武器极为有效又十分残酷。”

索姆河战役到 1916 年 11 月中旬结束。英法军队仅从德军手中夺取了大约 200 平方千米的土地。索姆河战役也是一场巨大的消耗战，双方伤亡人数超过凡尔登战役，为 130 多万人，但仍未能决出胜负。

第一次世界大战法军与德军在凡尔登战役中作战的场景。凡尔登战役是第一次世界大战中破坏性最大、时间最长的战役，持续时间为1916年2月21日—12月29日，被称为“凡尔登绞肉机”。此役法国获胜

第一次世界大战中使用的坦克。1916年，英国首先研制坦克成功，并将其投入战争。第一次世界大战期间，英、法、德共制造近万辆坦克

第一次世界大战中交战各国军机和海军舰艇协同作战

在海上战场，德国对英国发出了挑战。1916 年 5 月底，英、德海军之间爆发了日德兰海战。这是第一次世界大战期间最大的一次海战，被称为“大炮巨舰的高峰”。在战斗中，英国出动大约 150 艘军舰，德国出动大约 100 艘军舰。交战结果，虽然英国舰队的损失大于德国舰队，但英国海军仍然掌握着制海权。这次海战之后，德国的海军主力被迫龟缩在海港中，只有潜水艇还在四处活动，寻机击毁英国等国家的舰船。

从 1914 年 7 月战争爆发到 1916 年年底的两年多时间里，交战双方都投入了大量的人力物力，但都没能置对方于死地，胜负仍不见分晓。交战双方都深深陷入了战争的泥潭，元气大伤。对继续厮杀下去，交战双方都已感到有些力不从心。

1917 年，战争态势迎来了巨大的变化，“1917 年因两大发展——俄国革命和美国参战——而证明是决定性的一年。在 1917 年，第一次世界大战从欧洲阶段转变到全球阶段。”

协约国阵营的变化

早在大战爆发前，美国同德国的关系已十分紧张。战争爆发后，美国宣布中立，并借助向交战双方出售军火和物资大肆渔利。1914—1916 年，美国的工业总产值从 242 亿美元猛增到 624 亿美元。美国对协约国的出口增加了 3 倍。随着经济联系的加强，美国与协约国关系日益密切。

在海上处于劣势的德国，在 1916 年 2 月宣布实施“无限制的潜艇战”。德国潜艇袭击前往协约国港口的一切船只，中立国美国的船只也不能幸免。美国商船遭受重大损失，这推动了美国采取反德立场的决心。而且为了保证借给协约国的巨额贷款能够归还、不付诸东流，美国希望协约国取得胜利。于是在 1917 年 4 月，美国加入协约国集团，对德国宣战。

美国的参战，大大增强了协约国一方的经济、军事实力。对德宣战以后，美国大规模地扩充军队，先后派遣了 200 万名士兵开赴欧洲战场。美国海军协助英国海军对德奥集团国家进行海上封锁并开展反潜艇战。美国向协约国供应的军火和物资也迅速增加。战争局势朝着有利于协约国的方面发展。

1917 年，中国北洋政府向同盟国宣战。中国用“以工代战”的形式，站在协约国一方参加战争。中国参战的意图在于战后收回被日本攫取的山东主权。十几万名中国劳工在欧洲战场从事各种艰苦工作，他们的技术、高效和勇敢，常常得到协约国官兵的称赞。约有 3000 名劳工在这次战争中献出了生命。

也是在 1917 年，俄国爆发了十月社会主义革命，资产阶级临时政府被推翻。新生的苏维埃政权向各国建议停战，并缔结“不割地不赔款”的和约。1918 年 3 月，苏俄与同盟国集团签订了《布列斯特—立托夫斯克和约》，退出了第一次世界大战。

贡比涅森林的火车

1918 年，战争进入了最后阶段。在战争的巨大消耗和协约国的封锁下，同盟国集团在物资供应和兵源补充上都面临着捉襟见肘的困境。“到了大战后期，德国甚至都没有足够的粮食喂饱军队了。在大战期间有 75 万德国人饿死。德国在英国海军的封锁打击之下由呼吸困难到窒息，最后在痛苦无望的挣扎中死去”。而协约国的力量却在不断加强，对此，美国学者杰弗里·帕克在《剑桥战争史》中分析道：“长远看来，协约国可任意借助美国经济，但德国却遭到封锁，这使它只能使用中欧资源，这种封锁产生了巨大的效果。美国提供的贷款和它后来的参战更加强了那种效果。1916 年年末，德国试图火速提高军事生产的努力最终却毁灭了它的经济，导致了 1918 年德国的崩溃。”

俄国退出战争，德国似乎看到了一线生机。德国企图在西线发动新的攻势，夺回战略主动权。1918 年 3 月到 7 月，德军相继发起了四次大规模进攻。最初的进攻取得了一定的成果，但协约国很快阻止了德军的攻势。

与此同时，协约国的攻势不断加强。为进一步协调军事行动，协约国成立了最高军事委员会，任命法国元帅福煦为西线的联军总司令。美军从 1917 年 6 月起陆续到达法国，人数不断增加。英国各自治领的军队也源源不断地开往前线。1918 年 7 月，协约国军队在西线发动了战争后期的第一次大规模反攻，把战线向前推进到马恩河一线。9 月底至 10 月初，协约国军队全线出击，突破德军在德法边界一带修建的“兴登堡防线”。德军连连败退，同盟国集团开始瓦解。

战场上的失利加剧了德国内部的政治危机。10 月底，德国基尔港水兵拒绝继续同英国海军交战，发动兵变。11 月 9 日，柏林工人起义，德皇威廉二世宣布退位，逃往荷兰。

第一次世界大战西线的手绘鸟瞰图。该地图从东南部的巴塞尔延伸到英吉利海峡，且显示了巴黎，那慕尔、里尔、凡尔登、梅斯、图尔、埃皮纳勒等地周围的堡垒

这时，已占据优势的协约国集团同意与同盟国举行和谈。德国被迫接受了协约国提出的苛刻条件。1918 年 11 月 11 日，停战协定在法国巴黎郊外一节火车车厢里签署。当时，协约国联军总司令福煦在贡比涅森林的火车车厢，也就是他的流动指挥部里，接见了打着白旗前来谈判的德国代表团。他有意问道："先生们，你们要什么？"他们回答说："你们的谈判建议。"福煦耸耸肩说："啊，我们没有任何停战建议。我们十分愿意继续作战。"德国代表们彼此看了一眼，然后坚决而又无奈地说："但是，我们必须得到条件。我们不能继续作战。"福煦装出一副恍然大悟的样子，笑着说：

斐迪南·福煦元帅（1851 年 10 月 2 日—1929 年 3 月 20 日），法兰西第三共和国时期著名军事家、统帅，在第一次世界大战中曾任协约国军队总司令，著有《战争原则》等军事著作

“啊！你们是来请求停战吗？那是另外一回事。”停战协定的签订，标志着第一次世界大战以同盟国集团的失败而告终。

第一次世界大战的硝烟逐渐散去，如何处理战争的遗留问题，成为战后各国十分关注的事情。为了解决这些问题，1919 年，战胜方协约国各国代表在巴黎举行和会。27 个国家的领导人齐聚一堂，场面蔚为壮观。主导这次会议的大国首脑们嘴上谈着和平，却在暗中为本国利益展开激烈争夺，甚至损人利己，不惜出卖盟友的主权。善良的人们期盼这次会议能够开创一个世界持久和平的新局面，但大国首脑们讨价还价的结果，却被后人看成对战败国的分赃和对弱国的宰割。这一结果，甚至为下一次大战的爆发埋下了伏笔。以至于当时法军元帅福煦在了解了《凡尔赛和约》的内容后，预言道：“这不是和平，这是 20 年的休战。”

对于这次大战造成的结果，恩格斯早在 1887 年的《波克罕〈纪念 1806 至 1807 年德意志极端爱国主义者〉一书引言》中曾预言道：“对于普鲁士德意志来说，现在除了世界战争以外已经不可能有任何别的战争了。这会是一场具有空前规模和空前剧烈的世界战争，那时会有 800 万到 1000 万的士兵彼此残杀，同时把整个欧洲都吃得干干净净，比任何时候的蝗虫群还要吃得厉害。……其结局是普遍的破产；旧的国家及其世代相因的治国方略一齐崩溃，以致王冠成打地滚在街上而无人拾取；绝对无法预料，这一切将怎样了结，谁会成为斗争中的胜利者；只有一个结果是绝对没有疑问的，那就是普遍的衰竭和为工人阶级的最后胜利创造条件。”

第一次世界大战打破了一个旧世界，却开启了一个全新的世界。人类也迎来了一场全新的大变局。那么，当下正处于“百年未有之大变局”的人类，又将从第一次世界大战中吸取哪些经验教训呢？

参考文献

1. ［瑞典］安德生. 瑞典史［M］. 苏公隽，译. 北京：商务印书馆，1963.
2. ［英］约翰·霍兰·罗斯. 拿破仑一世传：上卷［M］. 北京外国语学院英语系《拿破仑一世传》翻译小组，译. 北京：商务印书馆，1977.
3. ［英］约翰·霍兰·罗斯. 拿破仑一世传：下卷［M］. 广东外国语学院英语系《拿破仑一世传》翻译小组，译. 北京：商务印书馆，1977.
4. ［奥］策尔纳. 奥地利史［M］. 李澍泖，杜文棠，林荣远，译. 北京：商务印书馆，1981.
5. 吴于廑. 大学世界历史地图［M］. 北京：人民出版社，1988.
6. ［美］杰弗里·帕克，等. 剑桥战争史［M］. 傅景川，李军，李安琴，译. 长春：吉林人民出版社，1999.
7. 世界地名手册编辑组. 世界地名手册［M］. 北京：中国地图出版社，测绘出版社，1999.
8. 李巨廉. 血碑——震撼全球的两次世界大战［M］. 北京：西苑出版社，2000.
9. 沈坚. 世界文明史年表［M］. 上海：上海古籍出版社，2000.
10. 黄维民. 中东国家通史·土耳其卷［M］. 北京：商务印书馆，2002.
11. 张芝联，刘学荣. 世界历史地图集［M］. 北京：中国地图出版社，2002.
12. 齐世荣. 世界五千年纪事本末［M］. 北京：人民出版社，2005.
13. ［美］斯坦福·肖. 奥斯曼帝国［M］. 许序雅，张忠祥，译. 西宁：青海人民出版社，2006.
14. 方连庆，王炳元，刘金质. 国际关系史（近代卷）［M］. 北京：北京大学出版社，2006.
15. ［美］保罗·肯尼迪. 大国的兴衰：1500—2000年的经济变迁与军事冲突［M］. 陈景彪，等译. 北京：国际文化出版公司，2006.

16. [德] 奥托·冯·俾斯麦. 思考与回忆——俾斯麦回忆录 [M]. 杨德友，同鸿印，等译. 北京：生活·读书·新知三联书店，2006.
17. [美] 斯塔夫里阿诺斯. 全球通史 [M]. 吴象婴，等译. 北京：北京大学出版社，2006.
18. 钱乘旦，许洁明. 英国通史 [M]. 上海：上海社会科学院出版社，2007.
19. 吕一民. 法国通史 [M]. 上海：上海社会科学院出版社，2007.
20. 丁建弘. 德国通史 [M]. 上海：上海社会科学院出版社，2007.
21. [美] 尼古拉·梁赞诺夫斯基，马克·斯坦伯格. 俄罗斯史 [M]. 杨烨，等译. 上海：上海人民出版社，2007.
22. 李朋. 话说世界战争 [M]. 天津：天津古籍出版社，2009.
23. 马克思恩格斯文集（第四卷）[M]. 北京：人民出版社，2009.
24. [波] 耶日·卢克瓦斯基，赫伯特·扎瓦德斯基. 波兰史 [M]. 常程，译. 上海：东方出版中心，2011.
25. 徐蓝. 世界近现代史：1500—2007 [M]. 北京：高等教育出版社，2012.
26. [丹] 克努特·J.V.耶斯佩森. 丹麦史 [M]. 李明，张晓华，译. 北京：商务印书馆，2012.
27. 邢莉. 不可不知的俄罗斯史 [M]. 武汉：华中科技大学出版社，2012.
28. 白海军. 帝国的荣耀：英国海洋称霸300年 [M]. 南京：江苏人民出版社，2014.
29. [美] 汉森·W. 鲍德温. 第一次世界大战史纲 [M]. 陈月娥，译. 北京：军事科学出版社，2014.
30. [日] 盐野七生. 海都物语——威尼斯一千年 [M]. 徐越，译. 北京：中信出版社，2016.
31. 苏肄海. 战争的逻辑——从普鲁士崛起到两次世界大战 [M]. 北京：新华出版社，2016.
32. [德] 弗里德里希·席勒. 三十年战争史 [M]. 沈国琴，丁建弘，译. 北京：商务印书馆，2017.
33. [英] 迈克尔·霍华德. 欧洲历史上的战争 [M]. 褚律元，译. 北京：中信出版社，2017.
34. 鲁毅. 近代国际关系史辞典 [M]. 北京：世界知识出版社，2018.
35. [德] 卡尔·冯·克劳塞维茨. 战争论全集 [M]. 陈川，译. 北京：商务印书馆，2019.
36. [英] A. J. P. 泰勒. 争夺欧洲霸权的斗争：1848—1918 [M]. 沈苏儒，译. 北京：商务印书馆，2019.
37. 刘啸虎. 欧洲宪兵的陨落：克里米亚战争 [M]. 西安：陕西人民出版社，2020.
38. [英] 迈克·拉波特. 牛津通识课：拿破仑战争 [M]. 马千，译. 北京：北京日报出版社，2020.
39. 郭晔旻. 为普奥分家埋伏笔——倚强凌弱的丹麦战争 [J]. 国家人文历史，2021,(5).
40. 萧西之水. 七周决定德国命运——普奥战争：兄弟国家走上不同道路 [J]. 国家人文历史，2021,(5).

后　记

与中国陆地面积相差无几的欧洲大陆，竟有 40 多个国家。这些国家的现状如此，各自的历史又是如何演绎的呢？是什么决定了历史的走向呢？是战争吗？那么哪一阶段的战争对这些国家的影响最大？这些战争对人类历史进程的影响又有几何？越来越多的人对于欧洲及其各国历史产生了浓厚的兴趣。基于这样的背景，我们写作此书，希望通过对欧洲在 1618—1918 年这 300 年间所发生的战争及这些战争对欧洲各国版图变化的影响深入挖掘与梳理，以故事讲战争，以战争讲历史，将战争及其背后的历史故事、国际关系形象生动地呈现给我们的读者。

普鲁士军事理论家和军事历史学家冯·克劳塞维茨在其名著《战争论》里说："战争是政治的工具，战争必不可避免地具有政治的特性。"的确，政治是不流血的战争，战争是流血的政治。作为一部展示欧洲 1618 年至 1918 年这一时期的通俗军事战争史图书，我们梳理了每场战争的缘起、经过和最终结局，并分析每场战争的关键所在，对其后战争的影响等。在写作过程中，我们或为指挥者的才华而折服，或为决策者的愚蠢而叹息，或为政治家的手腕而惊叹……一个个鲜活的历史人物，顺序登上历史舞台，演绎了 300 年来的战争史话。此外，我们还在各场战争的叙述中，穿插了军事发展史上的一些大事，如军队医院的诞生、阵地战的运用、坦克的碾压、飞机的轰炸，等等。我们相信，以多种视角来观照欧洲 300 年间的历史，对于读者认识战争在人类历史发展中的作用、了解欧洲各国的历史变迁以及欧洲各国之间的关系会有很好的启迪和借鉴作用。

本书是由我们两人合著的。全书 28 篇，按照这 300 年间影响很大的战争或战役爆发的起始年份为顺序编排目录。我们两人分工协作，具体撰写情况如下。

程德林撰写了 15 篇：三十年战争、威土战争、英荷战争、奥土战争、大同盟战争、西班牙王位继承战争、四国同盟战争、波兰王位继承战争、奥地利王位继承战争、七年战争、奥斯特里茨大捷和耶拿战役、炮舰战争、滑铁卢战役、比利时独立战争、意大利独立战争；王垚撰写了 11 篇：俄瑞战争、英土战争、法西战争、俄法战争、德意志解放战争、普丹战争、普奥战争、普法战争、意土战争、巴尔干战争、第一次世界大战；程德林与王垚合写了两篇：俄波战争与俄土战争。

在写作过程中，延边大学融合学院世界史专业在读研究生张嘉威，为我们提供了很多资料。感谢张嘉威！

写作的过程也是读书的过程。在写作过程中，我们阅读并参考了很多有关欧洲国别史与战争史方面的著作与论文。可以说，这部书稿的完成也得益于前人的资料整理工作以及研究成果，感谢书后附列参考文献的所有作者！

许海云先生是中国人民大学历史学院教授，博士生导师，专业研究方向为国际关系史、北约史。作为一位研究国际关系史的专家，许教授拨冗为本书作序，我们深感荣幸。诚挚感谢许海云教授！

从拟定写作提纲到选用专业的插图与地图，再到定稿出版，中国地图出版社有限公司的王毅编辑付出了辛勤的劳动。感谢王毅编辑！同时，也感谢为这部图书的问世付出诸多努力的中国地图出版社有限公司的各位领导及编辑！

由于受到新冠疫情的影响，我们进图书馆看书、查阅资料等都遇到了困难，故撰写本书所用的参考文献以电子版著作与论文为主，这就使得撰写本书所参考的文献无论广度还是深度都有一定的局限性。加之作者的学术水平有限，本书难免有疏漏或不足之处，敬请有关专家与读者批评指正，以便以后修订提高。

程德林　王　垚

2022 年 11 月 30 日